文化管理引论

◎方彦富　著

海峡出版发行集团 THE STRAITS PUBLISHING & DISTRIBUTING GROUP | 福建教育出版社

目　　录

前　言

经历了全球范围的金融危机之后，世界经济发展正悄然发生着深刻变化。不论是产业结构调整，还是科技创新和文化创新，都试图改变传统发展模式，通过推动新兴产业发展来增强抗风险能力，从而促进经济发展方式的转变。与此相应，各国之间经济竞争的领域更多地转向以高科技和文化创新为主的竞争。

新一轮的经济发展与转型中，与以往显著不同的是，文化对经济的渗透日趋深入和广泛，文化创新对社会发展的推动作用日益凸显。在这一过程中，文化成为一种生产力，文化产业异军突起；同时，文化经由创意的点化，也构成一种资本和要素进入其他产业，促进各个产业的升级和转型，创意经济形成的生产力大大超过了人们的想象。时至今日，文化不仅能构成一种软实力，而且能借助产业化所形成的文化产品和文化服务获得经济效益，由此形成一种不可忽视的硬实力。为此，许多国家都在竭力推进文化产业的发展。文化产业作为现代服务业的重要组成部分，正如厉无畏所言，“不仅成为发达国家推动经济和社会持续发展的新引擎，也被认为是发展中国家实现经济转型和跨越式发展的重要战略”。

我国政府近年来高度重视文化产业发展。胡锦涛总书记强调要深化文化体制改革，加快文化市场开拓，推动文化产业发展；温家宝总理也指出，要用新的理念推动文化发展繁荣。没有先进文化的发展，没有全民族文明素质的提高，就不可能真正实现现代化。要进一步完善扶持公益性文化事业、发展文化产业、鼓励文化创新的政策，创造更加有利于文化繁荣发展的社会环境。为此，国务院出台了一系列加快发展文化产业的政策意见。我国各省市地方政府也把发展文化和文化产业放在重要位置。福建省委书记孙春兰将发展文化产业与转变经济发展方式联系在一起，看到了文化产业的发展能够大大拓展传统产业的发展空间，明确指出要大力发展文化产业，提升文化产业在转方式促发展中的重要作用。我国文化产业正迎来一个全面发展繁荣的时期，我国经济发展方式的转变也将因此而加快步伐。

在新形势下，谁抓住了发展新兴产业的机会，谁就拥有发展的主动权。但面对全球文化产业发展的新形势，由于受传统文化管理模式的制约和文化管理观念的束缚，不少政府和企业管理者对文化发展的新态势和文化产业发展的许多新模式、新业态还比较陌生。政府在积极倡导发展文化产业的同时，如何适应新时代的要求，制定发展政策、实施文化管理，如何引导和促进文化资源的开发，如何管理网络媒体和层出不穷的新媒体产业，无疑是当前各级政府与文化管理部门面临的新课题。

在此背景下，作为管理学的一个分支，文化管理学也面临着更新和重构。从政府角度来看，文化管理的科学性、预见性和可行性程度，直接影响着文化发展。尤其在今天，文化发展中出现的许多新现象、新规律、新趋势，亟需我们去辨析和思考，去探讨建立更符合当前实际和更科学有效的管理制度。很显然，这种探讨，其深远的意义，要大大超出文化管理学本身。因为在今天，文化管理牵动的不仅仅是文化自身的发展，更牵动着整个经济的繁荣与社会的进步——科学的文化管理和先进的管理理念，不仅有利于文化事业的发展，也有利于文化产业的发展；不仅有利于文化创新，树立先进的文化理念，也有利于营造创新环境，促进科技创新；

不仅有利于促进经济转型和产业革命，还有利于改善社会环境，促进社会和谐。文化的引领作用正显示着前所未有的巨大力量。

本书试图引入现代管理学理念，从新时期文化与文化产业管理的现实需要出发，力图在理论的阐述和实践的考察分析中，探讨新形势下如何依据我国国情确立文化管理的基本法则，考察现有文化管理体制的特点与局限，在此基础上着重探究文化管理如何根据现实需要进行管理变革与管理创新。在写作过程中，笔者试图将全球视野与区域考察相结合，既注重探讨作为意识形态的文化管理，又关注文化产业化的管理；既探究新兴的网络文化的管理，又注重考察如何运用网络技术进行文化管理手段的创新。同时，还关注现代文化管理中文化政策的重要作用和创新的可能，以及全球范围文化遗产保护热潮的兴起，特别是管理与发展、保护与开发之间的博弈和协调问题。

笔者期望通过这些方面的探讨，对文化管理学的学科建设以及我国文化管理更好地适应时代要求提供一些想法。但我们深知，当今世界文化与经济、文化与科技、文化与政治，以及文化霸权与文化殖民、不同文化之间相互冲突与渗透所形成的种种纷繁复杂的文化现象和社会现象，特别是由此带来的管理上的难题与困惑，还需要我们进行深入的探讨。如网络技术带给人们通讯和信息交流极大便捷的同时，也给管理者带来新的挑战。如何借助科学的管理，最大限度地降低利用网络空间侵犯隐私、传播虚假信息、制造社会混乱等负面效应等，都是以往文化管理中不曾遇到的。

类似这样的问题在今天比比皆是，并且随着社会的发展，还会不断涌现许多新问题。我们的文化管理专家和文化管理者应当正视这样的现实，以敏锐的目光、清醒的头脑和高度的热情关注人类发展的每一个重要转向和变化，不断创新管理理念，为社会的健康发展和人类的文明进步提供创造性的思维成果。

著　者

2010 年 6 月

第一章　新形势下的文化管理变革

伴随着改革开放的不断扩大与深化，中国的发展更加深入地融合到世界发展的体系之中。互联网在20世纪的最后几年以惊人的速度在中国传播开来，2001年年底中国正式成为世界贸易组织成员国，这些客观变化使中国的文化管理面临着愈来愈多的新情况，也要求中国的文化管理必须在变革中妥善应对。当前文化管理所面临的新形势，基本上可以概括为全球化、区域化、产业化和网络化这四大趋势。

第一节　全球化与文化管理变革

“全球化”在世纪之交的中国一度成为学术与文化的关键词。中国的现代化进程使民众的生活水平得到巨大的改善，工业化、自动化、都市化、虚拟化，这些词条在不同的向度上诠释着中国现代化进程的各种目标和状态。“全球化”之于当代中国并非空穴来风。“全球化”携带着规模庞大的问题群，而这批问题中又夹杂着各种复杂的文化情绪，这些都使“全球化”的讨论在那段时间内既轰轰烈烈而内容又夹杂不清。何谓“全球化”？如何对待“全球化”？如何解决跨文化的交流问题？

如何应对全球化带来的普遍性社会问题？如何加强政府间的关系以实现“全球治理”？如何面对全球化过程中出现的“文化帝国主义”或“新殖民主义”？如何处理全球化和地方化的关系？如何对待世界劳工问题和新国际主义？“全球化”的前途何在？①这一连串问题的“中国化”，就必然转化为以下思考：中国将以怎样的姿态参与全球化进程，全球化能解决中国的哪些问题，中国又将因涉入全球化之河而面临哪些挑战与危机。这些思考展开的基础，首先是对“全球化”这一概念的理解与阐释。

对于“全球化”较为笼统的理解是，它是对20世纪70年代中期西方资本主义世界第三次科技产业革命以来，西方社会以及整个世界发生的巨大变动的一种描述。这次巨大的变动涉及政治、经济、社会、文化等领域，涉及经济基础与上层建筑、国内政策与国际关系、发达国家与门槛国家以及不发达国家的相互关系、世界基本格局与人类前途等不同范畴的重大问题。学术界对全球化的研讨促成了“全球化社会学”、“全球化政治经济学”、“全球化国际关系学”、“全球化文化学”等一系列新学科概念与学科领域的建立。②由于“全球化”所涵盖的问题过于复杂，这一概念很难获得全面而稳定的界定。对于“全球化”的许多界定与描绘都从各自的学科前提出发，使得“全球化”的“术语阐释”更像是一次概念的集合。“全球化”是“全球关联、全球规模的社会生活组织的扩展与全球意识的增长，以及由此而来的世界社会的凝聚。”它主要由以下几个

---

① 参见杨金海：《全球化研究的历史、现状和热点问题》，《哲学研究》1999年第11期，第9～12页。

② 张世鹏：《什么是全球化》，见陈定家主编：《全球化与身份危机》，开封：河南大学出版社2003年版，第1页。

方面的表述综合而成：1.“市场、民族国家与技术在前所未有的程度上的稳固整合——以一种能够把个人、团体和国家较以前更为深入、更为迅速、更为深刻与更为便宜地围绕在世界周围的方式……把自由市场资本主义真正地扩展到世界上的每一个国家”；2.“世界的紧缩以及全球整体意识的集聚……20 世纪全球的真正相互依赖与全球的整体意识”；3.“社会与文化安排的地理束缚趋于消解的一个社会过程，而人们意识到它们正在逐步消褪”；4.“由一定数量的特殊形式和迹象构成的社会转变……，通过以下方式，它们造成了，或被造成全球性的形式和迹象：(a) 实践、价值、技术与其他人类产物在全球传播；(b) 当全球性实践等等对民众生活发挥愈来愈大的影响之时；(c) 当全球作为塑造人类行为的一个焦点，或一个前提之时”；5. 在追求“全球规模的市场作用”的方案基础上的整合；6.“正如来自底层的经验所示，全球化的主导形式意味着一种历史性的转变：经济方面，生活以及生存模式的历史性转变；政治方面，地方控制程度的削弱；文化方面，集体成就的贬值……全球化是作为对市场力量扩张的反应而出现的新现象……它是一个为知识所占据的领域”。①不难看出，资本、民族国家、市场、技术、文化认同等词条构成“全球化”概念的主要框架，而对普遍主义和人类历史进步必然性的乐观则是“全球化”立场的精神姿态。就“全球化”在空间上的普遍主义和在时间上对进步的乐观态度来看，“全球化”就是一个必然性降临的过程。因此，它同样可以被定义为一种过程：“(1) 全球化是一个多维度过程；(2) 全球化在理论上创造着一个单一的世界；(3) 全球化是统一和多样并存的过程；(4) 现在的全

① 梁展编：《全球化话语》，上海：上海三联书店 2002 年版，第 286～287 页。

球化是一个不平衡发展过程。除了全球经济初见端倪之外，没有出现全球政治体系、全球道德秩序或世界社会；（5）全球化是一个冲突的过程。国家、个人、各种各样的团体、组织以及不同的文化都涉及进来；（6）全球化是一个观念更新和范式（paradigm）转变的过程，正如意大利学者 M.I. 康帕涅拉所说：'全球化不是一种具体、明确的现象。全球化是在特定条件下思考问题的方式'。"①也就是说，全球化成为"一个逻辑与历史的进程"，"全球化是一种以经济为先导、以价值观为核心、以政治为辅成、以广义的文化为主体的社会合理化与一体化浪潮。"②

描述经济形态的"全球化"，要远比描述作为政治意识形态或资本主义价值观代言的"全球化"更能得到广泛的认同。随着网络的普及和交通的便捷，全球市场之间的联系日趋紧密已是不争之事实。在当今情势之下搞闭关锁国式的发展显然是妄想。2001 年中国正式加入世界贸易组织表明，中国力求在全球性的经济发展中更有力地推动自身的经济现代化进程。但对于文化建设与文化管理而言，全球化所带来的问题将比经济领域更为复杂。大到民族国家的认同或意识形态的冲突，小到某本国外出版物的版权纠纷，都是文化管理中要面对和应对的问题。全球化为我国当下的文化管理变革提供了一些国际上较为通用和可行的操作标准，但与此同时，也对我国文化建设带来了某些潜在的危险和威胁，这其中既包括不健康的文化内容和意识形态攻击，也包括不适合中国国情的制度建设渠道。因

---

① 杨雪冬：《西方全球化理论：概念、热点和使命》，《国外社会科学》1999 年第 3 期，第 35～36 页。

② 王四达：《全球化：一个逻辑与历史的进程》，《中山大学学报》2000 年第 3 期，第 89 页。

此，我国文化管理变革主要要在“全球化”形势中打开眼界，观摩西方发达国家的文化制度设计、规划和管理，学习它们成熟的逻辑思维和有效可行的操作规范，并参与到联合国教科文组织这样的平台中，在更大的范围和更高的层次上继续推进我国的文化管理变革和文化建设事业。

“全球化”趋势中呈现出的当今世界的主流文化管理方式有四种，根据政府在文化事业管理体系中的地位来划分分别是：以前苏联为代表的国家计划模式；以韩国为代表的政府主导模式；以美国为代表的市场调节模式；以法国为代表的多元复合模式。国家计划模式这种文化管理类型是中央高度集权的产物，在这种模式之下，国家的文化事业由各级政府及其主管行政部门以指令性计划和行政手段进行调节和控制，文化事业主要由国家兴办，它在国民经济中的比重由国家规定并通过发布指令性的计划加以实现，也就是说，国家对文化管理实施全面控制。改革开放之前的中国文化管理也实行这种模式，从实践经验看，尽管这种模式在特定的时期有其历史价值，但它已经难以适应现有的文化建设目标和全球化的大环境。当今世界，除了朝鲜之外已经没有什么国家鲜明地使用这种文化管理模式。与朝鲜相邻的韩国是政府主导文化管理模式的主要代表，这种模式的特点是文化事业以私人兴办为主，但政府并非放任不管，而是发挥主导作用，利用自身拥有的权力及合法有效的手段，进行积极主动的引导协调。许多现代性的后发国家为追求文化事业的快速发展而采用这一模式，但这一模式的缺陷在于它较适合于小国寡民的国家，不太适合多民族、地域辽阔、国情复杂的大国。市场调节模式是美国、英国、加拿大、澳大利亚等西方国家所采用的文化管理模式，它主要依靠市场和社会力量的调节，政府主要通过制定法律法规、发布经济政策以及民间文化机构和中介组织来间接管理文化事业。这种模式在减轻政府负担的同时还能增强文化团体在市场上的竞争力，既能灵活多样地调节文化事业发展中出现的问题，也能使文化事业依法健康有序地向前发展。这种文化管理模式的缺陷是，一方面在意识形态建设上较为疏松，社会凝聚力不强；另一方面，半官方和非官方的文化管理机构较多，容易造成管理权限的重叠混乱和管理工作扯皮现象。与西方主要国家不同的是，法国在文化管理上采用多元复合的模式。这一模式的特点是在同一个国家内，对不同的文化事业或同一文化事业的不同层次，采用不同的管理体制，在不同的发展时期对同一文化事业采取不同的管理方式，甚至在同一文化事业的管理体制中，包含了截然对立的多元化因素。这种模式的优点是能实现中央集权与地方分权相结合、国家干预与市场调节相结合，集权、分权、放权并用，使文化事业管理能遵循文化活动本身的规律和要求，体现出这种模式高度的灵活性。多元复合式管理方式存在的问题是，集权与分权以及放权和收权之间的转换会给管理和协调工作带来较大的负担。[①]综合以上几种模式来看，对于我国文化管理而言，最主要的是要摸索出符合我国当前国情的、在政府管理和市场运作之间取得平衡的文化管理方式。这也是全球化趋势给我国文化管理变革带来的重要参考信息。

在国外主流文化管理模式之外，还有一些国际组织团体及其相关法规条文对我国文化管理产生重要的影响。以联合国和世界贸易组织为核心建立起来的多边协调机构，为文化权利、知识产权的国际保护和国际文化贸易构筑起了具有国际法权威的组织体系，进而也使20世纪西方国家的文化管理呈现出国

---

① 对国外四种主流文化管理模式的论述，参见孙萍主编：《文化管理学》中第10章“国外文化事业管理”，北京：中国人民大学出版社2006年版，第311～335页。

际化的趋势。如联合国的《经济、社会、文化权利国际公约》以及知识产权的国际保护等等，对当代世界的国家文化管理都产生了深远的影响。而世界知识产权组织管理的20多个知识产权多边公约，如《巴黎公约》、《保护文学艺术作品伯尔尼公约》、《保护表演者、录音制品制作者和广播组织罗马公约》、《保护录音制品制作者防止未经许可复制其录音制品公约》、《世界知识产权组织版权条约》、《世界知识产权组织表演和录音制品条约》等，以及世界贸易组织的《知识产权协议》等文件，都在相当程度上参与了我国当下文化管理思想的建构。20世纪90年代以来，在经济全球化和文化多样性的国际思潮影响下，当代西方国家的文化管理和文化政策研究呈现出跨越国界、走向世界的态势，并逐渐地在政府间组织与非政府间组织的双重组织结构层面上得到推进，即以联合国与世界贸易组织为核心的政府间国际组织；以文化多样性国际网、艺术理事会和文化机构国际联盟、国际艺术和文化管理协会等为代表的非政府间国际文化组织。这体现出当代西方国家在文化管理及其研究领域的国际化趋势。①这种国际化的趋势，从多方面对我国的文化管理变革提出了要求与挑战。

国际文化管理机构所制定的某些文化管理条文的内容，反映出当今世界对于文化管理的某些共识与共同的利益诉求，在某种程度上说其具有相当的合理性，是我国文化管理变革中需要顺应时代要求而借鉴学习的部分，但这并不是说要把我国文化管理变革过程中的“拿来主义”立场改变成“全盘西化”或“全盘国际化”。加入WTO之后，文化开放、文化交流、文化融合进程对我国文化管理产生了重大的影响，而有中国特色的

① 参见陈鸣：《西方文化管理概论》，太原：书海出版社2006年版，第29页、第40～43页。

政府文化管理创新并不是在简单的文化嫁接的基础上就能建成。作为文化管理变革基础的我国改革事业，无论在深度上还是在广度上都不是20世纪80年代西方发达国家的行政模式改革所能比拟的。我国幅员辽阔，各地情况迥异，而改革又是涉及到政治、经济、文化等多方面的改革和完善，既要保持对旧有制度遗产中负面因素的警惕，也要注意新变革因素的本土化能力。我国的文化管理变革，不是简单地依照国际化标准进行格式化，而是要进行有中国特色的创新性的文化管理变革，以促进我国文化建设事业的发展，满足人民群众日益增长的精神文化需求，建设有民族特色的主流文化意识形态。

第二节　区域化语境下的文化管理

"区域化"的概念与"全球化"有着密切的联系，甚至可以说它就是"全球化"概念的一个理论分泌物。"区域化"所包含的内容也类似"全球化"，极为丰富广阔，在使用中常可以见到"区域经济一体化"之类的将"区域化"限制于特定范围中的表述。对于"区域化"与"全球化"之间的关系大致上有两种看法，一种观点认为"区域化"概念的提出，是对"全球化"理论的一种修正和补充，它力图对全球化进程中许多极为宏大的理论设想做出调整，使之更具有操作性和可行性——这时的"区域化"就是对"全球化"的延展与补充。这种观点认为，全球化在许多方面产生了积极意义：从经济角度看，全球化实现了生产要素和生产资源在全球范围内的优化配置，极大地推动了生产力的发展；从政治角度看，全球化促进了国家之间在社会制度、文化、宗教等方面的对话与合作，有利于人类生存与发展等全球性问题的解决；从文化角度看，全球化使各民族之间的交流空前频繁，生活日益丰富多采。因此，区域化就成为世界上绝大多数国家和民族对全球化所采取的积极态度的一种表现。这里的“区域化”有两层含义，其一是指区域经济一体化，以欧盟为典型；其二是指全世界正在分化成像欧盟这样的地区共同体。因为资本、劳动力、产品、服务等在区域共同体之内比在全球范围内更容易实现自由流动，所以区域化不仅有利于区域共同体成员内部政治、经济、文化的一体化，在客观上也推动着全球化浪潮的发展——区域化不是全球化的对立物，而是全球化过程的中间环节和必经阶段。①但另一个方面，“区域化”也被认为是对“全球化”概念的反驳与颠覆，是面对全球化时的某种自我保护的姿态。原先“全球化”就被视为一种携带着许多悖论的理论蓝图，“全球化过程本质上是一个内在的充满矛盾的过程，它是一个矛盾统一体；它包含一体化趋势，同时又包含分裂化的倾向；既有单一化，又有多样化；既是集中化，又是分散化；既是国际化，又是本土化”。也就是说，全球化在为发展中国家引进资本、吸收现代技术、发展外贸、推动经济市场化，并逐步进入全球市场提供历史契机的同时，也使发展中国家的传统主权基础遭到侵袭，发展中国家在发展中极有可能遭遇发达国家在经济、政治上的种种威胁和恐吓，发展中国家的全球化过程可能是一个充满痛苦的过程。②在发展中国家的文化建设中，文化殖民主义的危害程度也随着全球化的进程而愈演愈烈。有学者认为，“区域化的真实意义在于与全球化进行抗衡，而不是人们通常

---

① 刘玉安、杨丽华：《全球化、区域化与国家主义》，《文史哲》2002年第1期，第157～158页。

② 参见黄卫平《全球经济与中国政治体制改革》、邹树彬《机遇与挑战：经济全球化浪潮中民族国家的两难选择》，均见《全球化的悖论》，北京：中央编译出版社1998年版。

所认为的推进全球化。”“区域化的核心在于强化区域利益，提高区域内各国的全面合作与协调，通过建立区域性对外经贸合作的共同壁垒，增强与区域外国家或其他组织的谈判与对抗能力。因此，不管是从区域化的动机和内部协调机制分析，还是从区域化对全球化的影响程度分析，区域化对全球化的发展并不能具有多数人所想象的促进作用，其结果将是数量更多的、规模更大的、更加难以协调和处理的冲突。”①

从文化管理的角度来说，区域化大体上可以按规模与程度分为“国家之间的区域文化管理与合作”与“国家内部行政区域之间的文化管理、协调与合作”。这二者都既可能表现为宏观上的政策协商、调控与规划，也可能具体落实为某种特定的文化形态或载体的跨区域协调与合作。国家之间的区域文化管理与合作，形态最为成熟的当属欧盟。它作为世界上最有代表性的区域联盟，为文化管理提供了很好的示范。根据欧盟委员会的欧洲文化网站中“欧洲行动”栏目所提供的资料，欧盟委员会的文化管理主要涉及文化合作、文化产业、文化接触、文化职业、文化设施、语言多样性、文化管制、国际关系和国际对话等方面。在文化合作方面，欧盟的“文化 2000 计划”的多数项目向欧洲经济区成员国家开放，1996 至 1999 年之间欧盟委员会推出的该计划的分项目主要涉及表演和视觉艺术、文化遗产、文学和阅读方面。此外还有其他欧洲规划中的文化合作，包含视听合作、技术和文化合作、文化合作和地区发展、教育和培训文化合作等。整个“文化 2000 计划”的目标是：鼓励合作，以便于建立一种欧洲的共同文化区域，发展艺术文学创造事业，促进欧洲的历史、文化及其国际影响方面的认

---

① 薛誉华：《区域化：全球化的阻力》，《世界经济》2003 年第 2 期，第 51～55 页。

同，推进欧洲遗产的征集工作，以及文化对话和社会整合。在文化产业方面，欧盟将文化产业作为实施欧洲行动计划的内容，涉及扶持计划、友好竞争的环境和第三国家（即欧盟外国家）的文化产业三个方面。欧盟在文化产业的扶持方面主要针对电影等视听文化产业和多媒体内容产业。2000 年欧盟文化产业发展的新计划“欧洲数字内容的全球网络”出台，目的即在于增强欧盟文化产业在电子信息领域内的竞争性。在文化管制方面，1991 年至 2001 年间，欧共体/欧盟还为成员国的知识产权保护领域制定了 7 个指导性法律文件，涉及计算机软件、知识产权的租赁权和出租权、卫星广播和有限传输、邻接权、创意性数据库、信息社会的版权和邻接权、追续权等。总体上说，欧盟为了在各国文化多样性基础上实现欧洲文化的跨国家认同：一方面，在欧盟内部确立起视听媒体、版权、税收、艺术家和艺术作品的自由流动等方面的文化管制法律，为社会基金、地区发展基金、教育培训、产业和研究等领域提供建设性的文化政策，进而促进欧盟社会文化经济的整体发展；另一方面，在欧盟外部关系上，鼓励成员国之间以及成员国与第三国家之间的文化对话，推动世界范围内的文化多样性进程，从而使欧盟成为国际文化重要的合作伙伴。欧盟的形成，不仅使欧洲国家公民和法人的文化活动逐渐地纳入了一种有序的、协调性的运行轨迹，而且也给当代西方国家文化管理提供了某种超越国家疆界的联盟组织形态。它在维护各成员国家语言、文化多样性的前提下，也使成员国的国家文化主权一定程度和范围上发生了让渡，从而能够形成一些适用于所有欧盟成员国家的文化政策、文化法律和文化管理制度。因此，作为具有区域联盟性质的文化管理主体，欧盟已经并将继续深刻地改变着当代西方国家的文化管理格局。①

就国家内部行政区域之间的文化管理而言，我国范围内的区域文化共同治理理念和区域文化合作机制有着深厚的历史文化背景和强大的传统观念惯性。我国悠久的历史发展进程中形成了中原、燕赵、三秦、巴蜀等极具区域特色的文化形态，而这些文化风格都不是现今单一的省级行政区域可以完全囊括，例如东北三省中就很难确定谁能完全代表黑土地的文化特色。这些富有区域特色的文化形态与现今省级行政区域的经济发展相结合，在客观上使区域文化共同治理和区域文化合作机制势在必行。苏南、浙北和上海形成的长三角经济圈，粤港澳之间的大珠三角区域，以及包括福建全省、浙南、赣东、粤东在内的海峡西岸经济区，都是我国区域文化共同治理和区域文化合作机制的重要考察对象。2009 年 5 月 14 日正式发布的《国务院关于支持福建省加快建设海峡西岸经济区的若干意见》就明确地体现出区域文化共同治理和区域文化联动合作的重要性。文件不仅仅指出了要在经济上“推动跨省区域合作”，还对跨区域的文化管理与文化建设提出了要求，具体体现在第六条提出“建设两岸文化交流的重要基地”与第二十五条“加强文化基础设施建设和文化产业发展”之中。“两岸文化交流”是以福建为主体，包括浙南、赣东、粤东在内的对台文化交往，涉及到闽南文化生态保护、闽台历史渊源以及客家文化、马祖文化等诸多文化内容，进一步增强了连接两岸同胞感情的文化纽带作用。“加强文化基础设施建设和文化产业发展”所涉及的区域文化管理与合作虽然说也包括了对台文化交流的考虑，但更强调“文化基础设施建设和文化产业发展”中“海西”主体

---

① 陈鸣：《西方文化管理概论》，太原：书海出版社 2006 年版，第 37～40 页。

地位与文化的辐射能力，要求“整合文化资源，打造一批地域特色明显、展现海峡西岸风貌、在国内外具有影响力的文化品牌，重点保护发展闽南文化、客家文化、妈祖文化、红土地文化、船政文化、畲族文化、朱子文化等特色文化”。这些文化形态品牌效应形成的过程，也就是区域文化管理合作能力具体展现的过程。落实到具体的文化形态上看，对区域文化管理合作能力要求的侧重点也不尽相同。如闽南文化生态保护区建设上，需要共同合作协调管理的内容主要包括：提高全社会文化遗产保护的自觉意识；完善相关法律法规；建构整体性的文化生态保护理念；合理规划、分配和管理文化生态保护经费；组建专业人才队伍等等。①而在客家文化建设与产业化的过程中，区域性文化管理合作主要面临的问题是整合资源，杜绝重复建设严重的现象，以便能在闽西、赣南、粤东客家文化主要区域塑造出各有特色的客家文化产业品牌，在整体上丰富客家文化产业的形态、内容和层次。

第三节　产业化条件下的文化管理

要理解文化管理“产业化”的趋势，首先要理清文化事业、文化工业、文化产业几个相关概念及其之间的关系。若以管理对象的内容性质来划分，文化管理包括“文化事业”和“文化产业”两个部分，二者是需要区别对待的。有学者曾这样定义“文化事业”：它“是人们在文化艺术、新闻出版和广

---

① 马建华：《闽南文化生态保护实验区建设概况》，载福建社会科学院编著：《福建文化发展蓝皮书（2007～2008）》，福州：海潮摄影艺术出版社2008年版，第25～26页。

播影视等领域从事的具有一定目标、规模并对社会发展有重要影响的经常性活动。文化事业不仅包括有关这些领域的思想理论、价值准则、精神形态等主观内容，还包括这些内容的载体、传播方式、文化设施和文化组织机构与管理体制等客观因素。广义的文化事业既包括文化产业，又包括无法进行产业化运作的公益性文化事业。”[①]在广义上说，可以将文化产业视为大文化事业的一部分。但在日常语境中，是否能完全采用市场机制运行，是对两者加以区别的常用标准。一般而言，“文化产业”意味着市场经济逻辑的主体性，而“文化事业”则更侧重政府以行政手段服务于公共文化需求，同时完成文宣规划的内容。“文化工业”则是“文化产业”诞生过程中的一个关键概念，它是从古典文化观念生产机制向现代文明生产机制转换的重要转折点。本雅明在其名文《机械复制时代的艺术作品》中描述了复制技术对于文化格局的巨大影响力，在他看来，由于艺术品复制技术手段的出现，使得原本附着在艺术品身上的“灵韵”不复存在，艺术品可以复制生产、反复消费。“文化”被“工业化生产”的可能性由此诞生。而阿多诺在他与霍克海默合著的《启蒙辩证法：哲学断片》里延续了对这种文化艺术品“工业化生产”的批判，并使用了“文化工业”一词。他认为，由于艺术品的个性和独特性在工业化生产中消失，人类的审美认知能力，甚至是精神世界受到巨大的蒙蔽与伤害。在此之后，“文化工业”一词又随着社会的发展和变化逐步褪去其否定性含义。在西方理论界“文化研究”发生“葛兰西转向”之后，阶级本质主义论和生产主义论日趋淡化，包括“文化工业”生产方式在内的大众文化体系逐步摆脱单一性的负面评

① 孙萍主编：《文化管理学》，北京：中国人民大学出版社 2006 年版，第 9 页。

价，文化研究转而注意大众文化中主导性力量与反抗性力量之间的谈判、斗争和妥协的过程，以及文化与意识形态之间的复杂性、阶级之外的文化斗争形势和“压迫—反抗”关系等内容。①自然地，“文化工业”也逐步演变为现在通用、不含价值判断色彩的“文化产业”。现在的“文化产业”虽然还保留某些工业生产的方式，但根本性质已与“文化工业”完全不同：“它是文化企业依托现代公司制度，通过文化资源市场配置的核心机制而建构起来的文化经济形态，具有以工业化生产为标准、市场化消费为纽带、创意符号为内容和产业化运作为模式的特质，由文化产品的创造、复制、流通、传播、储存和提供各种文化服务的赢利性活动所构成的社会行业的总称。”②

初步清理“文化工业”、“文化产业”、“文化事业”的区别之后，广义上的“文化事业管理”的定义就水到渠成：“文化事业管理是各级政府及其文化行政部门和各种文化企事业单位对各项文化事业和具体文化活动的规划、组织、协调和监督，包括宏观文化行政和微观文化管理两个层面。”微观文化管理主要指企事业单位对内部的文化经济活动的管理，文化行政管理则体现出“宏观性”、“间接性”和“多样性”的特点，具体展开就是“宏观性要求政府弱化指令性的行政手段，为文化事业发展指引方向，只提出原则性要求，如何实现则由文化企事业单位自己决定。间接性要求政府只提出文化发展的目标和规模，确定文化投资的总量，监督和检查文化发展计划落实的情况和投资效益，而把投资分配、规划的实施交由社会中介组织

① 参见罗钢主编：《文化研究读本》，北京：中国社会科学出版社2000年版，第18页。

② 陈鸣：《西方文化管理概论》，太原：书海出版社2006年版，第250～251页。

去处理。多样性要求政府多管齐下，综合运用各种手段进行宏观管理，坚持以法律手段和经济手段为主，辅以必要的行政手段和思想教育手段。”① “坚持以法律手段和经济手段为主”实际上已经明显表现出文化管理“产业化”的趋势。文化管理“产业化”趋势是社会经济文化发展的必然性使然，也是实事求是地建设社会主义文化事业的重要途径。文化事业管理“产业化”的必然性，可以从我国文化管理的历史经验、世界主流文化管理的产业化趋势、我国当前文化管理体制转型与文化管理客观需求等诸多方面体现出来。

历史经验表明，在文化管理上采用的“国家计划模式”在特定的历史时段和特定的历史条件下能体现出其优势性，在这种模式之下，国家的文化事业由各级政府及其主管行政部门以指令性计划和行政手段进行调节和控制，从而实现，国家对文化管理实施了全面控制。然而从更长的历史时间看，这种模式的弊病也十分明显。建国初期我国使用“国家计划模式”的文化管理方式，既有制度遗产的强大惯性的原因，也是对当时特殊的国际国内环境的一种必然性应对。在党的十一届三中全会确立了以经济建设为中心的总路线和改革开放的主要政策之后，“国家计划模式”越来越难以适应形势发展的要求。在20世纪80年代前期，整个国家的文化商品无论在质量上还是数量上，都远远落后于人民群众的精神文化消费需求，社会出现明显的文化饥渴症。随着改革开放的全面展开，1987年国有文化事业单位开始进行“事业单位企业化经营”的管理方式变革，并逐步摸索出“以文补文”、“多业助文”等多种经营模式，开始尝试性地调整和转换文化体制，这实质上就是我国文

① 参见孙萍主编：《文化管理学》，北京：中国人民大学出版社2006年版，第12～13页。

化管理“产业化”的开始。当时为了克服我国文化部门中普遍存在的政企不分、政文不分、效率低下等问题，进行了文化企业和事业单位的领导建制的转换试验，如在剧团实行院长、团长负责制，在报社、出版社实行社长负责制等，同时还对某些文化事业单位如电影公司下属的电影院实行“三挂钩”承包经营的试验。这些文化管理产业化的变革有力地促进了我国文化产业的发展，产业化的浪潮扩展到了我国文化制造业和文化服务业各领域，出现了多种形式的文化企业。这段时间文化管理产业化的变革和文化产业的飞速发展在1992年国务院办公厅综合司编著的《重大战略决策——加快发展第三产业》中得到反映，这本书使用了“文化产业”的概念，这是我国政府部门首次对文化“产业”性质的认可。1992年之后我国的文化管理方式随着文化产业的发展也在发生着渐进的变革，文化管理逐步由“直接管理”向“间接管理”转变、由“办文化”向“管文化”转变、由“小文化”向“大文化”转变。1997年国有文化部门创办的文化经营单位只占整个文化经营单位的10％左右，而非国有文化部门创办的经营单位已占到88.6％，我国文化管理的“产业化”转型已是大势所趋。在我国加入世界贸易组织之后，文化管理的“产业化”变革必须吸收国际标准中那些更为成熟合理的理念，抓住这个文化产业整合的战略机遇。[①] 2009年9月26日国务院发布的《文化产业振兴规划》总结了近些年来我国文化产业的发展状况，也指出与此同步进行的文化体制改革和文化管理变革所取得的成效。文件指出，“党的十六大以来，党中央、国务院高度重视发展文化产业，

① 对我国文化管理历史经验及管理模式“产业化”过程的梳理，参见孙萍主编：《文化管理学》，北京：中国人民大学出版社2006年版，第196～199页。

采取了一系列政策措施，深入推进文化体制改革，加快推动文化产业发展。国有经营性文化单位转企改制取得重要进展，涌现出一批具有较强实力和竞争力的文化企业和企业集团，文化产业规模逐步壮大，以公有制为主体、多种所有制共同发展的文化产业格局初步形成。”现阶段文化产业发展的重点是调整文化产业格局和文化产业政策，培育有国际竞争力的文化产业团体，而文化管理产业化的变革就正是其中的重要部分。从我国文化管理产业化的变革历史来看，这既是一段从计划经济到市场经济大变革的组成部分，也是一段文化发展逐步回归其主体性而又展示出其丰富性的过程。从西方主要发达国家如美国、英国、法国的文化产业管理模式来看，基本上都在肯定市场经济规律核心机制的基础上加以政策性的微调，其管理模式产业化的历史较为悠久，产业化管理模式也比较成熟。当今世界上知名的文化产业品牌如美国的好莱坞电影等等，基本上是采用产业化管理模式。可以说，除去某些特殊的公共文化服务和公共文化建设项目无法采用产业化的文化管理模式之外，大多数能进入市场经济的文化产业项目都可以采用或者借鉴产业化的管理模式。这一方面能减轻政府的负担和管理资源的消耗，另一方面又能给予进入市场经济竞技场的文化产业企业更多的自主权和生存空间。因此，文化管理模式的产业化变革，总体上是我国文化产业发展形势与当前文化管理体制转型的必然性要求。

在我国文化产业发展形势与当前文化管理体制转型的总体要求之下，文化管理模式的产业化变革，至少有以下几个方面的重要原因。首先，文化管理模式的产业化变革，是为了适应人民群众日益增长的精神文化消费需求。改革开放三十年后，人民群众的物质生活条件得到极大的改善和提高，而温饱问题解决之后，精神文化的消费需求就自然高涨。政府全部包揽文化生产和文化消费领域的事务已经不可能，文化产业的发展和文化管理模式的产业化势在必行，因为市场经济制度能更好地调配和满足人民群众日益增长的精神消费需求。其次，文化管理模式的产业化变革，是文化管理适应市场经济的要求完成文化体制改革的需要。产业化变革将进一步理清政府在文化管理中的作用与角色，有所为也有所不为。国务院颁布的《文化产业振兴规划》指出，振兴文化产业的重要保障条件之一就是深化文化体制改革，要“通过深化文化体制改革，进一步解放和发展文化生产力，激发全社会的文化创造活力。”文件还具体指明深化文化体制改革的重点和途径，就是“要紧紧抓住转企改制、重塑市场主体这个中心环节，加快推进出版发行单位转企改制和兼并重组，加快电影制片、发行、放映单位和文艺院团转企改制，抓好党报党刊发行体制和广播电视节目制播分离改革。大力推动行政管理体制改革和政府职能转变，建立统一高效的文化市场综合执法机构”。文件中强调的“转企改制”，亦即出版发行单位和电影制片、发行、放映单位以及文艺院团等机构的“转企改制”，实际上就是深化文化体制改革过程中的文化管理模式的产业化变革。这也是达到《文化产业振兴规划》文件中的总体规划目标“完成经营性文化单位转企改制，文化市场主体进一步完善，活力进一步增强，文化产业规模不断扩大，推动经济社会发展的功能和作用得到较好发挥”的必由之路。第三，文化管理模式的产业化变革，有利于人才队伍的合理性建设。由于文化管理模式的产业化变革在实质上引入了市场经济的运行逻辑，使得计划经济时代“铁饭碗”的观念被打破，有利于文化产业中的人才流动。产业化管理使人才的能力和薪酬直接挂钩，在极大程度上调动了人才的主观能动性和积极性，在总体上有利于文化建设和文化产业的发展。

第四节　网络化趋势与文化管理

文化管理变革中的“网络化”趋势包含两层主要意思：网络成为文化管理的重要内容，以及计算机网络技术成为文化管理重要的技术手段。当然，文化管理变革中的网络化趋势，是以整个“网络社会的崛起”为背景的。在以“网络社会的崛起”为题名的著作中，曼纽尔·卡斯特分析了信息技术革命对经济、文化、社会发展的影响，也正是网络技术、经济、社会、文化与政治之间的相互作用重新塑造了当今的社会。卡斯特曾经解释过他命名“网络社会”的缘由：“网络建构了我们社会的新社会形态，而网络化逻辑的扩散实质地改变了生产、经验、权力与文化过程中的操作与结果。虽然社会组织的网络形式已经存在于其他时空中，新信息技术范式却为其渗透扩张遍及整个社会结构提供了物质基础。……这个网络化逻辑会导致较高层级的社会决定作用甚至经由网络表现出来的特殊社会利益：流动的权力优先于权力的流动。在网络中现身或缺席，以及每个网络相对于其他网络的动态关系，都是我们社会中支配与变迁的关键根源。因此，我们可以称这个社会为网络社会，其特征在于社会形态胜于社会行动的优越性。”①

网络成为文化管理的重要内容，是近些年我国社会经济文化发展的必然结果，网络文化产业成为文化产业重要的新兴力量。从产业角度看，网络文化产业可以分为两部分，一是传统文化产业的网络化和数字化，如数字电影、数字图书馆等；二

---

① ［美］曼纽尔·卡斯特：《网络社会的崛起》，夏铸九等译，北京：社会科学文献出版社2003年版，第569页。

是以网络信息为载体，形式和内容都有别于传统文化的新型文化产品，如大型在线角色扮演的网络游戏，以及多媒体网络诗歌等等。无论是数字电影、数字图书馆、大型网络游戏、多媒体诗歌还是手机短信，都使传统的文化管理必须扩大自己的视野和辖区。数字化的娱乐消费在近几年发展迅猛，2002 年我国网络游戏玩家已达 1000 万人之众，2004 年上半年这个数字增长到 3300 万，而根据相关机构的预测，中国网络游戏玩家在 2013 年将过亿。与网络文化在民众间的普及化相比，我国政府也很快注意到了网络文化产业并给予了一系列的扶持。2004 年文化部在上海成立了全国首个“国家动漫游戏产业振兴基地”，国家广电总局随后在湖南和上海成立了“国家动漫游戏产业示范基地”，而中国科学院将“网络游戏通用引擎研究及示范产品开发”项目正式纳入国家“863 计划”，则是“网络游戏技术研发”这类文化产业课题首次被纳入国家科技计划。①我国政府对于网络文化产业发展最近的一次扶持和强调，可以在 2009 年 9 月 26 日国务院颁布的《文化产业振兴规划》中得到明显的体现，这份文件多处涉及网络文化产业的相关内容。“数字化、网络化技术广泛运用”是这份《文化产业振兴规划》的“规划目标”内容的一部分，而在“振兴规划”的“重点任务”中，则阐明了网络文化产业振兴发展的具体内容，归纳为以下四个方面：第一是“发展重点文化产业”部分，要以“数字内容”和“动漫等产业”等内容为重点，加大扶持力度，完善产业政策体系，实现跨越式发展。要满足多种媒体、多种终端对影视数字内容的需求。出版业要推动产业结构调整和升级，加快从主要依赖传统纸介质出版物向多种介质

① 参见孙萍主编：《文化管理学》，北京：中国人民大学出版社 2006 年版，第 205 页。

形态出版物的数字出版产业转型。第二是“实施重大项目带动战略”部分，即要继续推进国产动漫振兴工程、国家数字电影制作基地建设工程、多媒体数据库和经济信息平台、“中华字库”工程、国家“知识资源数据库”出版工程等重大文化建设项目。第三是“发展新兴文化业态”部分，要积极发展纸质有声读物、电子书、手机报和网络出版物等新兴出版发行业态。第四是“扩大对外文化贸易”部分，即要支持动漫、网络游戏、电子出版物等文化产品进入国际市场。因此，网络文化与网络产业已经成为文化管理的重要内容，这也是文化管理变革中需要重视的部分。

计算机网络技术成为文化管理重要的技术手段已经是不争的事实，“电子政府”概念的兴盛就是明显的例证。但网络作为文化管理技术手段，与网络成为文化管理的重要内容绝非毫无关系。毋宁说，网络技术成为文化管理的重要手段，必须建立在对网络文化特征有较深了解的基础上。相对于传统文化而言，网络文化有其独特的生成方式，总体上看有以下特征：第一，网络文化比较重视网民在网络讨论中的“平等”身份，这是对传统交际方式中交往背景与人际关系的一种淡化处理。第二，网络文化是注重个性创造的“个性文化”，强调“眼球经济效益”。第三，网络文化是一种“权力分散文化”，网络将造就出人们通过自由交往解决问题的社会自治能力，从而减去那些不必要的中间环节，符合现代管理中的组织扁平化的理论。第四，网络使人们在交往范围上进一步冲淡空间距离造成的地域聚集群体观念，创造出人类历史上新型的虚拟社区文化。第五，网络文化是以电子为介质的高科技文化，既便于大量存储又便于迅速传播，从而使信息的传播更为丰富、形象和生动。第六，网络文化是高时效性文化，追求速度与更新。第七，网络文化具有开放性，对进入交流的个人不设置身份门槛，而争鸣的观点和积累的资料也可以实现便捷的存储与调用。第八，网络文化具有交互性，它不是静态的，而是相互作用的，在网络上可以实现一对一、一对多、甚至是多对多的互动关系。[①]认识到网络文化的特性之后，不难发现利用计算机网络技术实现文化管理，与使用传统媒介进行文化管理相比，更具有挑战性。

利用计算机网络技术实行文化管理的难度，首先要提及的是现实操作中无法回避的技术瓶颈。由于客观的技术等因素，仅仅是在网络上进行文化管理的技术监控，也很难真正地全方位做到。有学者就注意到，我国范围内“在网吧规章的实施上仍然存在着巨大的地理和时间差异”。“控制网吧困难，对个人用户的监督更加困难。……通常人们不需要出示身份证就可以在网吧中上网；而且人们普遍使用‘上网卡’，不需提供个人信息就可以用它拨号连接。尽管审查制度试图进行阻止、过滤和跟踪，但是大多数的中国英特网用户还是能通过加密消息、FTP 以及最新的对等技术来访问非法信息。”[②]解决这类问题绝非一日之功，不断提高网络监控技术也仅仅是解决方案中众多步骤的一步。利用计算机网络技术实行文化管理的难度，其次在于这种新技术加入文化管理，并不仅仅意味着技术手段的增加。网络计算机技术虽是文化管理的一种工具，但它同时有着自己丰富的文化内涵，因此这种新技术手段的出现，将和原有的文化管理技术手段混合在一起，产生更多可能的变化。美国学者梅罗维茨对此曾有过详细的解释：“当一种新媒介被引入

---

① 参见何伟：《网络环境下的文化管理》，《西南交通大学学报（社会科学版）》2003 年第 4 期，第 56～57 页。

② 参见［美］卡斯特：《网络社会：跨文化的视角》，周凯译，北京：社会科学文献出版社 2009 年版，第 124 页。

某种文化的同时会改变原有媒介的特质、含意和效果。……当一种新的因素加入到某个旧环境时，我们所得到的并不是旧环境和新因素的简单相加，而是一个全新环境。当然，‘新’的程度要看新的因素对旧系统中起决定作用的因素的改变程度，但是新环境总是胜于各个部分之和。”[①]在文化管理中使用计算机网络技术时，我们不能像在理论分析中那样，将作为文化管理重要内容的网络和作为文化管理重要技术手段的网络技术做简单的切割。因此，文化管理的网络化需要得到技术手段和文化认同双方面的支持。利用计算机网络技术实行文化管理的难度，第三个方面就是对网络文化认同机制的了解与引导。由于文化认同涉及到历史、社会、经济、种族、性别等诸多方面因素的影响，文化认同的培育是一个漫长而艰难的过程。网络中文化认同的培育，至少可以分成民族、社群、性别、种族、个体等诸多维度，每个领域中的认同机制都自有特点。因此，在对网络文化认同的把握之上，使网络文化管理技术成为社会主义主流文化认同观念的载体，就是实现网络文化管理技术另一种重要的功能——引导功能。随着网络的不断发展，文化管理网络化的趋势中也将出现更多的新变化。

小　结

当前文化管理所出现的“全球化”、“区域化”、“产业化”和“网络化”这四大趋势，其实并非各自独立的。“全球化”与“区域化”互相关联，而“网络化”和“产业化”实际上又与“全球化”和“区域化”密不可分，“网络化”和“产业化”

---

① ［美］约书亚·梅罗维茨：《消失的地域：电子媒介对社会行为的影响》，肖志军译，北京：清华大学出版社2002年版，第16页。

之间也绝不是没有内容交叉的地带。这四大趋势的分类，更多的是出于理论归纳与演绎的逻辑要求。整体上说，这四大趋势所代表的文化管理的新潮流，要求我国当下的文化管理变革要做出适当的回应，要求政府文化管理必须有所创新。

政府文化管理创新体系的建构，是时代发展变化的客观要求，是推进新时期文化发展的内在需要，也是回应新公共管理挑战的战略选择。政府文化管理创新体系的基本架构主要包括以下几个方面的内容：第一，文化管理思想创新。要树立新的文化价值观，明确科学的文化发展观。第二，政府文化管理的新定位。政府文化管理的定位主要包括角色的定位、文化职能的界定和管理目的的确定。政府要将文化管理的角色意识，从举办、管理转移到协调、服务上来；要将文化管理职能的重心，从以阶级性为主转移到以公共性为主上来；要将文化管理的目标，从重文化事业到文化事业、文化产业发展并重上来。第三，文化管理体制创新。当前的文化管理体制创新主要包括创新组织体系、改革文化体制、作出具体制度安排三个方面。第四，文化管理机制创新。当前政府文化管理机制创新应主要从以下三方面加以推进：文化管理运营机制——市场化和社会化相结合；文化管理调控机制——法治性和引导性相结合；文化管理保障机制——防御性和开放性相结合。第五，文化管理模式创新。文化管理模式创新的基础在于对不同类型文化的正确区分，文化管理创新必须充分尊重和体现不同层次类型文化的特点，要根据各种文化的不同特点，科学地采取不同的发展思路和管理模式。① 总而言之，就是要摸索出具有中国特色的文化管理模式，有利于社会主义现代化建设的伟大事业。

---

① 参见李康化、王缨：《政府文化管理创新体系的重构》，《东南学术》2006 年第 4 期，第 73～79 页。

第二章　文化政策

文化政策是当代文化管理学的核心概念，制定和实施文化政策已经成为文化管理或文化治理的重要组成部分。本章将探讨文化政策概念的内涵、文化政策研究的兴起、文化政策制定与规划、文化政策行销、文化政策的执行与影响评估、国外文化政策和我国当代文化政策的建构和历史演变等一系列问题。

第一节　文化政策的内涵与意义

长期以来，“文化”一直是一个难以界定的语词，迄今的定义可谓五花八门、汗牛充栋。同样，“文化政策”也是一个复杂的概念，其内涵常常是不稳定的有时甚至有些模糊不清。早在 20 世纪 60 年代，联合国教科文组织召开世界各国参与的文化政策会议，与会者大多认为定义“文化政策”应该慎重，因为不同国家民族对文化的理解和认识有着很大的差异，因而不同国家和地区对何谓文化政策这一问题的回答也必然有所不同。但联合国教科文组织的文化政策会议还是达成了一些相对宽泛的共识：所谓文化政策是指某种文化发展方案，“经由有效运用资源，以达成某些文化需求，或实现有意义、有计划的目标”；或是“指经界定的某些标准，可促进完整人格的实现与正常社会的发展。简而言之，文化政策即有效运用社会资源，执行某种行动方案，以达成某些文化需求。现代文化政策通常含括两大要义：生活化，以满足民众需求，不与民众脱节；多元化，以涵盖思想层面与生活层面之艺术、人文、科学……等宽广内涵。”① 从联合国教科文组织的这一界定可以看出，“文化政策”概念包含了以下内涵：第一，文化政策是一种有效运用文化资源促进国家或地区文化发展的行动方案与计划；第二，制定文化政策是为了满足国民或公民的文化需求，其最终目的是促进人格的完整发展和社会的健全发展；第三，文化政策具有广义和狭义之分，狭义的文化政策基本上是指文艺政策和媒体政策，广义的文化政策不仅仅是指文艺政策和媒体政策，而且涵盖了人文、艺术、科学和教育等广泛层面，具有十分广泛的内涵。

联合国教科文组织对文化政策的理解和界定比较宽泛但也十分明确。比较而言，学术界对文化政策的思考和界定则要复杂得多。英国学者 Oliver Bennett 教授认为界定“文化政策”首先必须思考“文化被谁？为谁？为什么？以及有什么被建构出来”以及在这一过程中“文化如何被支持、控制与规范”等一系列问题。② 理解文化政策的含义显然要涉及如下问题：文化政策的制定者是谁？文化政策为谁制定？为谁服务？制定的原因是什么？文化政策的内容是什么？它又是如何被建构的？如此看来，文化政策显然不只关涉到“文化发展”，而且隐秘

---

① 参见夏学理、凌公山、陈媛编著：《文化行政》，台北：五南图书公司 2002 年版；章明会：《文化政策与城市风格的重构：以高雄市为例》，南华大学 2006 年硕士论文。

② 参考王俐容：《文化政策中的经济论述：从精英文化到大众经济？》，文化研究学会 2003 年年会论文。

地关涉到社会文化的规训和控制。在这个意义上，文化政策是社会文化治理和规训体系的重要组成部分。在著名的《文化政策》一书中，Toby Miller 和 George Yudice 曾经质疑联合国教科文组织对文化政策的理解和界定过于简单化了。他们对1982年墨西哥文化政策全球会议达成的文化共识——“文化赋予人类有能力反省自己，透过文化，人类表达自己、认识自己、体会自己的不完整、质疑自己的成就、不断寻求新意义以及创造作品以超越自己的限制。”——深表不满：这群联合国教科文官员究竟在说些什么？这样的论述就可以界定文化政策的范畴吗？①

那么，人们应该如何科学地阐释乃至界定“文化政策”的内涵与意义呢？Toby Miller 和 George Yudice 提出了他们自己的思考和见解。第一，他们认为文化和政策在两方面产生联系：美学和人类学。美学层面涉及的是文化创造、品味和身份；人类学层面涉及的则是人们的生活方式。“文化政策指的是以体制的支援来引导美学创造力和集体生活方式，是一座连接这两方面的桥梁。”② 第二，文化政策的核心内涵关涉的问题是：“哪些知识和实践可以决定主体的形成和管理主体的方式。”理解和界定“文化政策”的内涵和意义必须把它“历史化和理论化”，而非像联合国教科文官员那样去脉络化的以及过于感性的阐述。Toby 所谓“历史化和理论化”，Miller 和 George Yudice 认为包括相互关联的七个要素：“治理性、品味、伦理的不完整、补助的理由、国家与超国家的计划、文化

---

① Toby Miller、George Yudice：《文化政策》，蒋淑贞、冯建三译，台北：巨流出版公司2006年版，第3页。

② Toby Miller、George Yudice：《文化政策》，蒋淑贞、冯建三译，台北：巨流出版公司2006年版，第1页。

公民权和文化政策研究”。[①] 他们的阐述有助于我们理解“文化政策”的复杂含义，其中深具启发性的内容包括如下四个方面：

第一，文化政策与文化治理性。“治理性”或“治理术”是福柯后期哲学的核心概念，这一论述显然是其早期权力和规训理论的发展与深化。1978 年 2 月 1 日，福柯在法兰西学院讲授“安全、领土和人口”课程，在第 4 讲中，正式提出并系统地阐述了“治理性”或“治理术”概念：“‘治理术’一词有三个意思：①由制度、程序、分析、反思以及使得这种特殊然而复杂的权力形式得以实施的计算和手法组成的总体，其目标是人口，其主要知识形式是政治经济学，其根本的技术工具是安全配置（apparatus of security）；②在很长一段时期，整个西方存在一种趋势，比起所有其他权力形式（主权、纪律等）来说，这种可称为‘治理’的权力形式日益占据了突出的地位（pre-eminence）。这种趋势，一方面导致了一系列治理特有的机器（apparatuses）的形成，另一方面则导致了一整套知识（savoirs）的发展；③‘治理术’这个词还指这样一个过程，或者说这个过程的结果，通过这一过程，中世纪的司法国家（the state of justice），在 15、16 世纪转变为行政国家（administrative state），而现在逐渐‘治理化’了。”[②] Toby Miller 和 George Yudice 将文化政策与福柯的治理性概念相勾连，认为文化政策实质上是近现代国家“治理性”知识系统或规训体系的一部分。

---

① Toby Miller、George Yudice：《文化政策》，蒋淑贞、冯建三译，台北：巨流出版公司 2006 年版，第 3 页。

② 《福柯：治理术》，赵晓力译，文载“北京大学中文论坛”http://www.pkucn.com/viewthread.php?tid=140406&extra=page%3D1

第二，文化政策与品位哲学。现代性国家透过文化政策生产“权力和符号”，“教育公民成为有品位的人，品位的形成就是文化管理或文化政策。”① 关于文化政策和品位塑造的关系，Toby Miller 和 George Yudice 的思考回到了 18 世纪的古典哲学，从康德的《判断力批判》出发，结合阿诺德的《文化与无政府状态》，并且与葛兰西和威廉斯的“文化领导权”（“文化霸权”）论述相勾连，试图说明的是：“18 世纪品位哲学的冒现，与治理性的计划同步，取代了昔日宗教和神权政治树立的社会权威，把品位归为世俗社会的范畴，由社会来制定现代的行为标准。从这个基点来看，品位的教育和演练须以训诫为前提，而且经由文化，内化到主体的心理。”② 看来，“品位”属于美学和感性学的范畴，但它绝不是纯粹的美学问题，而是与公共领域、社会秩序紧密相关。这一点我们从 17 世纪“美学”或“感性学”概念的发明者鲍姆嘉登的相关论述中也能清晰地看出——美即是感性生活和感性认识的完善，美学就是研究感性认识如何完善的理论，用康德的话说即是培养人类的共同感觉力。

第三，文化政策与不完整伦理主体的管理与规训。Toby Miller 和 George Yudice 明确地指出：“文化政策是把治理性和品位合并起来，致力于生产主体，在个人或公众层次上，形塑重复的举止风格。……要生产出好性情又听话的文化公民——可以藉由各种机构和论述加以形塑——就必须让他们牢记

---

① Toby Miller、George Yudice：《文化政策》，蒋淑贞、冯建三译，台北：巨流出版公司 2006 年版，第 9 页。

② Toby Miller、George Yudice：《文化政策》，蒋淑贞、冯建三译，台北：巨流出版公司 2006 年版，第 12～13 页。

自己伦理不完整。”① 的确，管理与规训不完整的伦理主体进而生产出符合社会秩序的有品位的公共主体性是制定文化政策的根本目的。

第四，文化政策与国家及超国家身份认同和政府计划。文化政策是塑造国家身份认同的政府计划的一部分。Toby Miller 和 George Yudice 的论述有四个观点值得我们关注：①“许多国家和地区常常强调他们的文化特殊性，以便将他们的整体性合法化和具体化，有时候是透过去中心化而有时是经由中心化”；②“本土生产的文学”可以成为塑造国家认同和文化国族主义的手段，这是国家文化政策之所以支持国族文学的根本原因；③在国家文化的生产过程中，政府是“品位的仲裁者”；④“文化政策制造了一些公共记忆和学习的区域”，设下了一些规定，藉此以对现在的关怀来制约对历史的认识和记忆。这样，重建历史记忆就成为文化政策十分重要的关怀面向之一。

第二节　文化政策研究的兴起

在英语世界，据托比·米勒和乔治·尤底斯的说法，“文化政策研究”始于 20 世纪的 70 年代，“经由文化经济协会和 Akron 大学的都市研究中心的成立而展开”。发展至今，文化政策研究已经建制化，逐渐成为西方人文科学的显学之一。许多大学纷纷成立文化政策研究机构，开设文化政策研究相关课程或专业，培养研究生。举例如下：

1. 英国格拉斯哥大学的“文化政策研究中心”。

---

① Toby Miller、George Yudice：《文化政策》，蒋淑贞、冯建三译，台北：巨流出版公司 2006 年版，第 18 页。

2. 丹麦哥本哈根皇家图书情报学院的文化政策研究中心。

3. 英国华威大学的文化政策研究中心。

4. 澳大利亚格里菲斯大学的“文化与媒体政策研究中心”。

5. 瑞典林雪平大学的瑞典文化政策研究中心。

6. 英国谢菲尔德哈勒姆大学的文化政策与管理研究所。

7. 美国芝加哥哥伦比亚学院的艺术政策研究中心。

8. 美国东北大学的文化与艺术政策研究所。

9. 普林斯顿大学的艺术与文化政策研究中心。

10. 美国宾夕法尼亚大学社会工作学院艺术的社会影响研究计划。

11. 希尔德斯海姆大学的文化政策研究所。

12. 美国俄亥俄州立大学的艺术政策与行政研究所。

13. 伦敦市立大学艺术政策与管理学系。

14. 英国索尔福德大学的社会、文化和政策研究所。

15. 莫斯科的文化政策研究所。

16. 美国得克萨斯大学圣安东尼奥分校的文化和政策研究所。

17. 德国的文化政策研究所。

18. 意大利的文化与社会政策研究所。

19. 美国佛罗里达大学的艺术与公共政策中心。

20. 俄勒冈大学的社区艺术和文化政策中心。

近年来，欧美人文学界出版了一系列文化政策研究的著作，譬如，杰勒米·亚赫尼与奥利弗·班尼特合编的《知识分子与文化政策》，奥利弗·班尼特所著《文化政策和管理在英国》，托比·米勒和乔治·尤底斯合著的《文化政策》，大卫·卢瑟里所著《政治的乐趣：当代法国的文化政策和辩论》，汉斯·埃里克·耐斯著《一项新的议程？欧盟和文化政策》，吉姆·麦圭根的《反思文化政策》，詹尼弗·拉维亚与米歇尔·摩尔合著的《跨文化视角的政策与实践》，凯特·菲茨·吉本的《谁拥有过去？文化政策、文化财产与法律》，巴巴拉·霍夫曼著《艺术与文化遗产：法律、政策与实践》，贾斯汀·路易斯和托比·米勒的《批判的文化政策研究读本》，彼得·李伯庚的《巴尔贝里尼文化政策》，莫尼卡·萨沙特里的《成为欧洲人：文化身份和文化政策》，丹尼斯·梅雷迪斯与杰弗里·明森的《公民身份和文化政策》，吉姆·麦圭根的《文化政策》，杰勒米·亚赫尼的《法国文化政策论争读本》，凯瑟琳·克拉默里的《加泰罗尼亚：民族认同和文化政策，1980～2003》，安娜贝拉·利特兹·莫内的《欧盟和文化：经济调节与欧洲文化政策》，乔伊斯·泽门斯与阿·克莱加特纳合著的《比较文化政策：美国和日本研究》，埃文·安德森、罗宾·布拉瑟尔和哈罗德·科沃德合著的《文化政策的思考：过去、现在与未来》，凯瑟琳·萨利卡基斯的《欧盟的媒体和文化政策》，格伦·库莫《国家社会主义文化政策》，莎拉·欧文·凡得斯路易斯的《经济全球化时代的道德与文化政策》，史蒂芬·格雷瑟的《文化政策与艺术管理》，肯尼斯·托洛的《政府与人文：迈向一个国家的文化政策》，费约翰著《艺术与公共政策》……这些成果广泛地讨论了以下主题：文化政策的历史演变、文化政策与身份认同的关系、知识分子与国家文化政策间的复杂纠葛、全球化对文化政策的影响、文化政策的反思与批判、作为公共政策的文化政策、文化政策与公民的文化权力、法律与文化政策、国际文化政策的比较研究等一系列重大问题。

20世纪90年代中后期以来，在中国台湾地区人文社会科学研究界，文化政策研究同样受到广泛关注，逐渐形成台湾学术界讨论的一个重要焦点。在学术建制方面，台北艺术大学成立“艺术与文化政策研究所”、交通大学的社会与文化研究所、中央大学的客家社会文化研究所、中国文化大学的艺术研究所、世新大学的社会发展研究所、南华大学的环境与艺术研究所与美学与艺术管理研究所、中山大学的艺术管理研究所、台湾大学的建筑与城乡研究所、政治大学的公共行政研究所、台湾师范大学的艺术研究所、淡江大学的欧洲研究所、台南师范学院的乡土文化研究所等等，都把“文化政策与文化政治”列为重要研究方向或研究领域。一些重要学者相继开设了文化政策研究课程，如蒋淑贞主讲的“文化政策与权力”和“文化政策与文化多元”以及“文化政策研究：批判观点”、夏铸九主讲的“空间、历史与社会”和“都市史与规划史”、王志弘主讲的“文化治理体制”和“反思多元文化”、夏学理主讲的“艺术文化政策之探讨”、刘阿荣、钟国允主讲的“文化政策与法规专题”、洪孟启主讲的“文化政策与文化思潮”和“文化政策与文化发展研究”、陈其南主讲的“文化政策与文化发展研究”、黄靖惠主讲的“文化政策与行政”、孙瑞穗主讲的“创意文化与产业”……1990年代以来，台湾学者还出版了一系列有关文化政策的著作，例如，林信华的《文化政策新论：建构台湾新社会》，黄国祯的《文化政策的地方模式：宜兰文化经验1990～2000》，“文建会”主编的《新世纪台湾电影活水蓝图：从各国文化政策、法规制度与工业结构之调查》，谭光鼎的《原住民教育与文化政策规划之研究》，孔秋泉等编著《我国当前文化政策及其文化活动形态之实例研究》，叶高树的《清朝前期的文化政策》，许仟的《欧洲文化与欧洲联盟文化政策》、洪孟启的《文化政策的形成与执行》，郭为藩《全球视野的文化政策》……以文化政策为讨论对象的学术论文和学位论文数量更为可观，内容涉及“文化政策对城乡再发展影响”、“文化政策与文化产业发展”、“文化政策与社区营造”、“文化政策与空间利用”、“文化政策与城市风格”、“文化政策与文艺补助”、“文化政策与原住民教育”、“文化政策与认同政治”、“文化政策与文化公民权”、“文化政策与文化资产保存”、“文化政策与文化治理”、“文化政策与文化政治”、“西方国家文化政策的变迁”以及海峡两岸文化政策的历史演变等等广泛层面。其中，最值得关注的是由台湾文化研究界开启的批判的文化政策研究和文化行政研究界所展开的文化政策研究。前者揭开了文化政策所隐含着的意识形态和权力关系，后者务实地阐述了文化政策从拟制到执行的运作规律。两者对我们深入认识文化政策和文化管理的关系都有所助益。

比较而言，中国大陆的文化政策研究起步较晚，发育还很不完善。以中国期刊全文数据库检索为例，1980～1990 年以文化政策为题的论文共有 24 篇，主要内容为中国古近代文化政策研究和苏联东欧各国文化政策评述。1990 年至 2000 年以文化政策为题的论文则有 56 篇，主要内容涉及欧美发达国家与地区的文化政策评论、中国古代的文化政策新论、韩国文化政策评介和当代中国文化政策研究。其中最值得关注的是李源潮的《为了世界文化发展的多样性——在文化政策促进发展政府间会议上的发言》和胡惠林的《当代中国文化政策的转型与重构——20 年文化政策变迁与理论发展概论》，前者阐述了中国政府对世界文化多样性发展的立场，后者第一次把中国当代文化政策做历史化理论化的系统性研究。2000 年至 2009 年 8 月以文化政策为题的论文已达到 129 篇。从内容上看，有如下几点变化值得人们关注：第一，中国古代文化政策研究仍然占有相当的分量，但讨论的问题转入文化政策对古代文学的影响，如《清代文化政策的调整与中国古代通俗小说的演进》、《清代文化政策对八股文衡文标准的影响》、《明廷文化政策与明代后期戏曲传播》、《康雍乾时期的文化政策与 18 世纪中国的文学精神》、《南北文风融合与文化政策对初唐诗坛的影响》等等；第二，外国文化政策研究关注点有所变化，对外文化政策、多元文化政策、文化规划和文化治理、文化公民权、文化产业政策等问题受到学界关注；第三，近十年来，最值得人们关注的现象是当代中国文化政策研究所占比重有所增加，逐渐成为文化政策研究领域的核心议题，文化政策研究的当代性和现实性日益突出，人们开始讨论许多现实性问题，如《前进中的小康社会需要什么样的文化政策》、《论加入 WTO 与文化政策创新》、《视听服务贸易中的文化政策争议——“GATT1947”第 4 条引发的思考》、《文化政策主导下的城市更新》、《文化政策与社会发展》、《建设先进文化的能力与文化政策》、《新时期深化文化体制改革中的文化政策问题》、《文化政策视阈下我国知识产权文化发展研究》、《文化政策主导下的创意城市建设》、《当代中国文化政策十年的主题》等等；第四，“文化体制改革”、“公共文化服务体系”、“文化创意产业”和“文化遗产保护”已经成为当前文化政策研究的四大关键领域。

在逐渐兴起的文化政策研究成果中，胡惠林的专著《文化政策学》（上海文艺出版社 2006 年出版）和张玉国的著作《国家利益与文化政策》（广东人民出版社 2005 年出版）尤其值得人们关注。前者系统阐述了文化政策的主体、客体和文化政策的选择、制定与执行以及当代中国文化政策的形成与变迁；后者则全面论述了国家利益与文化政策的关系，着重分析了加拿大和美国的文化政策模式及其给我们的启示。指出了全球化背景下，我国文化政策制定的依据、策略和必须注意的问题。《文化政策学》和《国家利益与文化政策》的出版表明我国文化政策系统性研究已经初步展开。

以上简略概述的种种迹象是否可以表明一门“崭新的次学科”——“文化政策学”即将呼之欲出？那么，我们要追问的是，文化政策为什么会成为人们普遍关注的课题？文化政策研究为什么会成为中外人文社会科学研究的重要学术领域？或者说，哪些因素导致和激发了当代文化政策研究的兴起？

第一，人类社会越来越认识到文化是人类发展的基石，文化政策与社会发展息息相关。正如联合国教科文组织在《世界文化与发展委员会报告》中所指出的："如果我们把文化视为人类发展的基石，就必须对文化政策的范畴进行大幅度的拓展。任何针对发展的政策，都不可避免地深深植根于文化之中，并且受文化因素的驱动。"① 文化问题已经深深地嵌入发展观之中，人类社会的发展显然不能缺乏文化的维度。正是在"发展"这一世界性的主旋律下，文化政策研究成为全球性的课题。

第二，文化政策研究的兴起与联合国教科文组织的推动有着密切的关系。20 世纪 60 年代以来，联合国教科文组织召开了多次文化政策国际性会议，引发了各国政府文化主管部门和知识界对文化政策问题的关注和兴趣。1966 年，教科文组织大会通过了《国际文化合作原则宣言》，该《宣言》为在教科文组织框架范围内制定文化政策奠定了基础。1970 年在威尼斯召开关于文化政策的机构、行政和财务问题政府间会议。1978 年在哥伦比亚首都波哥大召开了"拉丁美洲和加勒比海地区政府间文化政策会议"。该会议强调了"内生性发展"和文化交融的重要性。1982 年，联合国教科文组织在墨西哥城召开"世界文化政策大会"。墨西哥大会通过了《墨西哥城文化政策宣言》，"文化认同的权利"得到了宣示。宣言明确指出："文化是体现出一个社会或一个社会群体特点的那些精神

---

① 张玉国：《文化多样性与人类全面发展》，广州：广东人民出版社 2006 年版，第 154 页。

的、物质的、理智的和感情的特征的完整复合体。文化不仅包括艺术和文学，而且包括生活方式、基本人权、价值体系、传统和信仰。”“文化赋予我们判断力和道义感，从而使我们成为有特别的人性的、理性的生物。我们正是通过文化辨别各种价值并做出选择。”① 1998 年 3 月至 4 月，联合国教科文组织又与瑞典政府合作在斯德哥尔摩召开了“文化政策促进发展政府间会议”。这次大会讨论通过了《文化政策促进发展行动计划》，该计划指出：“发展可以最终以文化概念来定义，文化的繁荣是发展的最高目标。”“文化的创造性是人类进步的源泉。文化多样性是人类最宝贵的财富，对发展是至关重要的。”因此，“文化政策是发展政策的基本组成部分”，“未来世纪的文化政策必须面向和更加适应新的飞速发展的需要”。2001 年在巴黎召开联合国教科文组织第 31 届大会，通过了《文化多样性宣言》。2002 年联合国在约翰内斯堡召开“可持续发展问题世界首脑会议”，进一步重申了这些文化政策，强调指出经济、生态、社会和文化是可持续发展的四大支柱。联合国教科文组织对文化政策问题的持续关注和讨论推动了文化政策研究的兴起。

第三，文化和经济进一步融合的发展趋势尤其是文化创意产业在全球的迅速崛起也是触动各国政府和学术界广泛研究文化政策的动力之一。美国是老牌的文化产业强国，其文化产业在全球的扩张和无远弗届的影响力，并且早已形成了所谓的“文化帝国主义”势力。文化软实力在国际竞争中的作用越来越重要。英国在布莱尔出任首相的十年间利用公共政策推动文

---

① ［美］欧文·兹洛编：《多种文化的星球——联合国教科文组织国际专家小组的报告》，文昭、黄丽华译，北京：社会科学文献出版社 2001 版，第 153 页。

化创意产业发展取得令人瞩目的成就。据英国文化体育与传媒部《文化与创意 2007》的报告，创意产业在英国整个国民经济增加值中的比例超过了 7%，并以每年 5%的速度在增长，远高于整个经济的增长速度，产值达 560 亿英镑，解决了 180 多万人的就业问题。2004 年艺术产业所创造的外贸总额达到了 130 亿英镑，占出口产品与服务总额的 4.3%。音乐产业的产值达到了 60 亿英镑，就业人数为 13 万人。亚洲的韩国同样采用积极的公共政策推动文化创意产业的跨越式发展，韩国于 1995 年颁布《文化艺术振兴法》，1999 年制定“文化产业振兴五年计划”，1999 年颁布《文化产业振兴基本法》。改善文化产业发展的法律和制度环境，立法保障文化产业的健康发展，成立文化产业振兴院和文化产业局。文化产业局设有文化产业政策、新闻出版、广播及广告政策、电影录像带、多媒体、文化内容推广等六个部门。这六个部门分别执掌各项文化创意产业事务，包括文化产业政策研究、辅导文化厂商经营、文化产品的行销推广、创意人才培育、行政事务的协调整合、文化产业的补助与赞助以及奖励等等，以政府的力量去主导韩国文化产业的发展。文化创意产业的快速发展以及发达国家的发展经验促使世界各国文化主管部门和知识界重新思考文化政策的重要性，探讨什么样的文化政策有利于推动文化创意产业的快速成长。

第四，文化政策是社会政策和公共政策的重要组成部分，文化政策研究的兴起构成社会政策研究兴盛的表征之一。而社会政策研究的文化转向进一步激发了人们对文化政策的研究热情。20 世纪 80 年代以来，在国外的社会政策研究中出现了“文化转向”（cultural turn）的趋势，文化视角在社会政策研究者中越来越受到重视，并发表了一系列的研究成果。“越来越多的学者在社会政策研究中开始关注和重视文化因素。正如美国学者罗杰所言：‘文化为一个社会如何组织其社会福利供给提供了框架并赋予其意义’，因此，‘用社会学的和文化理论的理念才能帮助我们理解当代的社会福利问题之所在。’”① 社会政策研究界越来越重视文化变量在理解社会政策过程中的重要作用。这对文化政策研究的兴起也产生了一种不可忽视的影响。

第五，全球文化治理的民主化和公共化发展是文化政策研究兴起的重要背景。一方面，文化政策研究的兴起可以视为文化治理越来越民主化和公共化的重要表现，是文化治理民主化发展的一部分；另一方面，文化政策研究的兴起也是公民尤其是人文知识分子的文化参与意识和公共政策参与意识日益提高的结果，也可以视为公民文化参与和政治参与的重要表征之一。

第六，“文化研究”的兴盛是文化政策研究兴起的重要推动力量。“文化研究”是当代影响广泛而深刻的人文思潮。何谓文化研究？因为它具有突出的跨学科性和超学科性，人们往往难以给出明确的答案。《文化研究简史》的作者约翰·哈特利在该书“引论”中作出如是阐述：“文化研究展示出一个显著的趋势，即它关注身处现代性中的发讯人和收讯人的关系。它做了细腻、有趣的工作，探讨不同文本语境和社会语境下的意义建构实践（practices of sense making），特别是探讨那些不平等的关系，还有不平等关系借以形成的媒介，以及改变不平等关系的可能性。它对许多话题的兴趣是经久不衰的，这些话题包括通俗文化、阶级（次）文化、通俗媒介（戏剧、新闻业、音乐）、日常生活、城市与市郊、主体性、意识形态、霸

① 毕天云：《社会政策研究中文化视角兴起的知识社会学分析》，《云南师范大学学报》2007 年第 1 期，第 40 页、第 42 页。

权、话语、权力、可视性以及其他非言语意指（non speech semiosis）、身体、身体与技术、公与私的关系、制度与人的关系、文化政治、边缘人与边缘实践得以成长的环境、跨国知识与图像流、非都市文化之间的殖民残余与帝国残余，等等。”① 作为社会文化治理体系重要构成部分的文化政策理应会进入文化研究的视域，逐渐成为文化研究的重要课题。正如文化研究学者班奈特（Tony Bonnet）所指出，以往的文化研究过度偏重于文本政治的分析而忽视了文化权利的制度层面，务实的文化研究必须“将政策关怀带入文化研究”，因为文化政治的核心在于政策制定，制度性安排左右了文化生产和文化管理。在《文化研究：理论与实践》一书的最后一章中，作者Chris Barker表达了对班奈特观点的高度认同，明确提出文化研究“发展文化政策研究的必要性”。② 中国台湾地区著名的文化研究学者廖咸浩甚至认为“文化政策是更激进的文化研究取向”，而石之瑜则干脆把文化研究视为“政治学的次领域”。由于文化研究的政治关怀维度或文化政治维度的逐渐强化，近年来，已有不少文化研究者开始关注和介入文化政策研究领域，这为文化政策研究提供了新动力和新方法，也极大地拓展了文化政策研究的理论空间。

第七，在当代中国的人文科学场域中，文化政策研究的兴起还与文艺社会学的复苏有着某种不可忽视的关联。由于庸俗社会学的坏影响，在20世纪80年代很长的一段时期，文艺社会学曾经一度退出文艺理论阵地。但20世纪90年代尤其是新

---

① ［澳］约翰·哈特利：《文化研究简史》，季广茂译，北京：金城出版社2008年版，第18页。

② Chris Barker：《文化研究：理论与实践》，罗世宏等译，台北：台湾五南图书出版公司2004年版，第433页。

世纪以来，文艺社会学研究在引入福柯和布迪厄等的理论与方法以及公共社会学之后出现了强劲复苏的明显趋势。人们开始关注文艺制度或文化制度与文艺生产和文艺思潮之间的紧密关系，文艺制度的社会学分析逐渐成为文艺学发展以及现当代文学史研究的重要趋势之一，产生了一系列富有价值的研究成果，如洪子诚的《中国当代文学史》和《问题与方法》，王本朝的《中国现代文学制度研究》和《中国当代文学制度研究》，张利群的《文艺制度论》，范国英的《茅盾文学奖的文学制度研究》等等。这些成果广泛地讨论或涉及了文学体制与文学生产的关系、文艺制度对文艺主体建构的潜在规制作用、文艺制度与文艺现代性的关系、文学与社会制度的关系、文学机构、作家身份、文学期刊、文学出版、群众读者、文学批评、文学政策、文学会议与文学生产的复杂关系……这些成果显然已经深刻地触及到了文化政策研究的诸多具体层面，推动了文化政策研究在当代中国的兴起。

由于关注和介入文化政策研究的学者具有不同的知识背景和学术兴趣，正在兴起的文化政策研究已经呈现出多元化的面貌和态势。概而言之，我们认为当前的文化政策研究大体上可以分为三种类型：第一种是文化研究路径，侧重于探讨文化政策与权力及意识形态的关系；第二种为经济学路径，偏重于讨论文化政策的经济学维度；第三种为文化行政学路径，主要讨论文化政策的制定和执行问题。下面我们简单地勾勒一下这些路径。

第一种是文化研究路径。正如上文所述，一些务实的文化研究者开始介入文化政策研究领域，逐渐形成文化政策研究的文化研究范式。这一范式的基本特点在于：

1．强调知识分子的文化批判立场，这一范式或可以称之为“批判的文化政策研究”。

2. 话语与权力分析方法。文化研究路径认为“文化政策”中隐含着诸种权力关系，文化政策论述常常只是某种意识形态的文化修辞。批判的文化政策研究即是要揭示出文化修辞背后潜藏着的规训和控制技术，从而以批判的姿势和立场有效地介入文化政策领域。

3. “批判的文化政策研究”的思想资源主要包括法兰克福学派的社会批判理论、英国伯明翰学派的文化理论、福柯的话语分析和治理性理论、葛兰西的文化领导权理论以及后现代马克思主义的接合理论等等。

4. 文化研究路径把文化政策研究和阶级政治、性别政治、种族政治等相勾连，试图拓展文化政策论述的空间。

5. “批判的文化政策研究”的核心概念工具包括：文化政治、再现政治、意识形态、文化霸权、规训、治理性以及话语与权力。

6. 文化研究路径试图整合“文本实践的文化批评”与“政策形成执行”研究二者之间的关系。[①] 当然，文化研究群体本身是复杂的，包含了为数众多的流派和分支，他们对文化的看法至少可以分为两种：一种是以阿多诺和霍克海默为代表的法兰克福学派为宗，倾向于否定大众文化；另一种以伯明翰学派为宗，重视流行文化和通俗文化研究并且肯定大众文化的积极意义。这两种倾向在他们各自的文化政策论述中也必然会有所反应。

第二种是经济学路径。这一研究路径倾向于从经济学层面和纬度探讨文化政策的含义以及文化政策的运作。台湾学者王俐容在分析西方和台湾地区文化政策的变迁时曾经指出：“文

---

① 参见 Chris Barker：《文化研究：理论与实践》，罗世宏等译，台北：台湾五南图书出版公司 2004 年版，第 433 页。

化政策中经济论述的不断增强，并与经济产业政策有密切整合的可能；文化政策所强调的价值从美学、社会的转向经济价值；文化概念的持续扩大，但边界的越形模糊；艺术/娱乐、传统的精英/大众艺术、高级/通俗艺术、或是公共赞助/商业文化之间的区隔逐渐消弭；文化政策关注的对象从艺术、文化工业扩大为创意产业。”作者以澳大利亚政府1994年阐述的文化政策说明这一变化：“文化政策就是经济政策，文化创造财富……文化增加价值，并对于创新、营销与设计具有不可或缺的贡献。除了文化本身是一个有价值的输出，对于其他商品的输出也是有不可或缺的附加价值。可以说，文化对于我们经济的成功担任举足轻重的角色。”① 其实，文化政策的这种转向在全球范围都有着很大的普遍性，文化政策研究也必然朝经济学论述转移，逐渐形成文化政策研究的经济学范式。在大力发展文化创意产业的时代背景下，经济学路径的文化政策研究大有后来居上的发展趋势。简而言之，这一范式有以下基本特点：

1. 文化政策是国家或地区经济发展政策的一部分，文化政策即是经济政策，即是文化产业政策。经济思维和市场理论构成文化政策研究的主导性思维。重视文化在增加收入和促进就业方面的重要作用，重视文化领域所产生的经济效益。

2. 文化政策研究以文化经济学为理论基础，“文化经济”和“美学经济”是核心理念。其基本分析工具包括：文化生产、文化流通、文化产品销售、文化消费、文化市场、文化出口、文化贸易、文化产品产业、文化商品、融资、投入和产出、国际竞争力等等。

---

① 王俐容：《文化政策中的经济论述：从精英文化到大众经济?》，文化研究学会2003年年会论文。

3. 在文化的经济效益和公民的文化权力之间，在文化的产业化、文化的开发利用与文化保护之间，经济学的文化政策研究更倾向于文化的经济效益和文化的开发利用。

经济学路径的文化政策研究有利于推动文化创意产业的发展，也有利于促进文化与经济的深度融合。但经济学路径的文化政策研究必须处理好文化公民权与文化商业化的关系，更必须处理好政府干预与市场经济的关系，否则有可能将文化发展引入歧途。

第三种是文化行政学或文化管理学的文化政策研究路径。所谓文化行政，是“文化行政管理体制和文化行政管理机制（即文化行政管理方式与方法）的总称，即作为宏观的文化行政管理体制和作为微观的文化行政运行机制的总和。”① 文化行政学是一门新学科，是跨文化学、管理学和公共行政学等学科的交叉学科。其研究的内容涵盖文化发展规律、文化发展目标、文化发展战略、文化政策、文化体制以及社会文化事业和文化产业的规划、组织、指挥、协调、监督和控制的管理过程。文化政策是文化行政和管理学研究的重要内容之一。文化行政管理学路径的文化政策研究偏重于讨论文化政策的制定与运作，具体的研究内容包括：如何制定和规划文化政策？如何行销文化政策？如何实施文化政策？如何评估文化政策的成效？

以上三种文化政策研究路径虽然有所重叠交叉，但关注点和知识视域可谓大相径庭，至少是各有其特点和优势，同样也存在各自的缺陷和盲点。在推动社会主义文化大繁荣、促进社会主义文化大发展的时代背景下，如何把三种研究理路整合成

---

① 凌金铸：《论文化行政转型》，《安徽大学学报》2007 年第 4 期，第 126 页。

一体或彼此参照进而发展出更加完善更加开放的文化政策研究体系无疑是一个十分重要的理论课题。

第三节　文化政策的制定与实施

（一）文化政策的制定

1. 文化政策制定的原则。

文化政策隶属于公共政策，所以文化政策的制定必须遵循一般公共政策共同的基本原则，包括理性化与科学化原则、公共性与民主化原则、程序化与规范化原则。但文化政策又有其不同于一般公共政策的自身特征：文化政策具有明显的意识形态属性，文化政策与国家认同和民族文化认同有着十分密切的关系，因而，文化政策的制定还必须遵循一些特殊的原则，如国家文化安全原则、主流意识形态引导多元化发展原则。文化政策的制定还必须遵循时代要求，遵循当代性原则。简述如下：

（1）理性化与科学化原则。理性化和科学化是公共政策制定的重要原则，也是文化政策制定必须遵循的重要原则。其意是指制定政策必须依据人类理性和科学方法，分析各种政策方案并且做出相对优化的选择，获取相对意义上的“最大化”的政策效果。管理学上对决策理性化原则的理解分为两种类型：第一种为古典理性选择理论，这一理论有两大假设：完全理性假设和利益最大化假设。第二种为现代理性选择理论，它认为人们在依据理性做出政策选择时必然会受到各种主客观的不确定因素的制约和影响，所谓“完全理性”在现实世界是不可能的。现代理性选择理论提出了“有限理性”概念。“行政理论所关注的焦点，是人的社会行为的理性方面和非理性方面的界线，行政理论，是关于意向理性和有限理性的一种独特理论，是关于那些因缺乏寻求最优的才智而转向满意的人类行为的理论。”① 理性化与科学化紧密相连，只有科学化的政策制定才可能是理性化的。所以文化政策的制定还必须遵循科学化原则，决策必须充分利用现代科学技术知识及方法和现代文化行政管理学的理论与方法。

（2）公共性与民主化原则。公共政策具有公共性的根本属性，公共性构成公共政策合法性的基础，制定公共政策的目的在于分配和调节公共利益。公共性显然也是制定文化政策必须遵循的基本原则，切实实现文化政策的公共性则要以民主化为基础，即“要使人民群众充分行使参与决策的民主权利，决策体制符合民意，决策目标体现民情，决策方式考虑民力，决策过程尊重民意，决策结果顺应民心，最终实现人民群众的根本利益。”② 文化政策的制定必须建立民主集中和民主协商制度以及公民的文化参与制度。

（3）程序化与规范化原则。美国决策学家拉德福特曾经把决策分为完全规范化决策、部分规范化决策和非规范化决策三种类型，这与管理学家西蒙把决策分为程序化和非程序化大同小异。除了应对偶然性问题外，公共政策的制定一般都应遵循程序化与规范化原则。文化政策的制定也应遵循这一原则，建立规范化的制度和决策程序。

（4）国家文化安全原则。随着全球化和信息化的高度发展，国家文化安全课题被提了出来。所谓“国家文化安全”是

---

① ［美］西蒙：《行政行为——行政组织决策过程的研究》，北京：北京经济学院出版社 1991 年版，第 19～20 页。

② 颜佳华等：《公共决策研究——文化视野中的阐释》，长沙：湖南人民出版社 2005 年版，第 209 页。

指"主权国家的主流文化价值体系以及建立于其上的意识形态、社会基本生活制度、语言符号系统、知识传统、宗教信仰等主要文化要素免于内部或外部敌对力量的侵蚀、破坏和颠覆，从而确保主权国家享有充分完整的文化主权，具备同国家政治、经济发展协调一致、良性互动与不断创新的文化系统，并在人民群众中间保持一种高度的民族文化认同。"① 当代发展中国家的文化安全面临着许多方面严峻挑战，如：文化全球化所产生的文化同质化对全球文化多样化生态的破坏，民族文化认同受到麦当劳文化和好莱坞大片的威胁；西方意识形态和价值观的渗透对本土价值观和意识形态体系的威胁；国家文化形象往往被"妖魔化"；本土文化产业受到严重挑战，文化市场被大面积入侵……在这一语境下，制定文化政策必须遵循维护国家文化安全的原则，制定积极的文化政策促进国家和民族文化的发展与创新以应对文化安全问题。

（5）主流意识形态引导文化多元化及多样化发展原则。2001 年联合国教科文组织发表《世界文化多样性宣言》，明确指出："应把文化视为某个社会或某个社会群体所特有的精神与物质、智力与情感的不同特点总和。除文学艺术外，还应包括一个社会的生活方式、处世哲学、价值体系以及传统与信仰等。各国应在相互信任与理解氛围内，尊重文化多样性。宽容、对话及合作是国际和平与安全的重要保障。"宣言认为："文化在各不相同的时空中会有各不相同的表现形式。这种多样性的具体表现形式，便是构成各人类群体所具有的独特性和多样性。文化的多样性是交流、革新和创作的源泉，对人类来说，保护它就像保护生物多样性进而维持生物平衡一样必不可

① 石中英：《论国家文化安全》，《北京师范大学学报》2004 年第 3 期，第 5 页。

少。从这个意义上讲，文化多样性是人类的共同遗产，应从当代人和子孙后代的利益考虑。”[①] 宣言阐述的主要是全球化时代国际文化交往与合作的基本准则，但同样也适用于国家内部的文化建设。文化是一种生活方式，是内心自我的表现。在一个国家内部，不同区域、民族、社群、性别、阶层乃至个人都具有某种属于自己的文化表现形式，都可能创造出独特的文化形态。多元化与多样化是文化发展的本质属性之一，也是国家文化保持活力和创新力的基础，但文化多元化也可能产生泥沙俱下的负面影响，不可避免地出现某些噪音和杂音。正如十六届六中全会《决定》所指出，当代中国正处于“经济体制深刻变革，社会结构深刻变动，利益格局深刻调整，思想观念深刻变化”的历史时期，已逐渐形成多元化的文化发展格局。在这一历史语境下，中共中央提出了指导文化思想建设的重要方针：“坚持以社会主义核心价值体系引领社会思潮，尊重差异，包容多样，最大限度地形成社会思想共识。”简而言之，文化政策的制定必须有利于保护和促进文化的多元化发展，同时也要牢牢掌握文化领导权与“和谐文化建设的正确方向”，以社会主义核心价值观整合各种文化思潮，以主流意识形态引导文化多元化发展。

（6）切实维护和落实公民的文化权力原则。关于“文化公民权”，联合国大会 1966 年通过的《经济、社会和文化权利国际公约》第 15 条曾经有过简明扼要的阐述：“人人有权参加文化生活，享受科学进步及其应用所产生的利益，并获益于对科学、文学或艺术作品的保护。”“文化公民权”包括文化参与权、公民分享公共文化服务和文化产品的权利、文化表达、再

---

① 联合国教科文组织《世界文化多样性宣言》，http://www2.ohchr.org/english/law/diversity.htm#wp1030795

现和创造的权利、文化认同权、智慧财产权以及平等享受人类共同文化遗产的权利等方面。中华人民共和国全国人大常委会2001年2月28日批准签署了《经济、社会和文化权利国际公约》，表明维护和落实“文化公民权”已经成为我国政府制定文化政策的重要原则之一。

（7）历史文化遗产保护与开发利用相结合原则。历史文化遗产是人类共同的财富，现今，保护历史文化遗产已经成为一项共识。但对许多发展中国家而言，如何处理好文化遗产与经济发展的关系，或如何处理好文化遗产保护与开发利用的关系仍然是一个困难的课题。因而，政府在制定文化政策时必须遵循历史文化遗产保护与开发利用相结合的原则，努力实现历史文化遗产保护与开发利用的良性互动。

（8）发展文化事业和发展文化产业并重原则。当前，文化产业政策逐渐成为文化政策的重要层面。为了促进文化创意产业的发展，英国、澳大利亚、韩国等一些发达国家相继出台了一揽子振兴和发展文化创意产业的政策，文化政策甚至演变为经济政策。但文化产业政策并不能等同于文化政策，国家文化政策还承担着落实文化公民权和实现公民文化福利的责任；另一方面，文化事业和文化产业两者存在相辅相成相互促进的关系，两者都是国家文化软实力的重要构成要素。因而，制定文化政策还必须考虑到文化事业的发展，理应遵循发展文化事业和发展文化产业并重原则。

（9）弘扬文化传统与促进文化创新相结合原则。从理论的层面看，人们常常说的“文化”，包含了两种功能，一是规范功能，为社会整合、历史的延续性和价值生活的稳定性提供基础，文化传统正是社会整合、历史的延续性和价值生活的稳定性的基础；二是创造功能，即突破旧有的僵硬的成规达成文化创新和发展。从五四新文化运动以来，传统与创新的关系一直都是学界长期关注和讨论的课题，历久弥新。对于国家文化建设而言，这个课题同样关系重大，制定文化政策无法规避如何处理传统与创新这一历史性课题。理论界所阐述的以下观点值得参考："处于一定阶段的民族历史传统，是这个民族进一步发展的起点，我们从事任何事业都不能抛开我们的传统文化背景。历史传统是民族文化现代化的起点，但却是一个有待于引申和发展的起点，我们只有创造性地重构这种传统，才能创造出更加灿烂的现代中国文化来。"① 概而言之，制定文化政策必须遵循弘扬文化传统与促进文化创新相结合原则。

(10) 统筹协调、区域均衡与城乡一体化原则。制定文化政策要以科学发展观为指导，科学发展观是坚持以人为本，全面、协调、可持续的发展观。按照科学发展观的要求，文化政策的制定必须遵循城乡协调发展、区域协调发展和可持续发展的原则。

2. 文化政策制定的程序。

文化政策制定是一个动态的行为过程，其程序一般包括以下相互关联的环节：政策问题的形成、确定政策目标、设计政策方案、预测政策效果、选择与确定政策方案、政策方案的合法化。简要说明如下：

(1) 政策问题的形成。某种意义看，文化政策即是对变化了的文化处境和文化问题的应对策略和解决方案，所以，政策问题的认定与形成就构成了制定政策的起点。以韩国发展文化创意产业政策为例，该政策的制定起源于韩国政府对"政策问题"的基本认定：第一、全球化。韩国推动文化创意产业发展政策是为了因应全球化的趋势。1990 年代初，韩国启动全球

---

① 韩震：《民族传统与文化创新之我见》，《江海学刊》1999 年第 2 期。

化计划，文化部门就提出把韩国文化产业化和商品化列为优先推动的国家政策，认为文化与经济的融合和文化艺术的产业化已经成为先进国家在全球化竞争中生存与发展的最佳策略。第二、经济生产已逐渐从产业生产转移到文化生产。因此，文化产业被韩国政府视为新世纪知识经济的核心产业，文化内容产品的开发、制作、生产、流通和消费以及相关的服务产业成为新经济的发展动力。第三、文化艺术和科学技术的结合。韩国政府认为文化技术时代（CT 时代）已经来临，文化艺术和科学技术的有效结合将带动新一轮经济发展。①

（2）文化政策目标的确定。政策目标是政策制定者希望通过政策实施所要达到的效果，它来源于政策问题的分析和确认，是政策方案设计和选择的基础，也是政策执行和实施的指导思想和政策效果评估的依据。根据政策问题的变化，韩国政府调整了文化政策目标：1960 年代至 1970 年代为因应现代化所产生的文化认同迷失，韩国政府确立了扶持传统文化的政策目标；1980 年代提出“文化的发展与国家的发展同步化”目标；1990 年提出“文化要面向全体国民”的政策目标。从 1993 年开始，韩国政府把文化政策目标调整为文化的产业化和商品化，把文化产业发展成为国家的支柱产业，并最终进入世界文化产业五大强国行列。李明博执政以后，韩国文化体育观光部提出了建设“软实力强大的创造文化国家”的远景规划，文化政策目标被确定为：“通过培育和提升国家软实力，建设以文化愉悦社会、以文化建构和谐、以文化图谋发展的先进一流国家。”其战略重点在于：“努力培育和壮大韩国内容产业、文化艺术、体育、观光产业四大软实力，因为它们正在成

① 对该问题的具体讨论可参考崔末顺：《产业化与商品化：全球化下韩国的文化策略》，《台湾社会研究季刊》第 73 期。

为韩国提高国民生活质量与国家经济的核心成长动力。”这一目标显然是对1960年代以来各个历史时期韩国文化政策的整合和重构，同时又进一步突出了文化产业的重要性。

（3）文化政策方案的设计与确定。文化政策方案的设计，就是针对所要应对和解决的文化发展问题，依据政策目标，运用各种方法，设计出一系列可供选择的可行性方案。方案设计要遵循针对性、系统性、可行性和创新性原则。以韩国为例，韩国政府为了实现文化产业政策目标，制定了一系列政策方案：1999年制定“文化产业振兴五年计划”，1999年颁布《文化产业振兴基本法》，同时推出一系列促进文化产业发展的具体优惠措施。这些方案的设计与执行促进了韩国文化创意产业的高速发展。

（4）文化政策的合法化。文化政策的合法化包括政策制定程序的合法化和政策内容的合法化。文化政策合法化的途径有以下三种：一是法律化，通过立法把文化政策上升为法律，韩国《文化产业振兴基本法》即是典型的例子；二是法定权力机构的批准，如2009年7月国务院常务会议讨论并原则通过的《文化产业振兴规划》；三是文化主管部门的审查和批准。

（二）文化政策行销

20世纪70年代开始，“行销”概念逐渐从经济学领域扩大延伸到社会和政治领域，形成“社会行销”、“政治行销”、“政府行销”和“国家行销”等一系列概念。公共政策行销也是这一系列概念中颇受关注的一个，这个概念的出现意味着成熟的商业行销理论、经验与技术开始被导入包括文化政策在内的公共政策领域。政策行销包括七个要素：行销内容、行销主体、行销对象、行销时间、行销地点、行销方法。政策行销的目的即是使政策执行部门和广大公众了解、接受和认同政策，并且获得支持，为政策执行营造优良的环境，从而增加政策执行的成功效率。文化政策行销指的是文化政策的宣传、传播和推广，是文化政策制定与实施的重要步骤之一。

（三）文化政策执行

政策执行是指政策合法化后交由专职部门负责实施，执行部门拟定执行计划和具体实施细则，拟定路线图，配置相应的政治、经济和文化资源，组织实施运作，进行各项积极的活动或行动，以达成预定的政策目标。政策执行是一个动态的过程，可以从三个角度加以观察：①政策执行为科层体制的控制过程；②政策执行为上下阶层的互动过程；③政策执行为政策与行动相互演进的过程。[①] 政策执行十分重要，是公共政策运作的关键环节，正如美国政策学者艾利森所指出的：在实现政策目标的过程中，方案确定的功能只占 10%，而其余的 90% 取决于有效执行。政策执行同样是文化政策的核心环节，因而，加强对文化政策执行的监督和研究十分重要。

当前我国文化政策执行还存在以下值得关注和研究的问题：第一、资源配置尤其是经济资源配置相对不足，这影响了文化政策执行的效果；第二、执行模式相对单一，基本上采取的是“自上而下”的模式；第三、文化政策执行机构权责较为分散，这影响了政策执行力的提升；第四、文化政策执行监督体系不健全。如何尽快解决这些问题是关系到文化政策的有效实施和落实的重要课题，也是关系到国家文化发展和软实力建设的重要课题，必须予以充分的重视。

第一，完善文化政策的配套体系尤其是资源配置体系，加大政府公共财政对文化建设的支援力度，鼓励和引导社会资源和民间资本进入文化建设领域。

---

① 参见陈清龙：《台中县大甲妈祖国际观光文化节政策执行之研究》，台湾静宜大学 2008 年硕士论文。

第二，借鉴和引入“第三代政策执行”模式，改革传统的文化政策执行模式。美国政策学者 Sabatier 把政策执行分为三代：第一代为“由上而下”模式，突出政策制定者的优位和控制力，强调执行者的绝对服从。“由上而下”是政策执行的常规模式，其缺点在于把政策执行处理为静态的科层制过程，多少忽视了执行者尤其是基层执行者的主观能动性，也忽视了利益相关方以及公众对政策执行的参与。第二代是“由下而上”模式。第二代模式以参与政策过程中的所有行动者作为出发点，“政策链条中的较低及最低层次被当作政策执行的基础，它强调给予基层官员和地方执行机关自主裁量权，中央的政策制定者的核心任务并不是设定政策执行的架构，而是提供一个充分的自主空间，使基层官员和地方政府可以采取适当的措施。”① 但这一模式显然也存在缺陷，如基层官员和地方执行机关对宏观文化政策的理解和认识有可能存在偏差等。第三代是整合模式，是对第一代和第二代模式的科学综合。第三代模式强调政策制定和政策执行的整合，认为政策执行是一个受多种变量影响的十分复杂的动态系统过程。文化政策执行借鉴和引入第三代执行模式，既能保证文化政策的权威性和指导性作用，又能促进基层执行者和广大公众对文化政策执行的参与热情，激发其创造性。

第三，由于“文化”范畴涵盖了极其广泛的领域和文化产业化发展，文化政策所涉及的范围也十分广泛，这样就形成了文化政策执行机构权责的分散状态。解决这一问题的方法有①文化政策执行尽可能地“统一事权”；②文化政策执行部门做到分工明确、权责清晰；③建立合作和沟通平台，加强文化政

---

① 周路明：《政策执行研究中的新型模式探讨》，《市场论坛》2006 年第 2 期，第 179 页。

策执行部门之间的联系、沟通和合作。

第四，建立和完善文化政策执行的监督机制，以加强对文化政策执行过程的监督和监测。

（四）文化政策实施效果评估与反馈

20 世纪 70 年代以前，西方的公共部门和政策学研究界偏重于关注政策的制定与执行，20 世纪 70 年代后才开始关注“政策评估”。现今，“政策评估”越来越受到人们的关注，已经被视为公共政策活动的一个不可或缺的重要环节。所谓政策评估，通俗而言就是在系统地收集政策实际执行所产生的效果和效益信息基础之上，运用科学的方法分析判断政策执行活动是否达到了预期目标，在多大程度上实现了预期政策目标，政策执行产生了哪些政治效益、社会效益、经济效益、文化效益、生态效益以及存在哪些问题或缺失的过程，评估结果反馈给政策制定者和执行者，以作为改进原有政策规划和提高政策执行力的参考，也为发现新的政策问题、拟定新的政策目标进而制定新的文化政策提供基础。

在我国的公共政策活动中，政策评估是相对被忽视的环节，文化政策活动领域尤其如此。目前，制约文化政策评估的因素有：①文化政策影响的复杂性和多重性；②管理部门对文化政策评估不够重视；③体现文化政策执行过程及其效果的信息管理机制不够完善；④文化政策评估机构和评估机制不够健全。那么，如何改变这一状况？我们认为可以从以下几个方面着手：一是强化文化管理部门和公众的文化政策评估意识；二是加强对文化政策评估的研究，探讨文化政策评估的科学方法并建构一套适合本国或本地区的文化评估指标体系；三是完善文化政策运行的信息管理机制；四是建立文化政策评估制度；五是优化文化政策评估模式、规范文化政策评估过程；六是有效使用文化政策评估成果，使政策评估真正成为文化政策活动的重要组成部分。

第四节　发达国家文化政策举隅

（一）加拿大的文化政策。

1. “文化主权”与“文化例外”。历史上，加拿大文化一直以法国和英国文化为宗，是对英法文化的直接模仿。20 世纪上半叶，随着美国的崛起，美式文化又大举入侵加拿大。如同加拿大前总理金·坎贝尔（Kim Campbell）所描述的，加拿大 95％的电影、80％的非新闻电视、80％的杂志和 60％的图书都是美国的文化产品。正是在美国化的高度发展语境下，加拿大文化主权意识开始觉醒，维护国家文化主权以及在国际贸易中坚持文化例外原则逐渐成为加拿大至关重要的文化政策。1968 年成立“加拿大电台和电视委员会”，负责保护本国的视听产业，对电台和电视播放节目的“加拿大内容”作出保护性规定；1975 年加拿大通过了《时代/读者文摘法案》，限制美国杂志的进口；在 1987 年《美加自由贸易协定》谈判中，加拿大政府就文化主权问题与美国展开了争论，努力把文化产业排除在“美加自由贸易协定”范围之外。在 1993 年“北美自由贸易协定”谈判中，加拿大同样坚持“文化例外”原则，对本国文化产业实行了保护性政策。

2. 多元文化主义政策。加拿大是一个多民族和移民国家，其文化构成明显呈现出多种族和多元化的特征。依据人口结构的变化，加拿大政府的文化政策也从“二元”政策转向“多元文化主义”政策。1963 年加拿大成立了“二元文化皇家委员会”（Royal Commission on Bilingualism and Biculturalism），试图实现英、法两种语言与文化并存的目标。但这一“二元主义”文化政策引起了包括原住民在内的少数族裔的强烈反弹，少数族裔坚持认为政府不应该忽视他们的文化权力和对国家文化的贡献。1967 年，“二元文化皇家委员会”发表《双语双元文化调查报告（第 4 册）：少数民族群体的文化贡献》，对“二元主义”文化政策作出了初步调整。1971 年特鲁多总理在众议院的报告中第一次明确地提出“多元文化主义”政策，加拿大政府随后出台了“双语架构下的多元文化政策”。1973 年加拿大政府设立多元文化协商委员会，负责多元文化政策的实施。1988 年加拿大正式通过了《加拿大多元文化法》，“多元文化主义”成为加拿大的一项重要国策。

3. 具体的文化政策。1980 年代以来，加拿大出台了一系列具体的文化政策，包括：1984 年的“电影发展公司法”；1985 年的“投资加拿大法”；1991 年的“广播电视和通讯委员会法”；1995 年的“加拿大理事会法”；1995 年的“国产税法”；1997 年的“版权法”……通过保护，促进本国文化事业和文化产业的发展。

（二）法国的文化政策。

法国是一个具有悠久文化历史的国家，法国文化政策的产生可以追溯到 16 世纪的《维莱特雷敕令》，该法令规定了法律文书必须使用法语的政策，法兰西学院负责监督法语的使用和演化过程。17 世纪尤其是路易十四时期制定了国王鼓励、资助和保护艺术的政策，18 世纪法国逐渐形成了文化事业由国家主导和管理的政策。当代法国文化政策的兴起始于 1959 年文化部的成立，著名作家安德列·马尔罗被任命为文化部部长。在担任文化部长的十年间，马尔罗致力于法国文化政策的系统性建构，把文化发展纳入国家现代化计划之中，并努力付诸实施。时至今日，法国已经形成了一套富有法兰西特色的文化政策体系。

1. 文化普及和文化公民权政策。1959年，关于文化部成立的法令明确界定文化部的责任和任务，即是“使人类的，首先是法国的主要成就，让尽可能多的法国人受益，确保我们的文化财富具有最广泛的支持者，对艺术作品的创造和丰富创造艺术的精神都应该给予有力支持”。共同享有文化财富和文化遗产以及自由地表现自我的创造力是公民的重要权力之一。文化面前人人平等，每一个人都有接触文化的权力，文化政策要有利于公民的文化参与，有利于普通民众与精致文化的亲密接触。这一政策在密特朗总统时期得到了进一步的发展和完善：“文化部的使命在于，使全体法国人民能够培养其发明与创作的能力，自在地表达其才艺并任凭其选择而接受艺术的培训，为集体共同之利益而保存国家、地区或不同社群的文化遗产，俾利法国艺术与精神作品之创作并使多数人得以欣赏之，在世界自由之文化交流中致力法国文化与艺术之宣扬。”① 可见，文化普及和文化公民权的落实一直构成当代法国文化政策的核心理念，马尔罗兴建“八大文化中心”和密特朗的“大工程计划”都是这一理念的具体体现。

2. 国家主导文化建设的政策。法国文化政策的一个显著特点在于国家对文化建设的全面主导：“国家的积极扶持渗透到文化领域的各个方面，国家确立文化行为的范围、优先性，树立文化领域的价值观念、善恶美丑标准，并在此基础上，保证文化行为的协调发展，提供有利于文化发展的环境，消除文化发展中的不平衡。”②

---

① 参见林诗庭：《法国公共广播电视体系与媒体产业分析》，2007年台湾淡江大学欧洲研究所硕士班硕士论文。

② 张敏：《法国当代文化政策的特色及其发展》，《国外理论动态》2007年第3期，第48页。

3. 保护本国文化传统与“文化例外”政策。保护本国文化遗产和文化传统历来是法国最重要的文化政策之一。早在法国大革命时期，格雷茹瓦教士基于大革命对宫殿等历史遗址的破坏而呼吁保护历史遗产。1793 年，“共和二年法令”颁布，明文规定任何文化艺术在法国领土都应该受到保护。1913 年法国又通过了世界上第一部文化遗产保护法，即“保护历史古迹法”。马尔罗主持文化部工作时期，继续执行文化遗产保护政策，对文化遗产实行大规模的调查和登录。1994 年文化预算在法国国家总预算中所占比例已经超过 1%，而文化部预算的 15%则用于文化遗产保护。现今，经济全球化愈演愈烈，民族国家文化受到了贸易自由化尤其是美国流行文化商品的威胁，法国也不例外。如何把文化排除在全球自由贸易的框架之外，使本国文化产品受到保护，就成为当代法国文化政策至关重要的方向之一。经过长期的努力，20 世纪末，法国终于形成了保护“文化多样性”和“文化例外”的政策。与多数主张“文化例外”的国家一样，法国也采取了两种保护本国文化的措施：“一是对外国文化商品的进入设置关税壁垒和贸易配额，二是政府采取财政补贴的办法资助本国的文化产业。”①

4. 积极因应信息化和网络化挑战的文化发展政策。信息化和网络化对全球文化发展格局产生了巨大影响，也对世界各国文化政策构成了不能忽视的重要挑战。为了因应这一发展趋势，法国在文化政策上做出了积极的回应：(1) 减免多媒体文化产品的税收，扶持和鼓励新媒体艺术和多媒体文化产品的发展；(2) 鼓励与支持新闻界发展多媒体服务和新闻的数字化建设；(3) 推动文化作品的数字化典藏和传播；(4) 加强文化领

---

① 单万里：《法国“文化例外”主张的衰亡》，《读书》2004 年第 7 期，第 103 页。

域和数字科技领域的合作与融合；（5）对文化遗产实施数字化保护措施，立法防止私人或私人公司以任何数字化的形式占有国家文化遗产。

（三）英国的文化政策。

1. “一臂之距”政策。与法国政府强力介入文化事务、主导文化建设的政策有所不同，英国政府在文化管理上采取的是“一臂之距”政策，即政府不直接管理或干预文化艺术机构和文化企业的事务，而是在政府和文化企业之间设立“半官方”部门或中介机构，由这些机构负责向政府提供政策建议和决策咨询，并接受政府授权对文化项目作出评估和资助方案以及全程监督项目实施过程。1939 年成立的“音乐艺术促进理事会”以及 1946 年成立的“英国艺术理事会”都是这样的“半官方”机构。但英国的文化政策也随时局的变化和执政党的轮替而有所变化。撒切尔夫人和布莱尔执政时期，英国政府对文化事务就采取了比较直接的介入政策，1997 年改为文化遗产部以及提出文化创意产业政策都是十分明显的体现。

2. 文化创意产业政策。自从 1997 年“文化、媒体暨体育部”成立以来，英国政府的文化政策全力转入推动文化创意产业的成长和发展，文化创意产业已经成为当前英国文化政策的核心。布莱尔执政以来，英国政府出台了一系列发展创意产业的政策：1997 年发表《英国创意产业路径文件》和《英国创意产业专题报告》，第一次提出文化创意产业新概念，并且把发展创意产业视为国家发展战略，从组织保障、人才培育、产品研发、资金支持体系、奖励措施等具体层面出台了一系列政策；1998 年发表《出口：我们隐藏的潜力》，针对支持创意产业的出口问题拟定了一系列政策措施；2000 年发表《下一个十年》对教育培训、扶持个人创意及提倡创意生活等方面做出了研究和规划；2004 年发布《创意产业经济评估》报告，公布了创意产业的统计数据，分析了创意产业的现状；2005 年推出《创意经济计划》，从经济转型的高度重新阐释了文化创意产业的重要意义，并且对创意产业的发展做出了系统的规划；2007 年发表《文化与创意 2007》报告，总结 1997 至 2007 十年间英国创意产业的成果；2008 年公布《创意英国：新人才下的新经济》，进一步明确创意产业在国家经济体系中占据关键位置，确立了国家文化政策的目标，即把英国建设成为“世界创意中心”，并且提出了一系列具体措施：包括①推出“发掘你的天赋”的系列节目，每周五个小时，向青少年介绍艺术和创意；②发掘新的“学术中心”的影响力和作用，支持校际合作，为青少年提供创意思维和技能培训；③建立创意产业的区域网络，覆盖英国所有区域；④立法保护版权，促进网络运营商和版权所有者合作共同打击侵权行为；⑤“电影理事会”、“艺术理事会”和“艺术与人类研究理事会”合作开发“混合媒体中心”；⑥文化媒体暨体育部与伦敦市合作，举办创意巡回庆典活动，行销创意产业政策与成果并且促进发展创意产业策略联盟的形成……[①]

3. 财政支持政策。1997 年以来，“英财政部每年拨付文体部的财政预算以平均 6.6%的速度增长，截至 2007～2008 年度共计增长 73%。由于英国实行 3 年财政预算制度，根据财政部 2007 财政年度报告显示，英文体部财政预算将持续保持增长势头，从 2007～2008 年度增长 16 亿英镑将增加至 2010～2011 年度增长 18 亿英镑”。[②] 这为文化政策的有效执行

---

① *Creative ritain -New Talents for the New Economy*，http：//www. culture. gov. uk/reference _ library/publications/3572. aspx/

② 见刘阳：《英国财政预算制度与文化政策“比翼双飞”》，http：//www. ccdy. cn/

和切实落实提供了有力的财政保障。

（四）美国的文化政策。

1. “无为而治”的文化政策。美国奉行文化和经济的自由主义，自称是没有“文化政策”的国家，一切交由自由市场，文化也不例外，文化事务也依靠市场机制来推动——“美国，于公于私，都没有任何的官方文化立场”。通过立法，美国最大限度地限制政府对文化领域的行政干预以保护文化的自由发展和自由竞争：“文化与艺术是个人、地方及私人团体的原创特权，在文化发展方面，联邦政府不能干预或管制，但需提供协助并鼓励发展。”但正像文化政策学家 Toby Miller 和 George Yudice 所指出的，这一声称其实隐含着“关于文化的最大历史悖论”①，这一声称掩盖了国家和政府在文化领域曾经、现在以及将来所扮演的重要角色，也掩盖了美国文化的意识形态本质。

2. 文化艺术的补助奖励政策。美国国会于 1965 年颁布《国家艺术和人文基金会法》，联邦政府依据此法成立“国家艺术基金会”和“国家人文基金会”。“国家艺术基金会”和“国家人文基金会”负责文化艺术和人文领域的补助和奖励。1987 年后，各州相继成立委员会，配合“国家艺术基金会”和“国家人文基金会”实施对文化艺术和人文领域的补助奖励工作。

3. 版权保护政策。狭义地看，美国的文化产业即是版权产业，核心版权产业包括电影、唱片、音乐出版业、图书、杂志、报刊、计算机软件、演剧、广告、广播电视等。美国的版权产业可谓是全球最发达的，在美国国内经济生产和就业方面也占据着举足轻重的地位。所以，版权保护和推动版权贸易自

---

① Toby Miller、George Yudice：《文化政策》，蒋淑贞、冯建三译，台北：巨流出版公司 2006 年版，第 53 页。

由化就成为美国制定文化政策的重心。从1790年制定第一步版权法以来，美国已经颁布了多部有关版权保护的法律："1976年版权法"；"1998年版权期间延长法案"；"1998年数字千禧年版权法"；"2005年家庭娱乐和版权法"。此外，1989年，美国还成为伯尔尼保护文学和艺术品公约的缔约国。随着通讯技术的快速发展和网络社会的崛起，美国政府加强了网络条件下著作权的保护力度，克林顿总统提出"国家信息基础架构"的主张，推动成立"信息基础架构工作小组"，并在"信息政策委员会"中专设"知识产权工作小组"，专门负责网络化条件下知识产权保护事务。

4. 文化贸易自由化与对外文化扩张政策。美国是文化贸易自由化最为积极的推动者，认为文化产品与其他商品一样都要遵循贸易自由化原则。小布什总统的经济顾问迈克尔·博斯金（Michael Boskin）有一个形象的说法，即"硅片和土豆片"之间没有任何区别，文化产品和服务应该与其他商品和服务一视同仁。[①] 美国坚决反对文化贸易壁垒和配额制以及政府对文化产业的补贴，以贸易自由化为武器迫使他国开放文化市场。因此，美国与法国、加拿大等国在全球自由贸易谈判中产生了"文化贸易自由化"与"文化例外"的激烈争论与分歧。

在对外关系方面，美国十分重视发挥"软实力"对世界的影响。曾经担任过克林顿时期国防部副部长的哈佛大学教授约瑟夫·奈发明了"软实力"一词，用来说明文化力和价值观对全球统治的重要性。约瑟夫·奈指出：美国的全球影响不能只依靠经济和军事硬实力的威慑作用，而且还要依靠软实力来维护，"要靠美国生活方式、文化、娱乐方式、规范和价值观对

---

① 参见王晓德：《全球自由贸易框架下的"文化例外"》，《世界经济与政治》2007年第12期，第72页。

全球的吸引力来维护。”① 基于此，美国长期实施对外文化扩张政策，所谓“输出民主”、“好莱坞电影”以及“麦当劳”的全球化都是美国对外文化扩张政策的集中体现。这种文化扩张政策常常被后殖民主义学者以及第三世界知识界概括为一种新的殖民主义或“文化帝国主义”。

5. 多元文化主义的国内政策。历史地看，美国的文化政策经历了从种族主义到多元文化主义的巨大转变。20 世纪 60、70 年代民权运动的兴起和发展，推动了美国多元文化主义和“熔炉”的形成。原住民、非裔、亚裔等少数族裔以及其他弱势社群经过长期的斗争，他们的文化终于获得了美国社会的承认，多元文化的共存和平等逐渐发展成为当代美国一项重要的文化政策。

（五）瑞典的文化政策。

1. 文化福利政策。瑞典是一个十分重视文化政策的国家，1998 年瑞典政府曾经与联合国教科文组织在斯德哥尔摩合作召开“文化政策促进发展政府间会议”；2004 年，瑞典学会、瑞典温纳格伦基金会、瑞典隆德大学和瑞典东亚博物馆联合主办“瑞、中文化遗产保护政策与发展研讨会”。瑞典是一个福利国家，具有一套完整的福利制度。其文化政策是福利体系的一部分。保障公民的文化权力和艺术自由，为公民提供良好的文化环境和平等的公共文化服务，构成了瑞典当代文化政策的基本内容。

2. 文化创意产业政策。瑞典虽然采取文化福利政策，但瑞典政府同时也认识到政府的直接补贴和赞助对文化艺术发展而言只能起到十分有限的作用。鼓励与支持有市场潜力的文化

---

① ［加］：马修·弗雷泽：《软实力：美国电影、流行乐、快餐的全球统治》，刘满贵等译，北京：新华出版社 2006 年版，第 3 页。

艺术发展成为文化创意产业，也是当代瑞典一项重要的文化政策。①文化部设立创意产业基金和专项补助资金。②建构文化艺术展演平台和“展演权利金制度”，支持艺术家参与各项文化展演活动。“展演权利金制度”既能弥补政府对文化补助经费的不足，又保障了艺术家的文化参与权利，有利于艺术家和艺术作品的推广，促进了文化展演业的繁荣。③实施“艺术家计划”，支持艺术家进入市场。1997 年瑞典政府开始实施“艺术家计划”。该计划“综合三项任务，包括艺术家就业问题、一般性补贴、音乐创作补贴。该计划的重点在于刺激艺术家投入就业市场，获得更多工作机会与收入。该项计划总共投入 6900 万，分为视觉艺术与设计、音乐、戏剧电影、文学四大类执行。对于不在意盈利而着重艺术理念表达的展演活动，国家也有补贴办法以使那些有理想有抱负的艺术家可以持续展演工作，以维持优质艺术或另类艺术不因产业化而消失。”[①] ④文化产业集群化发展政策。瑞典政府的区域电影中心建设政策形成了电影产业的集群化发展，流行音乐产业则形成了著名的哥德堡创意产业集聚区。

3. 多元文化发展政策。现今，瑞典已经是一个多元民族和多元文化的国家，20 世纪 90 年代中后期开始，瑞典政府逐步形成了多元文化发展政策。1995 年瑞典政府建立研究少数民族问题的专门委员会，委员会于 1997 年提出报告建议政府制定统一的民族政策，承认多元文化和多种语言平等共存的地位；1999 年瑞典政府提出少数民族议案并被议会通过；2000 年瑞典加入《保护少数民族框架公约》和《欧洲地区或者少数民族语言宪章》，多元文化政策逐渐形成。

---

① 上海创意产业中心：《韩国、新加坡、芬兰、瑞典创意产业发展政策比较》，http：//www. yinxiangcn. com/xueshu/200710/5327. html

第五节　当前中国的文化政策

（一）文化产业政策。

“文化产业”概念的出场是当代中国十分重要的文化事件，它既意味着人文知识界对文化与经济关系的重新定位，也意味着当代中国文化又一次重大变革的开启。这个影响深远的概念出现在新世纪的开端。2000 年 10 月 11 日，中共十五届五中全会发表的《中共中央关于制定国民经济和社会发展第十个五年计划的建议》第一次出现了“文化产业”这一概念，并首次提出“完善文化产业政策”的要求。《建议》在“大力发展服务业”、“加快国民经济和社会信息化”和“加强社会主义精神文明建设”等部分中都提到了发展“文化产业”的思路：①“引导文化娱乐、教育培训、体育健身、卫生保健等产业发展，满足服务性消费需求”②“推动信息产业与有关文化产业结合”③“深化文化体制改革，建立科学合理、灵活高效的管理体制和文化产品生产经营机制。继续实行支持文化事业发展的有关政策，增加对重要新闻媒体和公益文化事业的投入。加强文物保护工作。完善文化产业政策，加强文化市场建设和管理，推动有关文化产业发展”。[①] 2001 年 3 月全国人大九届四次会议上通过的《中华人民共和国国民经济和社会发展第十个五年计划纲要》把“文化产业”纳入国家发展总体规划之中，发展文化产业正式成为重要的文化政策。2002 年中共中央十六大报告再次提出：“完善文化产业政策，支持文化产业发展，

① 《中共中央关于制定国民经济和社会发展第十个五年计划的建议》，《人民日报》2000 年 10 月 19 日，第 1 版。

增强我国文化产业的整体实力和竞争力。”发展文化产业已经成为新世纪国家战略的重要组成部分。

2000年至今，国务院及其相关部委出台了一系列支持文化产业发展的具体政策和文化产业发展规划：

(1)《文化产业发展第十个五年计划纲要》(文化部，2000年1月1日)

(2)《外商投资图书、报纸、期刊分销企业管理办法》(新闻出版总署，2003年3月17日)

(3)《文化部关于支持和促进文化产业发展的若干意见》(2003年9月4日)

(4)《国家统计局〈关于印发文化及相关产业分类〉的通知》(2004年3月29日)

(5)《文化部关于鼓励、支持和引导非公有制经济发展文化产业的意见》(2004年10月18日)

(6)《文化部关于命名文化产业示范基地的决定》(2004年11月10日)

(7)《文化部关于促进商业演出展览文化产品出口的通知》(2004年12月31日)

(8)《文化部关于开展国家文化产品出口示范基地认定工作的通知》(2005年1月1日)

(9)《国务院关于非公有资本进入文化产业的若干决定》(2005年4月20日)

(10)《关于进一步加强和改进文化产品和服务出口工作的意见》(国务院，2005年7月10日)

(11)《文化部办公厅关于举办文化产业展会有关事项的通知》(2006年1月16日)

(12)文化部办公厅关于印发《国家文化产业示范基地评选命名管理办法》的通知(2006年2月13日)

(13)《文化部关于命名第二批国家文化产业示范基地的决定》(2006 年 5 月 18 日)

(14)《国家“十一五”时期文化发展规划纲要》(国务院 2006 年 9 月 13 日)

(15) 文化部关于印发《文化建设“十一五”规划》的通知 (2006 年 9 月 30 日)

(16)《财政部、国家税务总局关于宣传文化增值税和营业税优惠政策的通知》(2006 年 12 月 5 日)

(17)《新闻出版总署关于进一步做好出版发行领域不正当交易行为自查自纠工作的通知》(2006 年 12 月 8 日)

(18) 《文化部关于网络音乐发展和管理的若干意见》(2006 年 12 月 13 日)

(19) 广电总局关于印发《“十一五”时期广播影视科技发展规划》的通知 (2006 年 12 月 21 日)

(20)《新闻出版业“十一五”发展规划》(新闻出版总署，2006 年 12 月 31 日)

(21)《关于加强音像制品、电子出版物和网络出版物审读工作的通知》(2007 年 2 月 16 日)

(22) 关于《外商投资图书、报纸期刊分销企业管理办法》的补充规定 (新闻出版总署，2007 年 4 月 2 日)

(23)《文化产品和服务出口指导目录》(商务部，2007 年 4 月 11 日)

(24)《文化部办公厅关于奖励优秀出口文化企业、文化产品和服务项目的通知》(2007 年 5 月 12 日)

(25) 文化部办公厅关于印发《国产音像制品出口奖励暂行办法》的通知 (2007 年 6 月 13 日)

(26)《文化部关于命名首批国家级文化产业示范园区的通知》(2007 年 6 月 25 日)

（27）《文化部关于奖励优秀出口文化企业、优秀出口文化产品和服务项目的通知》（2007 年 11 月 21 日）

（28）关于发布《2007～2008 年度国家文化出口重点企业目录》和《2007～2008 年度国家文化出口重点项目目录》的公告（文化部，2007 年 11 月 23 日）

（29）国家发展改革委、文化部、公安部、监察部、财政部、税务总局、广电总局、体育总局、工商总局《关于构建合理演出市场供应体系促进演出市场繁荣发展的若干意见的通知》（2008 年 1 月 4 日）

（30）《文化部关于命名第二批国家级文化产业示范园区的通知》（2008 年 5 月 13 日）

（31）《文化部关于命名第三批国家文化产业示范基地的决定》（2008 年 9 月 17 日）

（32）《文化部办公厅关于奖励 2007～2008 年度优秀出口文化产品和服务项目的通知》（2008 年 12 月 11 日）

（33）国家发展改革委再次印发《关于构建合理演出市场体系促进演出市场繁荣发展协作机制各部门任务与分工方案的意见》（2008 年 5 月 21 日）

（34）《关于促进广告业发展的指导意见》（国家工商总局，2008 年 4 月 23 日）

（35）《文化部办公厅关于查处第五批违法游戏经营活动的通知》（2008 年 4 月 22 日）

（36）《关于构建合理演出市场体系促进演出市场繁荣发展协作机制各部门任务与分工方案的意见》（国家发改委，2008 年 5 月 21 日）

（37）关于印发《经营性图书出版单位等级评估办法》的通知（新闻出版总署，2008 年 6 月 17 日）

（38）《国家知识产权战略纲要》（国务院，2008 年 6 月 5

日）

（39）《广电总局电影局关于数字电影母版实行有偿收集的通知》（国家广电总局，2008 年 6 月 20 日）

（40）《文化部国家工商行政管理总局公安部关于网吧管理工作有关问题的通知》（2008 年 7 月 7 日）

（41）《文化部关于加强涉外及涉港澳台营业性演出管理工作的通知》（2008 年 7 月 14 日）

（42）《文化部关于扶持我国动漫产业发展的若干意见》（2008 年 8 月 13 日）

（43）财政部、教育部、科技部、信息产业部、商务部、文化部、税务总局、工商总局、广电总局、新闻出版总署《关于推动我国动漫产业发展的若干意见》（2006 年 4 月 25 日）

（44）文化部关于印发《文化市场重大案件管理办法》的通知（2008 年 8 月 22 日）

（45）《关于音像制品进口及市场管理有关问题的公告》（新闻出版总署，2008 年 12 月 9 日）

（46）文化部、财政部、国家税务总局关于印发《动漫企业认定管理办法（试行）》的通知（2008 年 12 月 18 日）

（47）《关于音像制品版号、电子出版物专用书号管理事项的通知》（新闻出版总署，2008 年 12 月 18 日）

（48）文化部关于印发《文化部创新奖奖励办法》（第二次修订）的通知（2009 年 1 月 7 日）

（49）文化部关于印发《文化部科技创新项目管理办法（暂行）》的通知（2009 年 1 月 8 日）

（50）《关于进一步加强游艺娱乐场所管理的通知》（文化部 2009 年 2 月 4 日）

（51）《关于开展对印刷、复制企业，出版物市场进行专项检查的通知》（新闻出版总署，2009 年 2 月 20 日）

（52）《广电总局关于加强互联网视听节目内容管理的通知》（国家广电总局，2009 年 3 月 30 日）

（53）《商务部、文化部、广电总局、新闻出版总署、进出口银行关于金融支持文化出口的指导意见》（2009 年 4 月 27 日）

（54）《文化部办公厅关于规范进口网络游戏产品内容审查申报工作的公告》（2009 年 4 月 27 日）

（55）《文化部关于促进民营文艺表演团体发展的若干意见》（2009 年 6 月 2 日）

（56）《文化部、商务部关于加强网络游戏虚拟货币管理工作的通知》（2009 年 6 月 4 日）

（57）文化部、海关总署关于印发《美术品进出口管理暂行规定》的通知（2009 年 6 月 21 日）

（58）《新闻出版总署关于加强对进口网络游戏审批管理的通知》（2009 年 7 月 1 日）

（59）《财政部、国家税务总局关于扶持动漫产业发展有关税收政策问题的通知》（2009 年 7 月 17 日）

（60）《新闻出版总署关于促进我国音像业健康有序发展的若干意见》（2009 年 7 月 20 日）

（61）《文化部、国家工商行政管理总局关于开展动漫市场专项整治行动的通知》（2009 年 8 月 4 日）

（62）《文化产业振兴规划》（国务院，2009 年 7 月 22 日）

……

这些政策涵盖了许多层面，包括：加强文化市场管理、构建文化市场体系、促进文化产品出口、鼓励文化创新、推动新型文化产业发展、文化产业示范基地建设、租税优惠政策、融资支持政策、文化产业分类与统计报表制度、组织保障体系、知识产权保护立法以及文化产业发展规划等等。

我国文化产业政策的兴起有其具体的历史背景。第一，文化产业政策的兴起是社会主义市场经济发展和社会主义市场经济体制建设在文化领域的体现。正如李长春同志在2003年《文化体制改革试点工作会议上的讲话》中所指出的："我国的文化建设要从计划经济体制下形成的传统文化发展观中解放出来，树立与社会主义市场经济体制相适应的新的文化发展观。"文化产业政策的兴起就是这一以科学发展观为指导的"新的文化发展观"在文化政策领域的集中体现。第二，文化产业政策的兴起基于政府和相关文化部门以及知识界对文化与经济关系的重新定位——文化与经济越来越不可分割，两者互相影响相互渗透日趋融合。发展文化产业不仅是为社会提供丰富的文化产品以满足广大人民群众精神文化需求的重要途径，也是社会经济建设的新的增长点，更是社会经济发展形态转变的一部分。人们常常用以下概念描述这一正在发生着的转型和新趋势："美学经济"、"美感经济"、"意义经济"、"文化经济"、"创意经济"、"象征经济"、"体验经济"……第三，文化产业政策的兴起是应对全球化挑战策略的一部分。全球化不仅是机遇而且也是挑战，在全球化背景下，世界经济一方面相互依赖互相融合，另一方面经济竞争也愈趋激烈，这种竞争在文化领域同样激烈。尤其在中国加入世界贸易组织之后，文化生产和文化贸易领域也必然要直接遭遇更强烈更复杂的国际竞争。唯有做大做强我国的文化产业，才能真正提高文化竞争力和文化创新能力。文化产业政策的兴起正是对这一新形势的积极应对。第四，国外经验的启发。美国和欧洲国家在文化产业发展方面取得了令人瞩目的成就，其经验对我国制定文化政策无疑具有启发作用。英国、韩国等通过出台一系列的文化创意产业政策促进了国家文化产业的蓬勃发展，更具启发作用。第五，文化产业政策的兴起也是基于对我国文化产业建设实践的总结，受到20世纪90年代以来我国文化产业发展成就的推动。第六，文化产业政策的兴起是文化立国战略和国家文化安全战略的一部分，也是先进文化和社会主义意识形态建设的重要举措之一。

文化产业政策在我国的兴起有着十分重大的意义。它意味着一种新的文化理念和新的文化发展观的形成，也意味着发展文化产业逐渐成为了国家总体战略的重要组成部分。正如学者李河和张晓明所言："它使当代中国文化政策获得了全新的起点。"①

（二）文化体制改革政策。

20世纪80年代以来，中国"文化体制改革"政策的形成经历了以下三个历史阶段：

80年代至90年代初为第一阶段：文化体制政策的最初提出。1980年3月，文化部召开了文化厅厅局长会议，讨论文艺表演团体的体制改革问题，认为平均主义体制已经成为困扰文艺表演团体发展的最大障碍，有必要借鉴农村经济改革的经验，对文艺表演团体体制进行改革。会议形成了一项共识："艺术表演团体的体制和管理制度方面的问题很多，严重地影响了表演艺术的发展和提高，需要进行合理的改革。""坚决地有步骤地改革文化事业体制，改革经营管理制度。"1983年，国务院的《政府工作报告》明确提出，文艺体制需要有领导、有步骤地进行改革。改革是为了促进社会主义文艺的繁荣，提高作家、艺术家的思想艺术素质，提高作品的思想艺术质量。1985年，国务院转发国家统计局的《关于建立第三产业统计的报告》；1988年，国务院批转文化部《关于加快和深化艺术

① 李河、张晓明：《当代中国文化政策十年的主题》，《科学新闻》2008年第17期。

表演团体体制改革的意见》；1988年，文化部、国家工商行政管理局发布《关于加强文化市场管理工作的通知》；1989年，中共中央发表《关于进一步繁荣文艺的若干意见》；1991年，国务院批转《文化部关于文化事业若干经济政策意见的报告》，进一步明确了文化体制改革政策。这一阶段文化体制改革政策包括三个方面的基本内容：一是文艺领域必须借鉴新时期经济改革的思路，尤其是农村经济改革的经验；二是建立文艺体制的“双轨制”；三是文化艺术被纳入第三产业的范畴，并列为加快发展的第三产业重点产业门类之一；四是初步确立了“文化市场”理念，并且第一次阐述了文化体制改革与经济政策的关系。

第二阶段是90年代初至世纪之交的十年：文化体制改革政策的探索时期。1992年1月19日，邓小平发表对改革开放具有深远影响的南巡讲话，指明了建设中国社会主义市场经济的道路。1992年10月12日至18日召开的中国共产党第十四次全国代表大会首次把社会主义市场经济体制确定为我国经济体制改革的目标。江泽民在十四大报告中指出：“建立和完善社会主义市场经济体制，是一个长期发展的过程，是一项艰巨复杂的社会系统工程。”“建立社会主义市场经济体制，涉及到我国经济基础和上层建筑的许多领域，需要有一系列相应的体制改革和调整，必须抓紧制定总体规化，有计划、有步骤地实施。”① 这段论述含有如下意义：文化体制必须与社会主义市场经济体制相适应，文化体制改革也是这项复杂的社会系统工程的重要部分。

因此，十四大的召开翻开了中国文化体制改革崭新的一

① 《江泽民论有中国特色社会主义（专题摘编）》，北京：中央文献出版社2002年版，第63页。

页，也标志着当代中国文化体制改革政策发展进入了一个新的历史时期。十四大提出了文化体制改革的要求："积极推进文化体制改革，完善文化事业的有关经济政策，繁荣社会主义文化。"1993年3月15日，李鹏总理在全国人大八届一次会议上作政府工作报告，再次强调了文化体制改革："深化文化管理体制改革，鼓励社会办文化，培育和发展健康的文化市场；对需要扶持的文化艺术门类，国家要给予必要资助。制定文化发展政策，既要适应市场经济发展的要求，又要根据精神产品的特点注重社会效益，正确处理经济效益和社会效益的关系。"①

1996年10月10日，中国共产党第十四届中央委员会第六次全体会议进一步提出文化体制改革的理念："改革文化体制是文化事业繁荣和发展的根本出路，改革的目的在于增强文化事业的活力，充分调动文化工作者的积极性，多出优秀作品，多出优秀人才。"文化体制改革与经济体制改革有所不同，文化体制改革要符合精神文明建设的要求和文化事业发展的特殊规律，"遵循文化发展的内在规律，发挥市场机制的积极作用。……改革要区别情况、分类指导，理顺国家、单位、个人之间的关系，逐步形成国家保证重点、鼓励社会兴办文化事业的发展格局。"②

2000年5月，中共十五届五中全会通过了《中共中央关于制定国民经济和社会发展第十个五年计划的建议》，指出："坚持把社会效益放在首位、社会效益和经济效益相统一的原

① 《第八届全国人民代表大会第一次会议政府工作报告》，《人民日报》1993年4月2日，第1版。

② 《中共中央关于加强社会主义精神文明建设若干重要问题的决议》，《人民日报》1996年10月14日。

则，深化文化体制改革，建立科学合理、灵活高效的管理体制和文化产品生产经营机制。继续实行支持文化事业发展的有关政策，增加对重要新闻媒体和公益文化事业的投入。加强文物保护工作。完善文化产业政策，加强文化市场建设和管理，推动有关文化产业发展。”① 第一次系统地阐述了文化体制改革政策的原则、方向、目标和具体内涵。2001 年中共中央批转了中宣部、广电总局、新闻出版总署《关于深化新闻出版广播影视业改革的若干意见》，提出深化新闻出版广播影视业体制改革的基本思路和框架：①以发展为主题。②以结构调整为主线。③以集团化建设为重点和突破口。④宏观管理体制。⑤微观运行机制。⑥政策法律体系。⑦市场环境。⑧开放格局。

概而言之，这一阶段文化体制改革政策具有以下几个突出的特点：第一，确立了文化体制改革的原则。文化体制改革具有特殊性，既要遵循文化发展自身规律，也要发挥市场机制的积极作用。要遵循把社会效益放在首位、社会效益和经济效益相统一的原则。第二，确立了文化体制改革的目标：建立科学合理、灵活高效的管理体制和文化产品生产经营机制。第三，初步提出文化产业政策。文化事业与文化产业的区分为文化体制改革政策的完善提供了新的思路和框架。

2002 年中共十六大召开至今为第三阶段：文化体制改革政策的形成。十六大报告第一次把“加强文化建设与文化体制改革”列为专章作系统阐述，这表明文化体制改革政策的重要性日趋突显。报告指出：“要继续深化文化体制改革。根据社会主义精神文明建设的特点和规律，适应社会主义市场经济发

① 《中共中央关于制定国民经济和社会发展第十个五年计划的建议（2000 年 10 月 11 日中国共产党第十五届中央委员会第五次全体会议通过）》，《人民日报》2000 年 10 月 19 日。

展的要求，推进文化体制改革。抓紧制定文化体制改革的总体方案。把深化改革同调整结构和促进发展结合起来，理顺政府和文化企事业单位的关系，加强文化法制建设，加强宏观管理，深化文化企事业单位内部改革，逐步建立有利于调动文化工作者积极性，推动文化创新，多出精品、多出人才的文化管理体制和运行机制。按照一手抓繁荣、一手抓管理的方针，健全文化市场体系，完善文化市场管理机制，为繁荣社会主义文化创造良好的社会环境。”十六大确立的文化体制改革政策是对 90 年代以来文化体制改革政策的发展和深化。2003 年 10 月中共十六届三中全会通过《完善社会主义市场经济体制若干问题的决定》，2004 年 9 月十六届四中全会通过《中共中央关于加强党的执政能力建设的决定》，2005 年 10 月中共十六届五中全会通过了《中共中央关于制定国民经济和社会发展第十一个五年规划的建议》都对文化体制改革从各个角度做出了富有新意的阐释。2006 年，中共中央、国务院《关于深化文化体制改革的若干意见》的发布，标志着我国“文化体制改革”政策体系的形成。这一时期的文化体制改革政策具有以下特点和内涵：

第一，从文化建设的战略意义的理论高度阐释文化体制改革政策的重要性。中共十六大报告指出：“当今世界，文化与经济和政治相互交融，在综合国力竞争中的地位和作用越来越突出。文化的力量，深深熔铸在民族的生命力、创造力和凝聚力之中。”中共十七大报告指出：“要坚持社会主义先进文化前进方向，兴起社会主义文化建设新高潮，激发全民族文化创造活力，提高国家文化软实力，使人民基本文化权益得到更好保障，使社会文化生活更加丰富多采，使人民精神风貌更加昂扬向上。”文化体制改革是国家发展战略的一部分，是推动社会主义文化大发展大繁荣的基础。

第二，文化体制改革的目标是“建立与社会主义市场经济相适应的新的文化体制”。

第三，文化体制改革的意义在于通过制定创新“解放和发展文化生产力”。

第四，完整表述了文化体制改革政策体系和框架。《关于深化文化体制改革的若干意见》全面阐述了文化体制改革政策的背景、指导思想、原则要求、目标任务、文化体制改革路线图和组织领导，是迄今为止最完善的文化体制改革政策文件。

1. 文化体制改革政策的背景包括三个方面，一是国际背景。文化和政治、经济关系越来越密切交融，文化在综合竞争力中的地位和作用日益突出。二是国内背景。在小康社会、和谐文化建设和实现中华民族伟大复兴的过程中，在繁荣社会主义先进文化中具有战略意义。三是巩固马克思主义在意识形态领域的指导地位和加强党的执政能力建设。

2. 文化体制改革政策的指导思想：以邓小平理论和“三个代表”重要思想为指导，全面落实科学发展观。

3. 文化体制改革的原则要求：坚持社会主义先进文化的前进方向；坚持马克思主义在意识形态领域的指导地位，确保国家文化安全；坚持勇于实践、大胆创新，树立新的文化发展观；坚持把社会效益放在首位，努力实现社会效益和经济效益的统一；坚持文化事业和文化产业协调发展；坚持区别对待、分类指导、循序渐进、逐步推开。

4. 文化体制改革的目标任务：以发展为主题，以改革为动力，以体制机制创新为重点，形成科学有效的宏观文化管理体制、富有效率的文化生产和服务的微观运行机制，以公有制为主体、多种所有制共同发展的文化产业格局和统一、开放、竞争、有序的现代文化市场体系；要形成完善的文化创新体系，形成以民族文化为主体、吸收外来有益文化，推动中华文化走向世界的文化开放格局。

5. 文化体制改革路线图：（1）文化事业体制改革的方向是“逐步构建公共文化服务体系”，改革的方法：一是依据现有文化事业单位的性质和功能的不同实行“区别对待、分类指导”，二是深化文化事业单位的内部改革，推进人事、收入分配和社会保障制度改革。（2）文化企业改革政策包括两个方面，一是规范国有文化事业单位的转制；二是加快推进国有文化企业的公司制改造，实现投资主体多元化，完善法人治理结构。（3）文化领域结构调整政策，包括国有文化资产结构调整、区域与城乡文化资源配置结构调整、文化事业和文化产业结构调整、文化领域所有制结构调整等。（4）培育现代文化市场体系政策：“要加强文化产品和要素市场建设，打破条块分割、地区封锁、城乡分离的市场格局，形成统一、开放、竞争、有序的现代文化市场体系。”（5）政府宏观文化管理模式变革政策：一是理顺文化行政部门与所属文化企事业单位的关系，实行“政企分离”和“政事分离”；二是健全文化法律法规和政策体系，加强文化立法，依法进行文化管理；三是继续实施实践证明行之有效的文化经济政策。（6）加强文化体制改革的组织领导：建立健全党委统一领导、政府大力支持、党委宣传部门协调指导、行政主管部门具体实施、有关部门密切配合的文化体制改革领导体制和工作机制。

（三）公共文化服务体系建设政策。

公共文化服务是指“在政府主导下，以税收和财政投入方式向社会整体提供文化产品及服务的过程和活动”。[①] 2005 年 10 月，中国共产党十六届五中全会第一次提出“公共文化服

① 李景源、陈威主编：《中国公共文化服务发展报告》，北京：社会科学文献出版社 2007 年版，第 9 页。

务体系”概念。全会通过的《中共中央关于制定国民经济和社会发展第十一个五年规划的建议》指出：“积极发展文化事业和文化产业。加大政府对文化事业的投入，逐步形成覆盖全社会的比较完备的公共文化服务体系。”① 2006年3月，十届全国人大四次会议的《政府工作报告》再次提出：“深化文化体制改革，发展文化事业和文化产业。加强文化基础设施建设尤其是农村基层文化建设，完善公共文化服务体系。繁荣文学艺术、广播影视、新闻出版事业。”2006年10月，中国共产党第十六届中央委员会第六次全体审议通过了《中共中央关于构建社会主义和谐社会若干重大问题的决定》，其中又一次提出：“加强公益性文化设施建设，鼓励社会力量捐助和兴办公益性文化事业，加快建立覆盖全社会的公共文化服务体系。”2007年3月，十届全国人大五次会议《政府工作报告》进一步阐述了构建公共文化服务体系的政策：“要推进文化体制改革，完善文化产业政策。繁荣新闻出版、广播影视、文学艺术，发展哲学社会科学。着眼于满足人民群众文化需求，保障人民文化权益，逐步建立覆盖全社会的公共文化服务体系。突出抓好广播电视村村通工程、社区和乡镇综合文化站建设工程、全国文化信息资源共享工程、农村电影放映工程、农家书屋工程。继续建设一批国家重大文化工程。”2005年以来，“公共文化服务体系”成为党和政府工作报告和政策文件中常见的新语词。2007年10月，中共十七大报告提出到2020年实现全面建成小康社会的奋斗目标，“覆盖全社会的公共文化服务体系基本建立”被列入实现全面建设小康社会奋斗目标的新要求之一，建设公共文化服务体系的政策逐步形成。

① 《中国共产党第十六届中央委员会第五次全体会议文件汇编》，北京：人民出版社2005年版，第29～30页。

建设公共文化服务体系政策的提出，其意义在于：第一，公共文化服务体系的提出是文化政策理念的升华。从“文化事业”到“公益性文化事业”，从“公益性文化事业”再到“公共文化服务体系”，从“满足广大人民群众的精神文化需求”到“建立覆盖全社会的公共文化服务体系”，概念术语的转换可谓意味深长，它意味着政策理念的升华和文化政策范畴的拓展。第二，公共文化服务体系的提出是政府职能转换的体现。新世纪以来，胡锦涛、温家宝等党和国家领导人多次提出建设服务型政府的要求：“要在经济发展的基础上，不断扩大公共服务，逐步形成惠及全民、公平公正、水平适度、可持续发展的公共服务体系，切实提高为经济社会发展服务、为人民服务的能力和水平，更好地推动科学发展、促进社会和谐，更好地实现发展为了人民、发展依靠人民、发展成果由人民共享。”①公共文化服务体系建设是公共服务体系建设的重要组成部分，是我国政府职能现代性转型的具体表征，也是服务型政府建设的重要任务。第三，公共文化服务体系政策的提出和实施，进一步确认和维护了文化公民权或公民的文化权益。第四，公共文化服务体系政策的提出弥补了文化产业化和市场化所导致的不足和缺陷，使我国的文化政策在文化产业化、市场化、文化的意识形态属性和文化的公共性三者之间保持一种有机的平衡和协调。第五，公共文化服务体系政策的提出有利于文化资源公平和合理配置，促进不同区域文化和城乡文化的协调发展。

近十年来，我国的文化政策已经形成“文化体制改革”、“文化产业”和“公共文化服务”相互关联的三大核心内容，共同构成当前中国文化政策的完整体系。文化体制改革是为更

① 《胡锦涛：推进服务型政府建设　提高为民服务能力和水平》，新华网 2008 年 2 月 23 日。

好地发展“文化产业”和“公共文化服务”，而发展文化产业和建设公共文化服务体系又为“文化体制改革”的顺利进行提供了有利条件。科学地认识三者之间蕴含的辩证关系，是我们理解当前中国文化政策的关键。

（四）文化遗产保护政策。

当代中国的文化遗产保护政策的发展是一个不断完善的过程。这个过程由以下一系列标志性事件所构成：

（1）1950 年建国之初，中央人民政府发布保护文物古迹的政令。

（2）1958 年，《中华人民共和国宪法》第廿二条规定：“国家保护名胜古迹、珍贵文物和其他重要历史文化遗产。”文化遗产保护早已是国家的一项基本国策。

（3）1961 年国务院颁布《文物保护管理条例》，并公布全国首批重点文物保护单位。

（4）1982 年《中华人民共和国文物保护法》发布，标志着我国文物保护法制化的开始。

（5）1984 年国务院发布《城市规划条例》，文物古迹保护被纳入城市规划之中。

（6）1985 年加入《保护世界文化与自然遗产公约》，实现了我国文化遗产保护政策与世界的对接。

（7）1986 年国务院出台历史文化保护区政策。

（8）1987 年，北京故宫、长城、周口店北京人遗址、泰山、秦始皇陵及兵马俑和敦煌莫高窟六大项目提出申报列入世界遗产名录，中国有了首批“世界文化遗产”故宫和长城等。

（9）1989 年《中华人民共和国城市规划法》颁布，明确规定：编制城市规划应当保护历史文化遗产和城市传统风貌。

（10）1994 年国务院批转了建设部和国家文物局《关于审批第三批国家历史文化名城和加强保护管理请示的通知》，建设部、国家文物局发布了《历史文化各城保护规划编制要求》，历史文化名城政策形成。

（11）2002年10月第九届全国人大常委会第三十次会议修订通过《中华人民共和国文物保护法》。

（12）2003年5月13日国务院第8次常务会议通过《中华人民共和国文物保护法实施条例》。

（13）2004年2月1日，国务院办公厅转发文化部、建设部、文物局等部门关于加强我国世界文化遗产保护管理工作意见的通知。

（14）2004年2月15日，国务院发布《关于加强我国世界文化遗产保护管理工作的意见》。

（15）2004年4月8日，文化部、财政部出台《关于实施中国民族民间文化保护工程的通知》。

（16）2004年8月28日，十届全国人大常委会第十一次会议表决通过了全国人大常委会关于批准联合国教科文组织《保护非物质文化遗产公约》的决定。这标志着中国在保护非物质文化遗产的进程中又迈出了重要一步。

（17）2005年3月26日，国务院出台《关于加强我国非物质文化遗产保护工作的意见》。

（18）2005年7月，建设部发布了《历史文化名城保护规划规范》，制定了历史文化名城保护的国家标准。

（19）2005年12月，国务院发布《关于加强文化遗产保护的通知》，标志着我国文化遗产保护事业进入新的历史阶段。

（20）2006年2月6日，国家文物局关于发布《中国文化遗产标志管理办法》的通知。

（21）2006年6月10日，全国开展第一个“文化遗产日”活动。

（22）2006年11月，文化部依据《中华人民共和国文物保护法》制定《世界文化遗产保护管理办法》。

（23）2006 年 11 月 2 日，文化部颁布《国家级非物质文化遗产保护与管理暂行办法》。

（24）2007 年全国人大通过《中华人民共和国城乡规划法》，规定“自然与历史文化遗产保护”“应当作为城市总体规划、镇总体规划的强制性内容”。

（25）2007 年 6 月 11 日，国家文物局出台《国家“十一五”抢救性文物保护设施建设专项规划》。

（26）2007 年 12 月，《全国人民代表大会常务委员会关于修改〈中华人民共和国文物保护法〉的决定》由中华人民共和国第十届全国人民代表大会常务委员会第三十一次会议于 2007 年 12 月 29 日通过。

（27）2008 年 5 月 14 日文化部出台《国家级非物质文化遗产项目代表性传承人认定与管理暂行办法》。

（28）2009 年 8 月 24 日，文化部出台《文物认定管理暂行办法》。

当代中国政府和知识界以及民间社会越来越认识到文化遗产对于民族国家发展而言事关重大。从建国之初国家立法保护文物古迹和历史文化遗产至今，我国文化遗产保护政策日益完善，已经形成了完整的政策体系。第一，从文物保护到文化遗产保护，从物质文化遗产到非物质文化遗产，拓展了政策范畴与范围。我国文化遗产保护政策日趋完善。第二，文化遗产保护政策的制定与实施全面融入国际化的进程。1985 年批准加入《保护世界文化与自然遗产公约》，1990 年代又分别加入《国际古迹保护与修复宪章》即《威尼斯宪章》和“国际文化财富保存和修复研习中心”。2000 年，国家文物局、建设部和世界银行共同在北京召开了“机遇与挑战—文化遗产保护国际研讨会”，形成文化遗产保护的《北京共识》……我国文化遗产保护政策已经成为国际文化遗产政策的重要部分。第三，文化遗产保护政策的具体化和可操作性越来越突出。从宪法到文物保护法，从文物保护法的颁布到行政法规以及具体实施细则的出台，文化遗产保护政策已经形成完整的体系。第四，文化遗产保护政策的行销获得前所未有的重视，公民参与也开始受到重视，“文化遗产日”的设置以及遗产日活动的开展就是一个典型的例子。第五，文化主管部门提高了对“非遗”保护重要性的认识，例如，文化部副部长周和平曾在2009年“两会”上提出，“非物质文化遗产是一个民族的DNA”。非物质文化遗产保护在政策体系中的重要性日益突显，从“非遗”登录制度的建立到“非遗”传承人保护，从开展非物质文化遗产普查到建立非物质文化遗产保护传承基地，“非遗”保护的立法工作被提到了议事日程……非物质文化遗产保护政策逐渐成熟。

（五）文化安全与文化外交政策。

1. 维护国家文化安全政策。

冷战结束以后，国家安全的内涵发生了巨大的变化，“非传统安全”问题日益突出。作为“非传统安全”中的一种，国家文化安全也开始引起人们的关注。“文化安全”概念的发明权属于加拿大政府。早在1951年，加拿大政府在颁布的一份题为《皇家科学、艺术、教育委员会报告》中，就指出：“我们的军事防卫能力必须确保国家安全，我们的文化防卫能力也要引起高度重视。文化安全与国防安全同等重要，两者不可分割。”① 随着中国对外开放的发展以及全球化和网络化进程的加速，中国政府和学术界也开始意识到维护国家文化安全课题的重要性和紧迫性，开始提出维护国家文化安全的文化政策和

---

① 参见张玉国：《国家利益与文化政策》，广州：广东人民出版社2005年版，第97～98页。

对策。

（1）政策背景。第一，正如文化政策学者胡惠林所分析的，后冷战时期，国家文化主权安全冲突呈现出上升的趋势。西方资本主义国家以人权为武器对中国的政治文化和主流价值体系横加干涉，威胁中国的文化主权安全。第二，全球化产生的文化同质化趋向，尤其是西方国家的文化渗透和扩张对民族文化的生存和发展也构成了不可忽视的压力。第三，中国加入世界贸易组织以后，文化产业安全面临发达国家的巨大挑战。第四，网络的影响无远弗届，对文化疆界的穿越能力不可低估。网络是一柄双刃剑，它促进了全球文化传播和文化发展，但高速发展的网络科技同时也带来了信息文化安全的新问题和新挑战，网络技术的高速发展甚至对国家文化安全构成新的挑战。尤其值得关注的是美国与其他发达资本主义国家对网络技术及标准和资讯传播的掌控，有可能形成新的霸权即信息或资讯霸权，这无疑会对第三世界或发展中国家的信息文化安全乃至经济安全带来巨大的威胁。第五，在全球新闻传播领域，西方媒介霸权仍然存在。正如欧洲议会一位新闻发言人曾经所揭示的：现今世界的新闻传播被几个国际大媒体所控制，这些媒体决定什么是新闻、什么不是新闻。这对我国文化传播和国家形象同样具有不可忽视的影响。

（2）学界的政策建议。近年来，学术界对国家文化安全问题给予了充分的关注。查询中国期刊全文数据库，1999 年至今，以“文化安全”为主题的论文已有一千余篇，论文数量呈现逐年上升的趋势。这些论文涉及文化安全的若干层面：如文化产业与国家文化安全、信息文化安全、母语安全、文化安全战略、文化安全困境、软实力与文化安全、版权贸易与文化主权安全、和谐文化建设与国家文化安全、传统文化保护与文化安全、文化创新与文化安全、大国战略与文化安全、文化安全与身份认同等等，这表明“文化安全”业已成为一个令人瞩目的学术焦点。学界为此也提出了一系列的政策或对策建议：弘扬传统文化提升我国的文化软实力，培育民族国家文化认同、促进文化产业发展和转型升级，提升文化产业的国际竞争力，在WTO框架下借鉴法国、加拿大等国的“文化例外”政策保护我国文化、实施文化立国和“文化走出去”战略、制定切实有效的文化安全管理机制、加快文化体制改革和实施文化创新战略以及推动国际文化新秩序的构建等等。

（3）国家文化安全政策的表述。早在1983年，邓小平就提醒人们关注文化领域的安全问题：“属于文化领域的东西，一定要用马克思主义对它们的思想内容和表现方法进行分析、鉴别和批判。”“如果我们不及时注意和采取坚定的措施加以制止，而任其自由泛滥”，“后果就可能非常严重”，“关系到党和国家的前途和命运”。[①] 邓小平深刻地指出了意识形态安全对国家安全的重要性。江泽民在1999年对外宣传工作会议上要“维护我国的政治经济文化安全”，“文化安全”首次被列为与“政治安全”和“经济安全”同等重要的位置。有中国特色社会主义文化是中国“综合国力的重要标志”。为此，以江泽民同志为核心的党的第三代中央领导集体提出了建设先进文化的国家发展战略。

2003年8月12日，胡锦涛总书记在中共中央政治局第七次集体学习时第一次提出“确保国家文化安全”：“当今世界，文化赖以发展的物质基础、社会环境、传播条件发生了深刻变化。我们要深入研究新形势下我国文化建设面临的新情况新问题，善于在更加开放的环境中建设中国特色社会主义文化。我

---

① 《邓小平文选》（第3卷），北京：人民出版社1993年版，第44～45页。

们要发扬与时俱进的时代精神，坚持古为今用、推陈出新，大力发扬中华文化的优秀传统，大力弘扬中华民族的伟大精神，使中华民族的优秀文化成为新的历史条件下鼓舞我国各族人民不断前进的精神力量。同时，我们要坚持从我国国情出发，坚持以我为主、为我所用，辩证取舍、择善而从，积极吸收借鉴国外文化发展的有益成果，更好地推动我国文化的发展繁荣。一切有利于加强我国社会主义文化建设的有益经验，一切有利于提高我国人民精神境界的文化成果，一切有利于发展我国社会主义文化事业和文化产业的管理方式，都要积极研究借鉴。要始终高举社会主义文化旗帜，在文化观念上决不照抄照搬，在发展模式上决不简单模仿，坚决防范和抵御各种腐朽落后的文化观念侵蚀干部群众的思想，确保国家的文化安全和社会稳定。"① 这段论述科学地阐述了我国文化安全政策的具体内涵：①文化主体性的建设是维护国家文化安全的根本，我国国家文化安全建立在发扬中华民族文化传统和建设特色社会主义文化的基础之上。②要处理好文化安全政策与文化对外开放政策的关系，两者应相互促进协调发展，既不能以"文化安全"为借口阻碍对外文化开放甚至走向自我封闭，也要警惕文化开放导致国家文化的异化或"全盘西化"。③"文化安全"政策的核心在于防范和抵御西方资产阶级价值观念的入侵，抵制腐朽落后的文化观念和价值观念的侵蚀。④中国文化安全政策的要义在于高举社会主义文化旗帜，建设中国特色的社会主义文化。

党的十六届四中全会、六中全会决定，将文化安全与政治安全、经济安全和信息安全，列为国家的四大安全，"确保文化安全"正式成为我国文化政策的重要组成部分。2004 年 9

---

① 《胡锦涛总书记在中共中央政治局第七次集体学习时的讲话》，《民主》2003 年第 8 期卷首，第 1 页。

月 19 日，中国共产党第十六届中央委员会第四次全体会议通过《中共中央关于加强党的执政能力建设的决定》，提出："始终把国家主权和安全放在第一位，坚决维护国家安全。针对传统安全威胁和非传统安全威胁的因素相互交织的新情况，增强国家安全意识，完善国家安全战略，抓紧构建维护国家安全的科学、协调、高效的工作机制。坚决防范和打击各种敌对势力的渗透、颠覆和分裂活动，有效防范和应对来自国际经济领域的各种风险，确保国家的政治安全、经济安全、文化安全和信息安全。" 2006 年 10 月 11 日，中国共产党第十六届中央委员会第六次全体会议通过《关于构建社会主义和谐社会若干重大问题的决定》，再次提出"确保国家政治安全、经济安全、文化安全、信息安全"。从国家主权安全的高度认识"文化安全"的意义，"确保文化安全"已经成为国家安全战略的重要部分。

2. 文化外交政策。

文化外交政策既是外交政策的一部分，也是国家文化安全政策的重要组成部分，积极主动地开展文化外交无疑是维护国家文化安全的重要路径。所谓文化外交，是指主权国家为了实现国家对外政策目标而策划和运用的文化力量的艺术，是主权国家政府所从事的对外文化关系的总和，是以文化传播、合作与交流为形式和内容而展开的外交活动。具体而言，正如孟晓驷所言，文化外交"可以定义为围绕国家对外关系的工作格局与部署，为达到特定目的，以文化表现形式为载体或手段，在特定时期、针对特定对象开展的国家或国际间公关活动"。判断一项国际文化交流活动是不是属于"文化外交"有以下四条衡量标准："①是否具有明确的外交目的；②实施主体是否是官方或受其支持与鼓励；③是否在特殊的时间针对特殊的对象；④是否通过文化表现形式开展公关活动。”①

当代中国的文化外交政策经历了长时期的探索与实践，逐渐形成了具有中国特色的政策体系。近十年来，文化外交日益活跃，文化外交政策在国家外交政策中的地位和作用也越来越重要。近年来，中国文化外交从政策理论到实践形式都有了突出的发展。2004年，外交部第十次驻外使节会议召开，胡锦涛发表重要讲话指出：“要加强经济外交和文化外交，推动实施‘引进来’和‘走出去’相结合的对外开放战略，深入开展对外宣传和对外文化交流。”首次把“文化外交”与“政治外交”、“经济外交”相提并论，“文化外交”具有了与“政治外交”、“经济外交”、“军事外交”同等重要的地位，文化外交政策的理论化逐渐形成。概而言之，当前我国文化外交政策包括以下内容：

第一，重视塑造国家文化形象，发挥国家软实力在国际事务和交往中的影响力。中国的快速发展对世界发展和和平做出了重要贡献，但某些别有用心的西方国家宣扬“中国威胁论”，诋毁中国形象。针对这一状况，塑造国家文化形象，发挥国家软实力在国际事务和交往中的影响力是我国文化外交政策的重中之重。胡锦涛在2006年新年贺词中指出：“中国的发展，是和平的发展、开放的发展、合作的发展、和谐的发展。”②“和平”、“开放”、“合作”和“和谐”是构成当代中国文化形象的基本要素，也是我国文化外交政策应遵循的基本原则。

第二，“大力发展涉外文化产业，积极参与国际文化竞争”

---

① 参看孟晓驷：《文化经济学思维》，北京：人民文学出版社2005年版，第28页。

② 胡锦涛：《携手建设持久和平、共同繁荣的和谐世界》，http：//www.chinanews.com.cn/news/2005/2005-12-31/8/672739.shtml

政策。在2003年召开的全国宣传工作会议上，胡锦涛强调要“大力发展涉外文化产业，积极参与国际文化竞争”。2005年7月11日，国务院出台《关于进一步加强和改进文化产品和服务出口工作的意见》，支持大力发展涉外文化产业，积极参与国际文化竞争政策框架基本形成：①促进文化产品和服务出口，增强我国文化的国际影响力和竞争力。②加快国有文化企事业单位改革步伐，着力培养一批参与国际竞争的文化市场主体。③鼓励、支持和引导非公有制文化企业扩大产品和服务出口，调动各方面力量共同开展文化产品和服务出口工作。④积极培育出口品牌，努力生产和提供更多适销对路的文化产品和服务。⑤认真实施“走出去”重点工程和活动，带动文化产品和服务的出口。⑥运用多种方式，加强出口渠道和国际营销网络建设。⑦发挥各方面优势，多层次多渠道推介我国文化产品和服务。⑧加强服务和管理，鼓励支持更多文化产品走向国际市场。⑨加强人员培训和人才培养，建设一支文化产品和服务出口工作队伍。⑩切实加强组织领导，积极探索文化产品和服务出口工作的新路子。2005年11月，中国共产党第十六届中央委员会第五次全体会议通过的《中共中央关于制定国民经济和社会发展第十一个五年规划的建议》和《中华人民共和国国民经济和社会发展第十一个五年规划纲要》都把推动中国文化走出去列入十一五规划的重要内容之一：“扩大国际文化交流，积极开拓国际文化市场，推动中华文化走向世界”。

第三，文化“走出去”和“引进来”相结合政策。1999年举办“巴黎中国文化周”；2000年举办“中华文化美国行”大型文化巡回活动；2001年举办“柏林亚太周·中国主宾国”活动；2003～2004年在法国举办“中国文化年”；2005年在中国举办“法国文化年”；2006年在中国举办“意大利文化年”和“俄罗斯年”；2007在俄罗斯举办“中国文化年”等等。

第四，汉语推广政策。语言是文化传播的工具，语言既是民族国家文化的一部分，无疑也是国家文化行销和传播的媒介。德国把向国外推广德语视为文化外交的一项重要政策，“歌德学院”在其中起到了重要的作用。法国也建立了向世界推广法语的庞大网络，推广法语成为法国文化外交的重要政策。中国也不例外，同样十分重视向海外推广汉语。1987 年，教育部、文化部、国务院新闻办公室、国务院侨办、新闻出版署、广电部以及国家语委等单位合作成立“国家对外汉语教学领导小组办公室”，1997 年升级为“中国国家汉语国际推广领导小组”，国家计委、财政部和对外经贸部等重要部委加入。2004 年在海外建立“孔子学院”，计划到 2010 年在全球设立 500 家“孔子学院”。国家汉语办公室制定“汉语桥”工程即推广汉语的一揽子计划，旨在“向世界推广汉语，弘扬中华文化，增进世界各国对中国的了解和友谊，促进世界和平与发展”。这些都是我国文化外交的重要举措。

第五，尊重世界文化多样性，推动世界文化多样性发展政策。“和而不同”是中国传统文化精神，中国的文化外交一直秉承尊重世界文化多样性的原则，致力于推动不同文化之间的平等对话和合作，致力于推动世界文化的多样性发展，致力于建立公正合理和谐的国际文化新秩序，致力于在尊重各国传统文化的基础上建立新型的合作伙伴关系。中国积极参与联合国教科文组织《保护文化内容和艺术表现形式多样性公约》（简称《文化多样性公约》）的制定，“尊重文化多样性，共建和谐世界”和“尊重和维护文化多样性、推动不同文明平等对话”已经成为我国文化外交政策的一项重要内容。

（六）新农村文化建设政策。

1. 新农村文化建设政策提出的历史背景和现实语境。“三农”问题是当代中国现代化建设中遇到的一个重要问题，如何加快结构调整促进“三农”问题的解决，已经构成当代中国发展战略的一项重要内容。2005 年 10 月召开的中共十六届五中全会提出加快社会主义新农村建设的重大决定，确立了以“生产发展、生活宽裕、乡风文明、村容整洁、管理民主”为中心内容的新农村建设战略，表明党和政府在解决“三农”问题方面已经形成了“以科学发展观”为指导的比较完整的思路和政策。十六届五中全会提出的新农村战略涵盖了经济、政治、文化和社会建设等丰富层面。这一战略的提出基于以下背景：第一，当代中国的现代化建设是一个工业化、城市化、市场化的进程，在这一伟大进程的初期，不可避免地产生了区域之间和城乡之间经济社会文化发展的不均衡问题。现代化和全球化造成了农村的边缘化，农村建设、农业发展和农民的生活水平远远落后于中国经济社会文化的整体发展水平，这已经成为一个突出的问题。为此，党的十六届三中全会《决定》提出了“统筹城乡发展、统筹区域发展、统筹经济社会发展、统筹人与自然和谐发展、统筹国内发展和对外开放”的发展思路，其中“统筹城乡发展”即是基于对城乡经济社会文化不均衡发展问题的深刻认识而提出的积极应对政策。第二，新农村建设政策的提出反映了中国现代化发展的必然要求和工业化国家的普遍性趋向。正如胡锦涛总书记在党的十六届四中全会上所指出的，纵观一些工业化国家发展的历程，在工业化初始阶段，农业支持工业、为工业提供积累是带有普遍性的趋向；但在工业化达到相当程度以后，工业反哺农业、城市支持农村，实现工业与农业、城市与农村协调发展，也是带有普遍性的趋向。现今，中国的现代化建设已经进入“工业反哺农业，城市带动农村”的新阶段。第三，中国经济的快速发展和综合国力的整体提升为包括文化发展在内的新农村建设提供了物质基础和财力支撑。总而言之，新农村建设政策的提出与实施可以视为是对我国现代化的不均衡发展后果的一种积极应对，也为解决全球现代性演变所产生的普遍性难题提供了一种中国式的探索与实践。

2. 新农村文化建设政策的内容。“新农村文化建设”具有重要的时代意义，一方面“新农村文化建设”既是新农村建设的核心内容之一，也为全面建设农村小康社会提供了文化动力；另一方面“新农村文化建设”为新农村培育了具备高素质和创新性的建设主体，同时也为培育农村文化认同并把农村建设成为真正意义上的“精神家园”或“文化家园”奠定了扎实的基础。那么，如何在文化领域建设社会主义新农村？这个问题越来越受到党和政府以及知识分子的关注和重视。毫无疑问，新农村文化建设政策是社会主义新农村建设伟大战略的重要组成部分。新农村文化建设政策的内容包括以下方面：

第一，以科学发展观与和谐社会理论为指导，着眼于全面发展和和谐发展，统筹城乡发展，统筹经济、社会、文化以及人与自然的和谐发展，把社会主义新农村文化建设纳入到“城乡经济社会发展一体化”的整体格局之中。显然，“城乡文化一体化”建设是当前我国农村文化发展政策的要义之一。

第二，新农村文化建设政策的系统构成。从中共中央十六届五中全会提出《中共中央国务院关于推进社会主义新农村建设的若干意见》到十七届三中全会通过《中共中央关于推进农村改革发展若干重大问题的决定》，建设社会主义新农村已经成为时代的重大主题，新农村文化建设也被提到了议事日程。十七届三中全会系统而明确地提出了在新的历史条件下“繁荣和发展农村文化”的文化政策：①社会主义文化建设是新农村建设的重要内容和重要保证；②加快形成完备的农村公共文化服务体系；③扶持农村文化活动和农村题材文化产品的生产，引导城市文化机构拓展农村文化服务；④加强农村文化遗产的保护；⑤推动农村的精神文明建设；⑥进一步丰富农民工的精神文化生活。在这一政策背景下，新农村文化建设将成为今后若干年我国文化发展的一大趋势。

第三，项目带动政策。①“两馆一站一室”项目，到2010年基本实现县有文化馆、图书馆，乡（镇）有综合文化站，部分行政村有文化活动室。县文化馆要具备综合性功能，图书馆要加强数字化建设。乡镇可结合乡镇机构改革和站（所）整合，组建集图书阅读、广播影视、宣传教育、文艺演出、科技推广、科普培训、体育和青少年校外活动等于一体的综合性文化站，配备专职人员管理。村文化活动室可“一室多用”，明确由一名村干部具体负责。②文化“三下乡”活动。为了支持农村建设，我国政府推动实施文化、科技、卫生“三下乡”计划，“文化下乡”包括送戏下乡，图书、报刊下乡，电影、电视下乡，帮助农村开展群众性文化活动，丰富农村的文化生活。科技下乡包括科技人员下乡，科技信息下乡，开展农村科普活动；卫生下乡包括医务人员下乡，扶持乡村卫生组织，培训农村卫生人员，参与和推动农村合作医疗事业的发展。2005年中共中央办公厅和国务院办公厅发布《关于进一步加强农村文化建设的意见》，肯定了1997年以来开展的“三下乡”活动，提出建立“三下乡”长效机制的政策。③“广播电视村村通”工程。“争取到2010年基本实现20户以上的已通电自然村全部通广播电视。重视完善和发挥现有无线转播台站的作用，利用无线、有线和卫星等多种技术手段，力争使农民群众收听收看到套数更多、质量更好的广播电视节目。”④农村电影数字化放映“2131”工程。到2010年基本实现全国农村一村一月放映一场电影的目标。加强农村影院的更新改造，增加农村电影固定放映点。推广电影数字放映技术，在农村逐步实现由胶片放映向数字放映的转变。⑤“全国文化信息资源共享工程”。加快发展文化信息资源共享工程农村基层服务点，重点支持边远贫穷地区乡镇、村基层服务点建设。

新世纪尤其是新农村建设战略提出以来，我国新农村文化建设政策呈现出鲜明的时代特色，包括如下方面：

第一，体现出科学发展观的时代要求，实施城乡统筹政策，文化领域“城乡一体化”建设思路逐渐明确，城市支持和带动农村文化建设的模式已经形成。

第二，国家财政加大了对新农村文化建设的支持和投入力度，提出了向农村文化建设倾斜的思考方向：“各级财政在统筹城乡规划时，要加大向农村倾斜的力度，加大对乡村文化建设的投入，扩大公共财政覆盖农村的范围。”支持新农村文化建设的经济政策和财政政策逐渐形成。

第三，完成了新农村文化发展政策的系统建构，从文化主体建设到文化环境营造，从文化设施建设到文化人才培育，从文化产品供给到农村文化遗产保护，从确立指导思想到组织保障体系的建立……新农村文化建设政策体系已经初步形成。

第四，提出了加强农村特色文化建设的新思路。中共中央办公厅、国务院办公厅《关于进一步加强农村文化建设的意见》中强调指出要“着力发展农村特色文化”，包括：发掘、保护和开发农村优秀民族民间文化资源；命名“民间艺术之乡”、“特色艺术之乡”；实施特色文化品牌战略，培育一批文化名镇、名村、名园、名人、名品等。

第五，尤其难能可贵的是，网络化环境下新农村文化建设问题获得前所未有的关注和重视。“数字鸿沟”或“数字落差”是影响我国区域发展尤其是城乡发展不平衡的重要因素之一，“数字落差”已经成为农村经济文化建设的一大障碍。现今，克服城乡经济社会文化发展中的“数字鸿沟”和信息文化资源分配不均问题，“开展农村数字化文化信息服务”被提到了议事日程，并以“全国文化信息资源共享工程建设”为重点，大力促进农村网络文化建设。这表明当前我国的农村文化政策已经朝缩小城乡“数字落差”或跨越“数字鸿沟”迈进了一大步。

第六，大力发展地方文化产业，促进农村文化建设的政策理念初步形成。《关于进一步加强农村文化建设的意见》指出要“积极发展文化产业，充分调动社会各方面力量参与农村文化建设”。生态文化产业、休闲农业文化产业、传统特色节庆产业等对乡村发展和新农村文化建设的积极意义得到了进一步的确认。

第六节　软实力与文化发展战略

“软实力”概念最早是由美国著名学者约瑟夫·奈伊提出的。在20世纪80年代关于美国衰落论争中，约瑟夫·奈伊第一次提出“软实力”概念，之后，在《世界权力性质的变化》、《美国权力性质的变化》、《美国权力的悖论》和《软实力：世界政治中的成功之道》等文章和著作中，奈伊进一步系统地阐述“软实力”概念的内涵、构成及其意义。在奈伊看来，一个国家的综合国力既包括经济、科技、军事实力等“硬实力”，也包括以文化、意识形态吸引力等方面的“软实力”。所谓“软实力”即指“通过吸引别人而不是强制他们来达到你想要达到目的的能力”。在全球化和信息化高度发展的今天，“文化软实力”的重要性越来越凸显。在《全球媒体时代的软实力之争：伊拉克战争之后的美国形象》一书中，奈森·嘉戴尔斯和迈克·麦德沃简明扼要地指出：缔造一国软实力的资源有三种：一是文化上的吸引他人之处；二是价值观上的吸引他人而不被其矛盾做法削弱之处；三是政策上的在他人看来全面合法且合理之处。[①] 的确，文化和价值观是软实力的核心，因此又有“文化软实力”这个更加具体的概念。文化软实力是一个国家软实力的核心要素，意指一个国家或地区文化的影响力、凝聚力和感召力。

新世纪以来，中国学界也展开了关于国家“软实力”的讨论。2004 年学术界发表了一系列文章分析中国软实力问题：如《中国“软实力”将改变世界》、《中国和平崛起的国际战略框架》、《中国需要软实力》、《论国家形象》等，还有学者从国家软实力建设的层面解读中央政治局第十三次集体学习的意义。此后，“文化软实力”建设问题快速成为中国学术界讨论的一大热点。从“三个代表”理论的形成到“科学发展观”的提出，从“和平崛起”与“和平发展”论的提出到“和谐世界”思想的形成……中国一直重视“文化软实力”的理论建设和实践探索，逐渐形成了“文化软实力”的发展战略。

2006 年 11 月 10 日，胡锦涛总书记在中国文联第八次全国代表大会、中国作协第七次全国代表大会上的讲话中，第一次明确指出：“面对当今世界各种思想文化相互激荡的大潮，面对国家发展和人民生活改善对文化发展的要求，面对社会文化生活多样活跃的态势，如何找准我国文化发展的方位，创造民族文化的新辉煌，增强我国文化的国际竞争力，提升国家软实力，是摆在我们面前的一个重大现实课题。”[②] 2007 年 1 月 23 日，在中共中央政治局第三十八次集体学习中，胡锦涛再

① 奈森·嘉戴尔斯和迈克·麦德沃：《全球媒体时代的软实力之争：伊拉克战争之后的美国形象》，中信出版社 2010 年版，第 ix 页。

② 胡锦涛：《在中国文联第八次全国代表大会、中国作协第七次全国代表大会上的讲话》，《人民日报》2006 年 11 月 11 日 第 1 版。

次提出软实力问题：他强调，加强网络文化建设和管理，充分发挥互联网在我国社会主义文化建设中的重要作用，有利于提高全民族的思想道德素质和科学文化素质，有利于扩大宣传思想工作的阵地，有利于扩大社会主义精神文明的辐射力和感染力，有利于增强我国的软实力。第十届全国政协五次会议和第十届全国人大五次会议都把国家软实力建设列为重要工作。贾庆林指出："充分发挥自身优势，积极为促进社会主义文化建设献计出力。牢牢把握社会主义先进文化的前进方向，促进社会主义核心价值体系建设，树立以'八荣八耻'为主要内容的社会主义荣辱观，巩固社会和谐的思想道德基础。重点围绕以文化为主要内容的国家软实力建设、推动中华文化走向世界问题，认真进行协商讨论，积极建言献策。"① 此后，中宣部、统战部等有关领导都对文化软实力问题有所阐述。2007 年 10 月召开的中国共产党第十七次全国代表大会上，胡锦涛总书记作《高举中国特色社会主义伟大旗帜，为夺取全面建设小康社会新胜利而奋斗》的报告，把"提高国家文化软实力"列为党和国家的重要战略："当今时代，文化越来越成为民族凝聚力和创造力的重要源泉、越来越成为综合国力竞争的重要因素，丰富精神文化生活越来越成为我国人民的热切愿望。要坚持社会主义先进文化前进方向，兴起社会主义文化建设新高潮，激发全民族文化创造活力，提高国家文化软实力，使人民基本文化权益得到更好保障，使社会文化生活更加丰富多采，使人民精神风貌更加昂扬向上。"② 胡锦涛全面深刻地阐述了国家文

---

① 贾庆林：《在全国政协十届五次会议上作的常委会工作报告》，《人民日报》2007 年 3 月 4 日第 2 版。

② 胡锦涛：《高举中国特色社会主义伟大旗帜 为夺取全面建设小康社会新胜利而奋斗》，《人民日报》2007 年 10 月 16 日第 2 版。

化软实力发展战略：①建设社会主义核心价值体系，增强社会主义意识形态的吸引力和凝聚力。②建设和谐文化，培育文明风尚。③弘扬中华文化，建设中华民族共有精神家园。④推进文化创新，增强文化发展活力。十七大报告科学地阐述了中国文化软实力的性质、核心、基础、基本途径和发展战略。2010年3月5日，温家宝总理在十一届全国人民代表大会第三次会议上做政府工作报告，再次阐发了中国文化软实力发展理念和战略："国家发展、民族振兴，不仅需要强大的经济力量，更需要强大的文化力量。文化是一个民族的精神和灵魂，是一个民族真正有力量的决定性因素，可以深刻影响一个国家发展的进程，改变一个民族的命运。没有先进文化的发展，没有全民族文明素质的提高，就不可能真正实现现代化。"[①] 并且提出"建设中华民族共有精神家园"和"增强中华文化国际影响力"的文化建设任务。

"十七大"确立了国家软实力的发展战略，并从国家战略的高度深刻而系统地阐释了我国文化政策的内涵、任务和实施路径。在"提高国家文化软实力"的战略框架中，文化体制改革、公共文化服务体系建设、文化事业与文化产业并重发展、文化创新体系建设、"文化传播力"、"文化凝聚力"和"文化创新力"的建构等等都获得了新的诠释和新的意义。[②] "国家文化软实力"战略的提出意义十分深远，凸显了文化建设在全球化时期的重要战略地位，对建设中国特色的社会主义、全面提高我国综合国力、丰富和发展"三个代表"理论和"科学发

---

① 温家宝：《十一届全国人民代表大会第三次会议政府工作报告》，新华社北京2010年3月15日电。

② 关于"文化传播力"、"文化凝聚力"和"文化创新力"的阐述具体参见魏明博士论文《全球信息时代中国文化软实力发展战略研究》，华中师范大学2008年。

展观”、实现中华民族的伟大复兴，都具有十分重要的现实意义和深远的历史意义。

第三章　文化产业管理

第一节　文化产业管理的内容、目标和手段

一、文化产业管理的内容

文化产业管理的内容主要包括大众传媒类文化产业管理、娱乐类文化产业管理、表演艺术类文化产业管理和新兴文化产业管理等。

（一）大众传媒类文化产业管理

所谓大众传播，就是专业化的媒介组织运用先进的传播技术和产业化手段，以社会上一般大众为对象而进行的大规模的信息生产和传播活动。报社、电台、电视台等媒介机构是从事信息的采集、选择、加工、复制和传播的专业组织，从其生产规模的巨大性和受传者的广泛性而言，我们又把他们称为大众传播者，或称为大众传媒（大众传播媒介的简称）。因此，大众传媒主要包括书籍、报刊、杂志、广播、电视及互联网等传播媒体。大众传播媒介对广大公众的精神文化生活有着十分重要的意义和广泛深刻的影响。大众传媒所提供的文化产品，包括图书、报刊、杂志、广播、电影和电视节目，是人们主要的

精神食粮。[1] 改革开放以来，我国新闻出版和广播电视事业发展迅速，对促进社会主义物质文明和精神文明建设，满足人民群众日益增长的精神文化需要，发挥了积极作用。但在发展过程中，由于规模数量增长过快，重复建设、人员素质和管理工作跟不上等原因，也存在着资源浪费、精神产品质量低下、内容不健康甚至有严重政治问题的作品和节目，造成不好的社会影响。因此，采取有力措施，加强大众传播媒介管理，对于加强和改善党对新闻出版、广播电视工作的领导，坚持正确的政治方向；正确处理社会效益和经济效益的关系，将社会效益放在首位；逐步形成布局合理、结构优化、效益明显、富有活力的发展格局，促进新闻出版和广播电视业进一步繁荣健康发展是十分必要的。

在大众传媒中，书报杂志不仅反映了一个国家和地区的科学、文化和学术水平，也反映了人民群众精神文化生活的水平。而广播电视则具有传播速度快、信息容量大、覆盖面广等特点，是传播各类信息和现代科技、文化的最重要的媒介，也是当代民众最主要的信息来源渠道和文化娱乐方式。[2] 改革开放以来，我国的新闻出版、广播电视、报刊杂志事业得到了迅速发展，广播电视和报刊杂志及互联网已成为城乡人民生活的重要组成部分。特别是计算机多媒体技术、网络技术、光缆传输、卫星通讯等现代科技的广泛运用，极大地提高了新闻、传播、出版业的生产力，使我国大众传媒的影响力和国际竞争力都有了很大的提高。大众传媒类文化产业是支柱型文化产业，

---

① 孙萍：《文化管理学》，北京：中国人民大学出版社 2006 年版，第 199 页。

② 孙萍：《文化管理学》，北京：中国人民大学出版社 2006 年版，第 199 页。

它在文化产业中占据着重要的地位。加强对大众传媒类文化产业的管理，促进其规模再上新的台阶，将产生影响深刻的社会效益和极为可观的经济效益。

由于在大众传媒中，图书、报刊、电影的产业特征相对比较明显，因此我国的图书、报刊和电影等文化产业单位较早就实行了“事业单位企业管理”的模式，并大力开拓相应的文化市场。这为1990年代中期以后，我国的文化产业开始走上文化企业集团的道路以及为文化产业的进一步发展创造了条件。①

广播电视业具有快速、高效、覆盖面广的特点，由于它强有力的宣传功能，因此在我国具有特殊的性质。在我国，广播电视业是最重要的舆论宣传工具，它的产品不含有商品的属性。与西方国家的广播电视业普遍走产业化发展道路不同的是，我国的广播电视业从诞生到1980年前后一直走的是纯事业的发展道路。改革开放以后，我国的广播电视也开始了由纯事业型逐步向产业型的过渡。20世纪80年代以前，其经费完全由政府提供。1980年代初期至1990年代初期开始逐步引入市场竞争机制，并在管理体制和运行机制等方面开展市场化运作。但这时期的广播电视业的管理还未体现通常意义下文化产业管理的性质。1992年，我国确立了“建立社会主义市场经济体制”的改革方向。从此，我国广播电视生产力得到进一步解放，产业化步伐有所加快。1990年代中期，我国的广播电视业在管理体制、运行机制上实现了更加充分的竞争。不同级别、不同主题内容定位的电视台和电视制作机构如雨后春笋般建立起来了，我国的广播电视业管理开始日益向多元化的方向

---

① 孙萍：《文化管理学》，北京：中国人民大学出版社2006年版，第200页。

发展。1990年代末期以来，我国的广播电视业开始向影视合作与集团化的方向发展，而对于广播电视业的管理也必将朝着产业化、系统化的方向发展。①

广播电视业作为新闻媒介的一种，既属于上层建筑中意识形态的范畴，同时又是文化产业的一部分。除了按照产业属性和市场规律进行管理外，还应特别注重法制化管理方法的应用。法制化管理具有严肃性、规范性、强制性的特点，它反映了社会发展的客观规律，有助于公正、公平地调整各个阶层、各个集团之间权利义务关系，使事业的发展有一个良好的法制环境。1986年至今，我国已在广播影视业管理方面陆续颁布了一系列行政法规、部门规章及规范性文件，基本形成了广播电影电视管理的法规体系。如国务院颁布实施的《广播电视管理条例》、《卫星电视广播地面接收设施管理规定》、《广播电视设施保护条例》等行政法规，以及广播电影电视部颁布的《卫星传输广播电视节目管理办法》和《有线电视管理规定》等部门规章。这些法规和规章是政府对广播电视业实施有效管理的重要依据。

（二）娱乐类文化产业管理

对文化娱乐产业的管理主要包括歌舞娱乐产业（舞厅、卡拉OK厅、音乐茶座和音乐餐厅等）和游艺娱乐产业（电子游戏场所、台球房、保龄球馆、高尔夫球场以及综合性的游乐场等）的管理。② 娱乐类文化产业是当今文化产业的一个重要组成部分，它一方面极大地满足了现代人日益增长的文化生活需

---

① 孙萍：《文化管理学》，北京：中国人民大学出版社2006年版，第200页。

② 孙萍：《文化管理学》，北京：中国人民大学出版社2006年版，第200页。

要，另一方面也带来了巨大的经济效益，并带动着其他相关产业（如旅游、餐饮、交通、工艺品、音响灯光、家具、装潢设计、文化用品、玩具、电子产品、服饰、箱包等）的发展，是支柱型的文化产业。

对娱乐类文化产业的管理，首先应注重其布局的合理。布局不合理，就容易产生重复建设，造成资源浪费，最终导致打乱战，形成恶性竞争，不利于产业健康有序的发展。政府有关职能部门在行使审批权时，应对重复建设的项目行使否决权，或通过其他管理和监控手段，促进娱乐类文化产业的合理布局。其次，应促进文化娱乐产业集团化。建立大型文化产业集团是娱乐业产业化的一个重要途径。娱乐业的发展需要投入大量的人力、物力和财力，光由政府投入是远远不够的。但政府可以制定符合市场经济规律的政策，建立多元化的投资体制，鼓励不同经济成分的、不同行业的企业共同参与文化娱乐业的投资。再次，要不断提高娱乐类文化产业管理的专业化水平和服务能力。政府相关职能部门要以科学发展观为指导，不断提高管理的专业化水平，并促进文化娱乐业的技术含量，在保证娱乐类文化产业健康发展的前提下，切实做好职能部门管理的服务职能。①

此外，由于娱乐类文化产业直接面对社会各阶层人员的开放性特征，加之利润的丰厚，致使这一行业容易引发经营者为了牟取利益而违法经营的现象，从而扰乱文化娱乐市场的正常经营秩序，破坏文化娱乐业的行业形象，败坏社会风气。因此，加强对文化娱乐业的管理、整顿文化娱乐场所的经营秩序是娱乐类文化产业管理的重要内容，也是政府相关管理部门的

---

① 孙萍：《文化管理学》，北京：中国人民大学出版社 2006 年版，第 201 页。

重要职责。国家文化部于1993年和1998年先后颁布了《营业性歌舞娱乐场所管理办法》及《加强文化娱乐业管理、整顿文化娱乐场所经营秩序的通知》等规范性文件。强调各地文化行政部门要从加强社会主义精神文明建设的高度，按照“一手抓繁荣，一手抓管理”的方针，在当地党委、政府的领导下，结合本地区文化娱乐市场的发展实际，研究新问题，尤其是对科技含量高的文化娱乐形式和活动，要认真做好管理工作。对投资规模较大的综合性文化娱乐设施，要认真做好前期的立项审批工作，加强宏观调控。要制定切实可行的管理办法，狠抓工作落实，做好文化娱乐市场的管理工作。加强对城市周边地区的农村文化市场的监督检查，加大监管力度，使经营者规范经营、守法经营，为群众提供一个健康有益的文化娱乐场所。

（三）表演艺术类文化产业管理

表演艺术产业主要包含演出团体、演出场所、演出中介机构和演出活动等要素。① 在我国的文化历史上，表演艺术曾经是主要的文艺样式，也是人们主要的娱乐和消遣方式。随着社会的发展，尤其是在改革开放以后市场经济的环境下，我国的表演艺术逐步朝着产业化的方向发展。当前，我国对表演艺术产业的管理主要表现在以下几个方面：

1. 演出团体

文艺演出院团是繁荣社会主义文艺的主要力量，在社会主义精神文明建设中承担着重要使命。改革开放特别是党的十六大以来，国有文艺演出院团围绕中心、服务大局，大力推进艺术创作和生产，推出了一批思想性、艺术性、观赏性俱佳的演艺精品，为繁荣发展文化艺术、满足公众文化需求、提高全民

---

① 孙萍：《文化管理学》，北京：中国人民大学出版社2006年版，第201页。

文化素质做出了重要贡献。但总体而言，随着演艺业赖以生存和发展的经济基础、体制条件和社会环境的深刻变化，文艺演出院团旧有体制的弊端日益显露，与文化体制改革的总体要求还有较大差距。绝大多数国有院团仍保留事业体制，没有形成与市场对接的体制机制，缺乏通过市场竞争做大做强的内在动力。相当多的剧（节）目以参评获奖为主要生产目的，没有进入市场，忽视观众需求，社会效益与经济效益都受到制约。这种状况与日趋完善的社会主义市场经济体制不相适应，与人民群众不断增长的精神文化需求不相适应，与推动社会主义文化大发展大繁荣的战略目标不相适应。因此，加大力度、加快进度，开创国有文艺演出院团体制改革工作的新局面，已成为当前深化文化体制改革的重大课题和突出任务。

对演出团体的管理首先是要推动演出团体的体制改革。计划经济体制下的演出团体主要是靠国家拨款，任务是国家派，人员是国家配，经费是国家给，其性质是事业单位。这种体制已经不适应市场经济条件下人民群众丰富多样的文化需求，也在很大程度上束缚了文艺工作者的积极性和创造力。因此，在市场经济条件下，演出团体体制改革的目标是将其由完全靠国家拨款的事业单位，逐步转变为多渠道筹资、独立核算、自主经营、自我发展的社团法人。通过“全员聘任制”、“合同制”、“股份制”等方式，推动演出团体面向市场、走向市场、参与市场，增强其生存能力、竞争能力和发展能力。

当前，推进国有文艺演出院团体制改革面临极好机遇。中共中央宣传部、文化部于 2009 年 7 月 27 日颁发了《关于深化国有文艺演出院团体制改革的若干意见》，就深化国有文艺演出院团体制改革提出了具体意见和要求。《意见》强调了国有文艺演出院团体制改革的重要性和紧迫性，指出：“必须从不断解放和发展文化生产力、丰富人民精神文化生活、提高国家文化软实力的高度，充分认识深化国有文艺演出院团体制改革的重大意义，抓住机遇，奋力进取，加快形成有利于演艺业出精品、出人才、出效益的体制条件。”《意见》还提出了深化国有文艺演出院团体制改革的目标任务是：“加快转企改制工作步伐，积极培育新型市场主体。对市场发育相对成熟的歌舞、杂技、曲艺、话剧、地方戏曲等方面的国有院团，要确定转企改制工作进度，加大改革力度。除新疆、西藏外，各省、自治区、直辖市和计划单列市、省会城市 2009 年底前都要至少完成一家直属院团整体转企改制；试点工作基础较好的地区，现阶段要有计划地分期分批展开；2010 年后，将国有院团转企改制工作向面上推开。各省、自治区、直辖市要于 2010 年前选择一至两个试点县，推动县级院团转企改制，探索政府采购公益性演艺服务的方式，开发农村演艺市场。加快形成统一、开放、竞争、有序的现代演艺市场体系，更大程度地发挥市场在演艺资源配置中的基础性作用，积极建设电子票务、剧场院线等现代演艺营销体系。着力转变政府职能，加强和改进演艺领域宏观管理，推动建设一批新型行业组织和市场中介机构。打造一批外向型演艺企业，大力推动演艺产品和服务‘走出去’。”

其次是实行区别对待的政策。演出团体大致可分为两类：一是能够满足人民群众多样化的文化需求；二是具有文化艺术价值，或作为民族文化传统予以保留，或作为国际文化交流。前者有广泛的群众基础，是百姓文化生活所需要的，因此能够在市场环境中通过竞争获得生存和发展。后者多为传统的或外来的表演艺术，群众基础相对要薄弱的多，一般很难在市场环境下生存。但它们体现了传统民族表演艺术或国家表演艺术的水平，具有较高的文化价值，也是对外文化交流的重要方面。演出团体改制后，政府文化职能部门对大多数演出团体将采取

“放”的政策，鼓励其逐渐融入文化大市场，学会在市场经济的环境下自谋生存和发展之路。对高水平的艺术团体和代表民族传统表演艺术精华的演出团体，则采取重点保护和资助的政策。

第三是积极引导演出团体注重社会效益。社会主义精神文明建设要求我们的文化艺术团体必须把社会效益放在首位，这是我国的社会制度和政治体制所决定的。演出团体进入市场后，往往会出现片面追求经济效益而忽视社会效益的问题。因此，政府文化职能部门将运用各种手段，诸如舆论宣传、文艺批评、优秀节目评选以及奖励和财政补贴等方法，引导和鼓励演出团体增强社会责任感，注重社会效益，多创作思想性、艺术性、观赏性俱佳的优秀作品。

第四是建立文艺演出院团和演艺产品的新型评价体系。打破事业、企业界限，消除国有、民营差别，不论行政级别，以艺术生产水平、群众欢迎程度和市场表现作为评价标准，确定重点院团，由国家予以扶持。改进现行评奖机制，扩大群众对文艺评奖的参与面，合理增加经济效益在评选指标中的比重。规范并适当压缩演艺评奖活动，完善其审批、登记、备案等制度。

第五是完善演艺市场流通体系。建设资源共享的演出院线体系和互联互通的演出票务系统，打破条块分割、地区封锁、城乡分离的市场格局，实现生产要素合理流动和资源优化配置。加强行业组织建设，发挥其在行业自律、资格认定、经营指导、权益保障等方面的积极作用。发展和完善经纪、代理、评估、推介、咨询等中介机构，推行面向演艺领域的专业化、社会化服务。加大知识产权保护力度，维护演艺市场秩序。

2. 营业性演出活动

政府文化职能部门对营业性演出活动实行许可证制度，许可证开始阶段有“营业演出许可证”和“演出经营许可证”两种。“营业演出许可证”制度是1985年5月文化部制定的，规定凡进行营业演出的单位、个人、营业性演出场所，都必须经当地政府文化行政管理部门审核批准，领取“营业演出许可证”。1991年，文化部又制定了“演出经营许可证”制度，规定除经政府文化行政管理部门审批，领取了“演出经营许可证”的演出经纪单位外，其他单位和个人不得从事营业性组台（团）演出活动，包括文艺表演、时装、健美表演、非政府文化交流项目的外国及港澳台地区艺术表演等。后经国务院颁布，于1997年10月1日实施的《营业性演出管理条例》中，两种许可证统一为“营业性演出许可证”。之后，国务院又先后于2005年7月7日和2008年7月22日两次修改颁布该条例。修订的《营业性演出管理条例》主要突出了以下几方面内容：一是活跃、繁荣演出市场，以保证人民群众得到价格合理、内容丰富的文化产品；二是确保营业性演出内容健康，明确禁止营业性演出危害国家统一、危害社会公德或者民族优秀文化传统等十种情形；三是防止营业性演出中存在的欺诈行为，维护观众合法权益；四是消除营业性演出安全隐患，保障人民群众生命财产安全；五是适度引进外资。新修订的《营业性演出管理条例》的颁布实施，对于进一步从制度上解决营业性演出中的问题，更好地满足人民群众文化生活需要，促进文化产业的健康发展，将发挥重要的作用。

3. 演出中介机构

演出中介机构的健全、完善和发展对于繁荣文化市场、大力发展文化产业有着十分重要的意义。政府相关职能部门应采取切实有效的措施，大力扶持文化中介机构，积极培育好演出中介机构，发挥好演出机构文化中介的作用，壮大文艺演出市场，促进演艺业的发展，实现文化产业的发展和文化事业的繁荣。

在表演艺术产业化的过程中，演出中介机构的作用是至关重要的。演出中介机构是演出团体与市场之间的纽带，在运作过程中尤其要遵循市场规律，以科学的方法对市场进行评估，对受众面的认同进行分析，并在宣传、推介和营销等方面作系统的策划。面对千变万化的市场，文化中介机构还应具备应变能力，以及不断地对文化生产提出创新意见和实施措施的能力。演出中介机构只有真正融入市场，才能对表演艺术的真正产业化有所贡献。

4. 演出场所

演出场所是城市文化设施建设的重要组成部分，是城市规划和建设的主要内容。政府文化行政管理部门对演出场所的管理主要是宏观管理，如对演出场所的规划和建设等。在市场经济的环境下，为更好地发挥演出场所的服务功能，政府及其职能部门对演出场所完善经营机制、提高服务质量和工作人员素质等方面进行引导和管理是十分必要的。

为了加强对表演艺术产业的宏观管理，政府文化职能部门应适时地出台和制定有关的政策和法规，对演出计划进行必要的协调和平衡，规范演出组织和演出活动的审核批准，并对营业演出活动进行监督检查等。当然，行政手段的使用不宜过多，宏观管理的方向是加强立法和经济手段，减少对市场的行政干预。

（四）新兴文化产业管理

新兴文化产业是相对传统文化产业而言的，主要包括体育产业、旅游产业、网络文化产业、会展产业等内容。新兴文化产业是改革开放以来发展起来的文化产业，时间虽然不长，但它的发展速度却十分惊人。2003 年，我国传统意义上的文化产业如新闻、出版、广电和文化艺术等为主构成的“核心层”

有从业人员223万人，实现增加值884亿元；而改革开放以来发展起来的新兴文化产业如网络文化、休闲娱乐、文化旅游、广告及会展等为主构成的“外围层”有从业人员422万人，实现增加值835亿元。新兴文化产业的从业人员已超出传统文化行业近1倍，创造的价值已接近传统产业。此外，文化用品、设备及相关文化产品生产、销售的“相关层’有从业人员629万人，实现增加值1858亿元。① 以上数据表明，我国新兴文化产业的发展已经对整个文化产业起到了明显的带头作用。因此，优先支持新兴文化产业，广泛运用高新技术特别是数字技术发展的最新成果，改造传统文化创作、生产和传播模式，提高传统文化产业的科技含量和市场竞争力，加快发展文化创意、文化博览、动漫游戏、数字传输等新兴文化产业，促进文化产业与现代服务业和高新技术产业的融合，形成新的经济增长点，已成为文化产业政策制定和管理的重要内容。与此同时，在整个文化产业的发展中，要以文化创新为动力，把民族文化与高新技术和市场机制结合起来，提高民族文化产品的国际竞争力。

1. 体育产业

体育产业是指生产体育物质产品和精神产品，提供体育服务的各行业的总和。体育产业包括体育本体产业、体育外围产业、体育中介产业和体育产业消费者等。其中，体育本体产业是整个体育产业的核心，包括体育竞技业与大众健身业；体育外围产业的产业链包括体育用品商、体育器材商、体育服装商、体育旅游业商、体育博彩商和体育建筑商等；体育中介产业的产业链包括体育广告商、体育赞助商和体育保险业等。而

① 张晓明、胡慧林、章建刚：《2004 文化产业：在7000亿与泡沫之间》，《中国文化报》2005年1月21日。

体育消费者是体育产业的决定力量。

体育产业不同于体育事业，体育事业的主要任务是满足社会精神文明的需求，更注重社会效益，具有公益、福利的性质；而体育产业的主要目的则是谋求获利，更注重经济效益，因而具有商业的性质。随着社会的发展，人们对体育的需求日益增长，体育不仅不再是少数人的专利，也不再是仅仅为了身体健康需要的产品，随着体育事业的产业化日益完善，体育已经成为一种特殊的可供娱乐的消费品。为了适应人们日益增长的体育消费的需要，专门从事体育服务产品生产和经营的人也越来越多。因此，体育产业是名副其实的朝阳产业。世界体育产业最发达的国家是美国，20 世纪 80 年代，美国体育产业的总产值大约占其国内生产总值（GDP）的 1%，在各大行业总产值的排名中居第 22 位；20 世纪 90 年代中期，美国体育产业的总产值已经超过了 3000 亿美元。在体育产业发达的北美、西欧和日本，体育产业的年产值已经进入了国内十大支柱产业之列。早在 2000 年，全球体育产业的总产值就高达 4000 亿美元，并以平均每年 20%的速度增长着。澳大利亚、加拿大、日本、英国、德国、法国和意大利等发达国家的体育产业，总产值约占国内生产总值（GDP）的 1%～1.5%。

我国的体育市场的产业化开始于 20 世纪 80 年代。1990 年代中期，中国体育产业才具有较为完整的产业形态和较为完善的体育行业的制度，中国的体育广告业、体育建筑业、体育博彩业、体育旅游业和体育用品业等具体行业也是在这个时期得以充分发展。1995 年 6 月，国家体育总局出台了《1995～2010 年体育产业发展纲要》，指出中国体育产业要用 15 年时间逐步建成适合社会主义市场经济体制，符合现代体育运动规律、门类齐全、结构合理、规范发展的现代体育产业体系。虽然目前中国体育行业的资产存量、人力资源状况和资本增值效率在快速增长，但不可否认的事实是中国的体育产业尚处于发展阶段，各个环节的市场化程度还很低。学习和借鉴西方发达国家在体育产业经营方面的经验和模式，是中国体育产业快速成长的捷径。例如，一度被媒体热炒的贝克汉姆转会西班牙皇家马德里队的一系列令人眼花缭乱的商业运作，其经营手法之妙是体育产业化的经典之作。

在市场经济条件下，政府行政管理和有关部门应积极研究发展体育产业的政策和措施，研究体育市场规范化管理的新途径，研究我国体育用品的国际竞争力，研究提高体育场馆管理和运营水平，为体育产业管理政策和措施的出台提供更多的科学理论和实践指导，解决当今我国体育产业发展中的重要理论与实践问题，促进中国体育产业健康快速的发展。

2. 旅游产业

旅游产业是指为旅游活动直接提供服务和间接提供物质、文化、信息、人力智力服务和支撑的行业或部门，是由第一、第二、第三产业中诸多行业和部门复合而成的一个综合性的产业群。旅游产业可分为旅游核心部门、旅游依托部门、旅游相关部门三个层次。旅游核心部门是指完全向旅游者提供旅游产品和服务的行业和部门，它是旅游产业的第一层次或基本层次，主要包括旅游住宿业、旅游景观业、旅游运输业、旅行社业和旅游服务机构等，它们构成了旅游产业的主体部分。旅游依托部门，是指向旅游者提供部分产品和服务的行业和部门，是旅游产业的第二层次，主要有餐饮服务业、文化娱乐业、康乐业、零售公共交通运输业等。旅游相关部门，是指为旅游产业发展提供支持的行业和部门，属于旅游产业的第三层次。它虽然不一定依赖旅游产业而发展，但其发展的规模和水平对旅游产业的持续健康发展具有重要的意义和作用。

旅游产业的主要职能是向旅游者提供旅游产品和服务。发展旅游产业涉及上述各行业，而文化是旅游的重要助推器，旅游业是具有文化性质的服务行业。在旅游业提供的产品中，游览观光和娱乐是主要产品，而文化构成了游览观光的主要内容，文化设施为娱乐提供了物质基础。出门长学问，旅游本身就是文化产业。所有旅游者出行的动机都是暂时离开所在的熟悉环境，到不太熟悉或非常不熟悉的环境去寻找一种新的体验，以丰富自己的阅历。但旅游的项目和目的决定了其文化含量，于是除了常规旅游项目外，还有许多为满足专门目的开展的旅游活动，如：汉诗旅游、历史探秘旅游、书法学习旅游、围棋交流旅游、名人足迹寻访旅游、民族风俗旅游等等，可谓种类众多，文化深厚。因此，把旅游产业作为文化产业来看待，无疑是抓住了该产业发展的关键。

从我国的情况来看，旅游产业正在崛起。旅游已成为我国居民生活中，仅次于食品和住房的第三大消费。国家旅游总局计划用 20 年左右时间，实现我国从亚洲旅游大国向世界旅游强国的转变，争取到 2020 年，我国旅游总收入达到 33 000 亿元人民币，相当于国内总产值的 8.64%，旅游消费占国民总消费额的 6.7%，真正成为国民经济的新兴支柱产业。①

3. 网络文化产业

网络文化产业在国际上又称之为“数字内容产业”或“数字娱乐产业”，它是一个内涵比较广泛的概念，是网络产业和文化产业、信息产业和内容产业的跨越和融合发展的产物。具体而言，网络文化产业是利用计算机网络为社会提供各种服务，并从中获得一定服务费用的服务性行业。它的特征是：将图像、文字、影像、语音等内容，运用数字化高新技术手段和

---

① 林国良、周克平：《当代文化行政学》，上海：上海大学出版社 2002 年版，第 248 页。

信息技术进行整合运用，提供的互联网服务主要有游戏、动画、影音、数字出版和数字化培训等。

目前，世界上的发达国家都把网络文化产业定位为积极振兴的新型产业，并在近年来展示出强劲的发展势头。世界网络文化产业经过若干年的发展，已经形成了网络服务、网络游戏、数字影音动画在线播放、无线内容服务、在线教育、网络出版等产业迅速发展的产业格局。据统计，全球网络文化产业市场规模在2005年达到1500亿美元。我国的网络文化产业的发展在计算机、互联网、手机等信息传媒的迅速普及的带动下，数字娱乐及网络游戏产业得以蓬勃发展。统计显示，2005年，在各主要细分市场强劲增长的带动下，中国的数字内容整体产业规模持续58.3%的高速增长，达到849.8亿元。但是，当前我国网络文化产业在结构和层次上发展不平衡，缺乏核心技术，企业竞争力低下，这些都成为制约我国网络文化产业发展的瓶颈。具体表现为：产业结构单一，创意性文化内容开发不足，消费者对网络文化认识深度不够，网络文化经营和管理市场不够完善等。

发展网络文化产业的关键，必须在坚持基本准则的前提下，充分利用市场，以市场为导向来生产和提供网络文化产品和服务，从而使网络文化产业真正成为新的经济增长点，积极引导消费，拓展文化市场。要加强政府对网络文化产业发展的引导和管理。网络文化产业具有信息产业和文化产业的双重身份，亟需相关政策部门的规范和管理：①加快网络相关立法，对违犯者加以制裁；②规范管理，加强行政监管，推动行业自律，规范网络行为；③教育宣传，加强守法和自律教育；④正确导向，以先进文化和健康内容占领网络阵地；⑤技术保障。①

此外，在政策环境方面，要进一步降低网络文化产业的进入壁垒，以优惠的政策扩充市场规模；在法制环境方面，要加快互联网立法工作，制定有效地法律法规，严厉打击利用技术手段在互联网上恶意侵权的行为；在市场环境方面，要进一步规范市场秩序，健全文化市场体系，完善文化市场管理机制，努力为网络文化产业发展搭建一个广阔的市场运作平台；在文化创新方面，要营造良好的社会文化氛围，理解并支持网络文化的发展，并利用我国优秀的传统文化，创造具有民族特色的网络文化；在技术创新方面，要进一步加快我国信息技术的发展步伐，从硬件制造和软件开发两个方面，为网络文化的发展提供良好的物质技术。政府应建立网络文化产业协调机制，制定产业发展中长期规划；进一步完善科技产业园区的规划定位，整合重点发展区域资源，形成产业发展合力；优化网络文化产业发展的基础环境，带动企业开拓创新的积极性；加强战略研究，指导规范网络文化产业健康发展，鼓励和扶持网络游戏企业扩大规模。国家要规划实施一批重大项目和重点工程，扶持一批创业基地和试点园区，推出一批优秀网站和优秀企业，培养一批高级人才和名牌产品，不断提升产业层次，改善行业形象，使我国尽快跨入世界信息内容产业大国的行列，推动网络文化产业成为拉动经济增长的重要力量，成为促进文化产业发展和精神文明建设的新兴支点。

4. 会展业。

会展业是会议业和展览业的总称，是一个新兴的服务行

---

① 参见《大力发展网络文化产业》，《光明日报》2007年6月10日。

业，影响面广、关联度高。会展经济已逐步发展成为新的增长点，而且是发展潜力大的行业之一。在新时期，会展业的地位和作用日益凸现，已展现出巨大的经济价值。会展业涉及工业、农业、商贸等诸多产业，对结构调整、开拓市场、促进消费、加强合作交流、扩大产品出口、推动经济快速持续健康发展等发挥着重要作用，并在城市建设、精神文明建设、和谐社会构建中显示出其特殊的地位。具体体现在：一是能产生强大的互动共赢效应。会展业不仅能带来场租费、搭建费等直接收入，而且还能拉动或间接带动数十个行业的发展，直接创造商业购物、餐饮、住宿、娱乐、交通、通讯、广告、旅游、印刷、房地产等相关收入；不仅能集聚人气，而且能促进各大产业的发展，对一个城市或地区经济发展和社会进步产生重大影响和催化作用。据有关统计表明，一个好的会展对经济拉动效应能达到1∶9，甚至更高。二是能获得优质资源。会展业汇聚巨大的信息流、技术流、商品流和人才流，意味着各行业在开放潮中，在产品、技术、生产、营销等诸方面获取比较优势，优化配置资源，增强综合竞争力。会展业发展可以不断创造出“神话”，博鳌效应就是其中的一个最典型的范例。穷乡僻壤的博鳌建成国际会议中心后，以其良好的生态、人文、治安环境，吸引了众多海内外会议组织者、参会者、旅游者等。三是能提升支持力度。各产业的发展，特别是制造业要生存和提升竞争力，需要相关服务行业的协作，加快新型工业化、新农村建设，更离不开会展业的支持和助力。其中会展是一项极其重要的服务内容，作为特殊的服务行业，会展经济能服务于和增强城市面向周边地区的辐射力和影响力。四是能增加就业机会。随着近年来办展活动的增多，会展业不仅能提供就业机会，而且还能拉动和促进就业。五是能成为经济发展的“风向标”。会展与经济的发展成果紧密相连，会展经济的发展将直接刺激贸易、旅游、宾馆、交通、运输、金融、房地产、零售等行业的市场，大型和专业性会展往往是产品或技术市场占有率及盈利前景的晴雨表，能够推动商品贸易、投资合作、服务贸易、高层论坛、文化交流等各方面的发展与进步。

我国的会展业起步较早，特别是近年来会展业异军突起，以年均近20%的速度递增，呈现出良好的发展态势。据有关部门统计，全国现有大中型会展场馆150多个，会展面积300万平方米以上，已经超过了号称“世界会展之国”德国的展馆面积，拥有一批具有国际水平的现代化会展场馆。全国正在建设或规划将在未来三年内建成的各类会展中心的会展面积将超过100万平方米。各种会展活动空前活跃，会展收入增幅明显，目前举办各类展会直接收入超过100亿元，间接带动的旅游、餐饮、交通、广告、娱乐、房产等行业收入高达数千亿元。经过多年发展，一些由政府主导的综合会展向专业会展转变，有的随着市场化、专业化、国际化水平的提高而成为著名会展，已培育出一批具有特色的、高水平的、较大影响力的会展知名品牌，诸如广交会、高交会、上交会等综合展会。专业化会展比重增加，几乎涉及经济的各个部门和主要行业，如北京的机床展、纺机展、冶金铸造展和印刷展等已跻身国际同行展的前四名，珠海国际航空展成为亚洲第二大航展，而号称“中国第一展”并享誉全球贸易展的“广交会”是我国历史最长、规模最大、层次最高、影响最广、商品种类最全、到会客商最多、成交效果最好的综合性国际贸易会展。随着会展业的快速发展，组展主体呈现多元化的趋势。目前主要有政府机构（包括政府部门、事业单位），行业协会，国有企业，民营企业和外资企业五大主体。近几年，会展群聚效应日显突出，全国以北京、上海、广州为一级会展中心城市，初步形成三大会展经济产业带，即包括北京、天津、烟台、廊坊等地的环渤海会展经济带，以上海为龙头、沿江沿海为两翼的长江三角洲会展经济带，以广交会和高交会为龙头的珠江三角洲会展经济带。主要分布在北京、上海、广州、大连、深圳、厦门等经济发达地区。全国举办会展最多的省市首推北京，上海紧跟其后，广东最为活跃。从会展收入看，广东、北京和上海占据了垄断地位，占全国会展收入的近 90%。

随着会展业市场化程度的提高，会展城市内部场馆之间、会展城市之间的竞争日益明显。法制建设、品牌意识、现代化场馆建设、人才培养成为普遍共识。但目前我国会展业的发展并不平衡，成规模、能持续的展会不多，尤其是在国际上具有品牌影响力的大型展会很少。此外，高水平、多功能、大展厅的现代化会展场馆还比较欠缺；会展业的产业化水平也有待提高。

二、文化产业管理的目标

所谓管理，是一种目的性很强的活动。人们进行管理活动，就是为了实现一定的目标。经济学意义上的管理，是指组织单元，通过市场经济选择，科学、合理、优化配置经济要素资源，达到组织经营低投入、高产出的目的。一般情况而言，管理的目标包括经济效益和社会效益两个方面。我国正处于有中国特色社会主义建设的发展时期，文化产业管理的目标总的来看应包含两大方面：一是以市场机制优化配置文化资源，在文化产品生产和服务上讲求效益最大化，以尽可能少的投入获取尽可能大的产出；二是通过文化产业健康有序的发展，推动社会主义精神文明建设再上新台阶，以更好地满足人民群众日益增长的文化需求。[①] 具体而言，文化产业管理的目标主要包

---

① 徐浩然、雷琛烨：《文化产业管理》，北京：社会科学文献出版社 2006 年版，第 45 页。

括文化产业法规和政策体系的完善、优化文化产业结构、建立大型文化企业、扩大文化产业规模、确立重点发展的主导行业、提高文化产业国际竞争力等方面。

文化产业是随着社会生产力的发展，人们对于精神需求的日益增多而自然发展起来的。它既是一种文化现象，又是一种政治现象，因为它在一定程度上是以政治发展格局为基础的；同时又是一种制造管理行为，是精神现象领域管理的规范和要求。因此，加快文化产业的发展需要良好的政策环境，包括政治、经济、文化、社会环境。完善的文化产业政策体系是党和国家为产业创造一个规范政策环境的重要组成部分，也是文化产业繁荣发展的内在要求。文化产业政策潜在地引领了文化产业的消费倾向，直接关系到文化产业的发展趋向，必然成为国家、产业、企业、消费者各方共同关心的主题，自然也是文化产业管理的重要目标之一。

完善文化产业政策体系就是要为产业的发展营造一个良好的规范的外部环境。具体来讲，就是要鼓励多种经济成分共同经营，改进和建立国家、集体、个人和外资一起兴办文化产业的新模式，激活文化产业经营机制；建立大型文化企业，实现文化企业的优势组合、互补与扩张；协调相关部门规范文化服务市场，放宽文化市场的准入条件；注重文化市场的培育，加强对文化市场的管理；创造宽松的金融、财政税收环境；积极推动文化产业的研究与开发政策等。①

通过多年努力，我国文化法规和政策已逐步趋于完善。但在加入 WTO 的背景下，仍迫切需要建立一整套完备的、适合世贸组织基本原则要求的法规和政策体系。这就要求我国的文

---

① 徐浩然、雷琛烨：《文化产业管理》，北京：社会科学文献出版社 2006 年版，第 92 页。

分广阔的发展空间和巨大的市场潜力，应加快其发展速度，提高其比重，最终取代广播影视、报刊杂志、演艺等传统意义上的文化产业在文化产业中的主导地位。同时，着力用高新技术手段改造传统文化产业，开发新兴文化产业，努力提高文化产品的科技含量，提升企业的市场竞争能力。其次，营建大型文化集团，提高我国文化产业的市场竞争力。只有大的文化企业集团才能够以雄厚的资本、技术和人才而具有较高的市场竞争力，才能够有实力参与国际和国内市场竞争，才能争取更大的市场份额，拓展自己的生存空间。通过政府引导、市场调节、龙头带动，着力培养一批规模大、档次高、效益好的支柱企业，借以提高其带动能力和市场竞争能力。具有一定规模、档次且效益好的龙头企业为核心联合一系列生产上下游产品的企业而组成一个大企业或企业集团，借以加强上下游产业的联系，实现优化组合，提高效率。第三，大力发展信息产业，以信息产业带动文化产业结构的优化升级。数字电视、数码电影、宽带接入和视频点播、电子出版和数字娱乐等新的文化产业群最有发展前途，终将成为文化产业的主流，传统文化产业比重过大的问题将在文化产业结构的数字化提升中得到根本性改变。第四，理顺文化产业内的各个链条、环节、要素之间以及文化产业与其他产业之间的关系，营建起其间的良性互动机制。应使文化产业内部的创作、出版、展演、传播、教育、销售及消费等环节上下连接，环环相扣，形成完整的产业链，从而营建起文化产业链的良性循环机制，推动文化产业不断走向繁荣。

三、文化产业管理的手段

任何管理都有其目标和手段。文化产业的管理手段主要包括：行政手段、经济手段、法律手段和社会舆论监督手段等。市场经济条件下，文化产业和文化经济的调控应以市场调控为其基本特征，并结合实际情况综合运用各种管理手段。

1. 行政手段。通过国家的行政机构，采取强制性的命令、指示、规定等行政方式来调节经济活动，以达到宏观调控目标的一种手段。行政手段具有权威性、纵向性、无偿性及速效性等特点。由于文化产业的意识形态属性，文化产业的宏观管理同时涉及到国家安全、文化对外交流和贸易等国际文化经济目标，因此，政府相关职能部门具有对文化内容进行意识形态管理和监督的职责。政府在施行财政、税收、货币等间接调控政策的同时，还需要通过文化政策和行政管理来引导和规范相关文化经济活动。市场经济的发育以及市场竞争秩序的建立不能没有政府的协调与管理，世界各国的实践也表明，在复杂的社会管理任务和多元化经济发展需求的背景下，光靠市场来保证社会和经济秩序的做法是行不通的。当然，行政手段是短期的非常规的手段，不可滥用，必须在尊重客观经济规律的基础上，从实际出发加以运用。文化产业管理是政府以间接手段对文化经济活动的调控，此时的行政管理和文化政策都不是以直接的干预为目的，而是以间接的调控手段来引导文化产业的相关经济活动，最终实现文化和经济的目标。

政策调节是行政手段的主要功能。政府应通过文化发展战略的适应性调整，从政策和管理层面对原有的文化资源、文化权力机构进行调节与重组，并建立和完善一整套鼓励文化投资的促进政策，使文化市场更加充实和富有活力。政府还应对文化市场履行市场监督的职责，制定好市场游戏规则。例如对出版业而言，就存在颁发出版物许可证、刊号、营业执照等等，这些正是中国报刊管理最重要的手段。由于在我国文化产品保护的法律体系还比较薄弱，因此政府还必须出面把知识产权的保护作为一项重要的工作来抓，建立符合国际规则、门类齐全的知识产权法律法规体系和执法保护体系，依法查处侵权案

区）旅游行业开展民主评议行风活动，主动接受群众的批评监督。一些地方还聘请了行风监督员，对旅游管理部门的工作人员的依法行政、工作效率、服务水平等进行监查。这种行为有效地配合了整顿和规范市场经济秩序的工作，对旅游行风建设和旅游市场的健康发展起到了有力的促进作用。

3. 经济手段。文化产业作为一种集中的经济活动，其管理手段自然少不了经济手段。经济手段是指运用经济杠杆调节不同文化经济主体的利益关系，促使文化企业面向市场，组织文化生产经营活动。经济手段调控的主体是经济杠杆，它包括价格、税收、信贷、收入、文化专项基金等一系列手段。譬如，银行对文化产业实行较宽松的信贷政策，政府对文化产业的税收政策倾斜（免税或优惠税率）等，具体体现在财政、金融、价格、土地等政策方面。

财政政策：政府以财政补贴的形式，通过对文化产品进行政府购买、建立文化专项基金、进行公共文化产品投资等，对文化产业进行支持和引导。如政府通过财政补贴的方式对某些民族文化进行保护，对一些事业单位的改革支付改革成本。又如，在我国的某些地区给予影院投资者一定的补贴政策，以鼓励进行电影院建设。有的地方政府通过出资购买或财政贴息的方式对公共文化基础设施建设和文化活动项目进行支持等等。① 税收手段是财政政策的一种重要方式，政府可以通过税收杠杆调节和引导文化产业资金的流向。例如对文化产业的重点发展行业和处于发展初期的行业实行税收优惠，吸引资金投入；或通过提高税收来对行业进行管制，如对网吧行业的高税

---

① 李向民、王晨、成乔明：《文化产业管理概论》，太原：书海出版社、山西人民出版社 2006 年版，第 22 页。

收就体现了这种导向。① 近年来，国家和地方都出台了支持文化产业发展的各项优惠政策，对文化体制改革试点单位、新办文化企业、新兴文化产业和符合高新技术条件的文化企业给予税收支持。

金融政策：它是政府通过调节货币供应量和调节利率，影响产业投资需求或制定产业投融资政策引导资金对产业的投入和资金在不同产业间的流动。国家批准支持成立多类文化基金，支持社会的文化产业投入，也是一种金融支持。② 目前，我国的文化企业面临的金融环境差异很大，也很不平衡。对于规模大、经营业绩良好甚至处于行业垄断竞争地位的大型、特大型文化企业而言，银行是文化企业的“求爱者”，该类文化企业的金融环境是“宽松”的，该类企业甚至是银行客户中的“王者”。但是，这样处于融资优势地位或者根本不缺资金的“融资优势企业”毕竟是少数，而更多的文化企业是银行的“求爱者”，甚至根本进入不了银行的“法眼”，这些处于融资劣势的文化企业往往不是缺乏可以盈利的项目，而是缺乏足以使项目活化的资金，进而陷入融资劣势恶性循环的泥淖。根据北京大学文化产业研究院在全国各地文化产业发展规划过程中调研的结果，当前我国文化产业在总体上资金是不足的。因此，解开文化产业的资金链，让文化产业尽快进入良性循环，建立金融大力支持文化产业发展的宽松环境，形成面对文化产业的资金灌注、充分滋润文化产业这块土壤就极为必要，这也是文化产业金融政策亟待解决的问题。

---

① 李向民、王晨、成乔明：《文化产业管理概论》，太原：书海出版社、山西人民出版社 2006 年版，第 22 页。

② 李向民、王晨、成乔明：《文化产业管理概论》，太原：书海出版社、山西人民出版社 2006 年版，第 16 页。

团已成为文化与经济相结合、共存共荣，获得经济文化双效益的成功典范。当然，文化产品的商品价值和文化价值在保持一致的同时往往存在着相当程度的矛盾。这就要求我们的文化产品能够积极主动地适应市场，而不是消极、低俗地迎合市场。既要大胆地坚持文化产品商品化的发展取向，让尽可能多的文化门类进入市场，按照市场竞争机制来组织生产经营；也要积极培育文化市场，引导文化消费，提高人们的审美水平和文化素养。

要做到社会效益和经济效益的统一，还要特别注意防止文化产品的过分商业化。文化产品的商业化是一把双刃剑，不进行市场运作，没有商业意识，纯粹的文化曲高和寡将难以生存；过分的市场炒作和商业化又会使文化的高雅与魅力丧失殆尽，失去文化原有的积极向上的功能，最终影响文化产业的健康发展。

张艺谋的电影《十面埋伏》在上映之前，通过媒体大肆炒作，经一段时间的充分预热后，各地的票房一路攀升。但许多观众看完影片之后却颇感失望，原因是与影片先期宣传的溢美之词相比，并不像人们所期待的那样精彩。在影片公映一段时间后，从一些门户网站的论坛上，类似的评论多达数千条。该片制片人一直坚持认为，《十面埋伏》既然是一部商业片，就应该运用商业化的宣传手段，在市场上怎么宣传都不过分，都是天经地义的。但他忽略了一点，电影是文化产业的一部分，电影产品不但具有商业属性，更重要的是它还具有文化属性，这种文化属性通过文化产品所产生出来的社会效益是绝对不能忽视和质疑的。①

---

① 李向民、王晨、成乔明：《文化产业管理概论》，太原：书海出版社、山西人民出版社 2006 年版，第 16 页。

文化产品的市场价值不是靠产品生产者的一厢情愿就能获得的，文化市场的培育和建立、文化环境的净化，需要多方面的共同经营。过分商业化的炒作，只能够满足和迎合不成熟的“大众”文化娱乐的消费取向，造成消费群体的精神营养匮乏，使文化市场陷入更加尴尬的境地。因此，有效防止文化产品的过度商业化，注重文化产品文化价值（作品本身的内涵）和市场价值的统一，是文化产业管理的重要方面。

1. 文化产业与公益性文化事业要适度分离。

文化产业属于企业范畴，它的产品和服务要通过市场化的运作在保证社会效益的前提下实现相应的经济效益。文化企业虽然不是以赢利为唯一目的，但它必须将利润作为检验企业成败的基本标准。公益性文化事业则不同。它是社会公共事业的重要组成部分，关系到社会大众的福利或者国家安全的公共文化产品和设施，如图书馆、博物馆、纪念馆、青少年宫、文化广场、公园等，是现代社会发展所不可缺少的，也是社会进步与现代文明的标志，其投入建设的成本很大，不可能由消费者来承担这么高的成本。还有一些则是属于民族文化遗产和不可再生的文化资源。对这些公共性的文化产品，无法由企业来提供，必须依靠国家在法律、政策 、资金等方面的扶持，特别是政府给予财政上的补贴，才能使其在市场经济环境中获得生存和发展。这些都是属于公益性文化事业的范畴。由于文化产业和公益性文化事业所提供的不同的文化产品和服务，因此需要区别对待、分类管理。①

目前我国的电视台主要依靠广告来支撑，包括少儿频道和教育电视台也是如此。这种将文化事业也依靠市场进行运作的

---

① 李向民、王晨、成乔明：《文化产业管理概论》，太原：书海出版社、山西人民出版社 2006 年版，第 17 页。

要完完全全地按照市场经济规律办事，就必须完全融入市场竞争的大潮中，学会走市场，学会市场营销，学会企业的管理理念和模式。这对文化行业来说是一种思想解放，是一次经营方式的根本改变。实际上，激烈的市场竞争反而能够激发文化行业从业者的聪明才智，最大限度地发挥潜能，使得市场化环境下的文化行业能够获得更为广泛的生存和发展的空间。

3. 坚持民族文化艺术的传承与保护。

文化是一个民族的精神支柱，是一个国家的软实力，在经济全球化和科学技术国际化的背景下，民族文化正日益成为一个国家综合实力和国际竞争力的决定性因素。文化产业的管理者要把本民族的文化艺术的传承和保护作为管理的重要原则，坚持民族文化的传承与保护，推动中华民族文化与吸收世界优秀文化相结合，走中国特色文化产业发展的道路。

中华文化有着五千年的文明，中华民族创造的文学、艺术、教育、科学以及建筑文化、节庆文化、饮食文化、健身文化等等，为社会的发展和人类的文明进步作出过积极的贡献。文化的力量已深深地熔铸在民族的生命力、创造力和凝聚力之中。在文化产业的发展过程中，我国丰厚的民族历史文化遗产成为重要的资源，得到了积极的利用和开发，并取得了一些成功的经验。举丽江的例子。面对经济全球化的挑战，拥有世界文化遗产、世界自然遗产和世界记忆遗产的丽江强烈地意识到，独特的民族文化资源是丽江极为重要的发展资本。但过度的开发和无限制的利用会使宝贵的资源消耗殆尽。如何破解保护与开发的矛盾，丽江古城区委、区政府和区文化主管部门采取了一系列抢救、保护措施，使区内的许多有形文化遗产和无形文化遗产得到了保护、传承和合理利用，文化艺术事业在继承绚丽多彩的传统文化和保持民族文化特色的基础上得到了巨大发展。随着产业的壮大，丽江已有能力对传统文化的研究、保护与传承进行投入，初步形成了保护、利用、开发的良性循环。2003 年，由于非典的影响，旅游业一度萧条，丽江却办成了两件大事：一是一期投资 5000 万元，实施古城的给排水和污水管网工程；二是古城管理公司出资 200 万元，支付古城房租，请纳西族知名文人、学者、手工业者在古城开馆授艺，形成 26 户纳西文化传播点。还将 77 户带有现代商业气息的商家迁出古城，恢复古城的文化风貌。在黄山小学，35 名四年级纳西小学生在老师的示范下练习东巴乐舞。文化学者郭大烈、黄琳娜夫妇退休后回到故乡，以黄山小学为基地，致力于民族文化的传授和教育。夫妇俩用积蓄和稿酬 35 万元创办东巴文化传习院，他们自编教材，设计教具，从东巴文、东巴舞、东巴画的基础教起，激发孩子们学习民族文化的兴趣。丽江文化保护和传承获得了国际社会的关注和好评。在亚太地区世界遗产年会上，丽江文化与旅游相互促进的经验被中外专家誉为“丽江模式”。①

在文化产业管理中，坚持民族文化艺术的传承和保护应从以下两方面入手：一是政策法规方面。现代化建设和工业化的发展总是伴随着对历史文化资源和民族文化遗产不同程度的损毁，甚至使得民族文化遗产和生态资源濒临流失和灭绝。文化产业管理需要通过相应的法律手段，以及利用政府拨款和民间组织的援助资金，保护本民族的文化资源。通过立项，实施对文化遗产的保护计划，如申请列入世界文化遗产，对流失海外的文物藏品进行回购等。在民族文化保护上，丽江古城不断坚持完善法律体系建设，努力做到有法可依，不断提高公民的文明素质。先后由各级人大、政府制定颁布了《云南省民族民间

---

① “丽江模式”——文化与旅游相互促进的成功经验，http://www.pxxcb.gov.cn/ReadNews.asp?NewsID=1410

限制。[①] 在美国，各类文艺团体以民间形式存在且各自独立，政府鼓励其自主创收，自负盈亏。对文化企业，政府采取市场调节的政策；在文化管理上，主要依靠法律和经济手段进行政策调节。其目的就是为了保护言论自由和产业自由，以市场诉求为导向，让文化服从于市场，为美国的文化产业的发展提供更加方便自由的广阔空间。

文化产业发展的如何，最根本的是要以产业规律来经营文化产业。美国文化产业始终坚持的一个基本原则是：在市场竞争机制下，依靠商业运作，让最好的文化产品流行于市场，为社会认知和接受，继而影响民众。把文化作为一个产业来发展，让文化企业通过市场证明自己存在的价值，是美国一开始就十分明确的文化产业的管理模式。

美国的文化产业深知市场的重要性，他们严格按市场规律办事，通过产品开发、建立全球销售网络、宣传促销和捆绑销售等多种手段和方法，以实现利润最大化。迪斯尼可以说是这方面的行家里手，在全球大规模的广告和促销攻势的配合下，迪斯尼一般分五步提取最大赢利：票房收入是第一轮收入；发行录像带、DVD是第二轮收入；迪斯尼主题公园的推广是第三轮收入；特许经营和品牌专卖是第四轮收入；最后，通过电视媒体获取最后一轮收入。据统计，在迪斯尼的全部收入中，电影发行加上后续的电影和电视收入只占30%，主题公园的收入占20%，其余的50%则全部来自品牌销售。

在传媒方面，美国政府设有联邦通讯委员会，它负责常规的州际、国际通信，主要控制频道资源。但它并不去控制媒介本身的内容，国家对媒介的发展也没有资金方面的支持。在市

---

① 参见杨亚争：《“三元型”文化产业管理模式研究》，北京地质大学2008年硕士学位论文。

场化的模式运作下，美国的大众媒体最早把自己的产品定位为商业产品，大众传媒的特性也在商品运作中得以充分地体现。本世纪初，互联网巨头美国在线与传媒巨人时代华纳宣布合并。合并后的新公司命名为“美国在线时代华纳公司”，成为全球市值最大、集诸多新老媒体服务手段为一体的巨无霸。两家公司的合并，给世界文化产业界带来了巨大的冲击。合并的直接结果是资源的大整合，双方通过合并实现了资源共享并都拓宽了市场。一方面，美国在线得以共享时代华纳公司在电影、电视、杂志等方面的多种著名老字号品牌，包括《时代》杂志、美国有线电视新闻网、华纳兄弟影业公司、网景公司、《体育画报》、《财富》杂志，以及其他知名电视网。另一方面，时代华纳可以借助美国在线的电脑多媒体平台和宽频带网络通讯手段，提供交互式信息娱乐内容，开展网络广告、营销和电子商务。两家共享美国在线的 2000 万网络用户和时代华纳的 1300 万有线电视用户。合并后的美国在线—时代华纳拥有员工 8.2 万人，互联网服务占美国市场的 46%，消费杂志占 39%，电影、唱片等娱乐服务占 23%，三项均居全美国首位。有线网用户占 19%，位列全美第二。新公司的年营业额高达 300 亿美元以上，年收入增长率超过 12%。① 这种强强联合，优势互补，扬长避短，追求双赢所带来的企业发展的巨大潜力，无疑是完全市场化条件下的运作结果。从市场营销学的角度来看，合并的实质是营销渠道的理顺。与此相反，美国惠普等公司近年来一分为二，抓重点，甩包袱，目的完全相同。并也好，分也好，都是由市场的变化和需要所决定的。正是由于美国文化产业高度市场化导向的战略，使美国看似空白的文化

---

① 徐浩然、雷琛烨：《文化产业管理》，北京：社会科学文献出版社 2006 年版，第 75 页。

识产权基本法》相配套的是《知识产权战略大纲》。[①]

在振兴文化产业方面，地方政府功不可没。日本有 47 个都道府县以及众多的市、町、村等各级地方政府，他们充分认识到发展文化产业对于振兴地方经济的重要作用，并根据当地实际，举办各具特色的文化活动。京都、冲绳等地利用当地的文化优势和旅游资源优势，提出了文化立市、旅游立县的战略口号，都获得了良好回报。

每年的 3 月 15 日至 4 月 15 日是日本樱花盛开的时节，因此被定为樱花节。每逢这个时节，看花、赏花的人摩肩接踵，络绎不绝，人们在樱花树下吃菜喝酒，高谈阔论，唱歌跳舞，不亦乐乎。一向以环境宁静著称的日本，在这季节却一片欢腾。樱花作为一种风景，一种象征，甚至一种精神，已成为日本特有的文化。樱花节是日本吸引游客最多的一个月，由于樱花节代表着日本特有的文化，这一节日还延伸到了世界各地，这样的节日盛会也给日本带来了意想不到的经济效益。[②]

在文化产业的投资上日本政府也十分重视。2002 年，日本文化厅的预算达到 985 亿日元。其主要用途是：创设“文化艺术创造计划”，重点支持培养创造歌剧、芭蕾舞、电影等方面的人才和优秀作品，以及支援儿童体验文化艺术等活动。另外就是充分利用现有的传统文化和文化遗产教育培养新一代，改建、扩建国立博物馆、国家剧场、美术馆等文化设施，推进国际文化交流等。

韩国政府基于对文化产业重要性的认识，也十分重视文化

---

① 参见卢娟：日本的文化产业政策及运作，http://www.ccmedu.com/bbs54_10074.html

② 徐浩然、雷琛烨：《文化产业管理》，北京：社会科学文献出版社 2006 年版，第 79 页。

产业的发展。尤其是在遭遇亚洲金融风暴袭击后，重新认识文化产业，并将其作为21世纪发展中国家经济的战略性支柱产业，积极进行培育。1998年正式提出“文化立国”方针，1999年至2001年先后制订《文化产业发展5年计划》、《文化产业前景21》和《文化产业发展推进计划》，明确文化产业发展战略和中长期发展计划，推出一系列重大举措，有力地推动了文化产业的发展。政府改变了以往主要靠重工业支撑国民经济的传统做法，将IT和娱乐产业作为新的经济增长点，并在政策上给予大力支持。韩国政府在资金上舍得投入，国家加大文化产业预算。文化事业的财政预算在2000年首次突破国家总预算的1%，2001年又上调9.1%，进入“1兆亿韩元时代”，2003年达1.1673兆亿韩元。文化产业预算由1998年的168亿韩元增加到2003年的1878亿韩元，占文化事业总预算的比例由3.5%增长到约17.9%。① 政府还设立专项基金扶持相关产业的发展。如文艺振兴基金、文艺产业振兴基金、信息化促进基金、广播发展基金、电影振兴基金、出版基金等。此外，国家在文化产业相关领域基本上都有一套奖励措施。尤其是加大了对影像、游戏、动画、音乐等重点文化产业的奖励力度。“国务总理奖”（大奖）为最高奖项，奖金1000万韩元，“文化观光部长官奖”（优秀奖）奖金500万韩元，“特别奖”奖金300万韩元。文化观光部计划2003年把“大奖”升格为“总统奖”，提升奖励的权威性。与此同时，政府还在经济政策上完善有关文化经济政策。利用税收、信贷等经济杠杆，实行多种优惠政策。如：为重点发展的游戏、动画等风险企业，对进驻文化产业园区的单位提供长期低息贷款，减少甚至免除税

---

① 徐浩然、雷琛烨：《文化产业管理》，北京：社会科学文献出版社2006年版，第82页。

不可能那么单纯，而是在一种管理体制中还会并存着另一种体制的某些特点和做法。我们可以在对各种文化管理模式进行比较和研究的基础上，探寻适合我国国情的文化产业管理模式。西方国家对文化的管理更注重市场调节和法律管理的作用，而不直接对文化进行管理。我国的文化管理模式不能照搬国外的模式，而要结合本国实际，中央集权与地方分权相结合，国家计划与指导和市场调节相结合，充分应用行政、法律、经济等手段，为文化事业和文化产业的健康发展提供良好的社会环境和市场环境。

二、国内的典型模式

1. 首都模式：政府管理，示范经营，多元发展

北京作为我国的政治、经济、文化中心，历史上又是多种文化交汇的地方，历史悠久、文化内涵深厚；现在也是文化人才最集中、文化资源最丰富的地区，其资源、市场和环境的优势十分明显。因此，北京在文化产业的管理上很自然地形成了自己独到的方法。其特点是：政府的管理和导向为主，通过一些政策性强的行业进行示范性经营，文化产业形成多元主体的结构。

北京市委、市政府一直非常重视文化产业的发展，早在1996年就提出了“重新认识文化产业的巨大潜力，迅速壮大北京的文化产业，为首都的文化建设与发展奠定坚实的经济基础”。之后又出台了《北京市人民政府办公厅关于印发文化体制改革试点中支持文化产业发展和经营性文化事业单位转制为企业的两个实施办法的通知》等政策，从市场准入、财政支持、税收优惠、工商管理等方面为文化产业的发展提供了政策支持。北京重点扶持广电影视业，发展娱乐演出业，以带动文化产业向多元化发展。2004年9月，北京歌华文化发展集团、北京电视台、北京人民广播电台整体划转至北京广播影视集

团。这次划转是北京市不断深化文化体制改革，把北京市的广播影视文化及相关产业做大做强的重大举措，实现了资金与人才的优化组合，被称为是有形与无形资产合理整合的典范。[①]在一些行业的示范经营带动下，通过几年的发展，北京的文化产业已形成了文艺演出、新闻出版、广播影视、文化会展、古玩艺术品交易等优势行业为主体的产业结构。同时培育了一批龙头企业，打造了一些著名的文化品牌，如相约北京、北京国际音乐节、北京图书节等。

北京市还积极整合资源，将民营文化企业、中央及部队所属文化企业资源纳入文化服务和管理体系，培育有竞争力的品牌企业和企业集团，把北京建设成全国文艺演出、出版发行和版权贸易、影视节目制作和交易、动漫和网络游戏制作、文化会展和古玩艺术品交易等六大中心。北京奥运会的成功举办，充分体现了北京发展文化产业的优势。一方面，借助这一有史以来最大规模的全球文化交流盛会，把北京的文化品牌推出去；另一方面，"人文奥运"战略六大工程的实施（全民学习与市民文明素质建设工程；奥运组织管理与培训工程；大型主体活动工程；国际化大都市形象景观与古都文化遗产及自然生态保护工程；中外文化艺术交流与文化、出版、广播、电视、音像、网络、多媒体及数字化外宣工程；相关文化创意产业、旅游产业、体育产业的组织、设备、营销、服务体系建构与升级工程）[②]，使北京把文化产业的发展与国际大都市建设联系起来考虑，极大地提升了文化产业在繁荣经济建设和文化建设方面所起的重要作用。

---

① 徐浩然、雷琛烨：《文化产业管理》，北京：社会科学文献出版社 2006 年版，第 45 页。

② 资料来源：中国人民大学奥运研究中心金元浦。

海文化产业的发展模式。

据统计，2007 年上海文化产业从业人员为 62.33 万人，占全市从业人员的 6.9%。全年总产出达到 2718.95 亿元，比上年增长 15.7%。实现增加值 683.25 亿元，按可比价格计算，比上年增长 14.2%；占全市生产总值的比重保持在 5.61%；对上海经济增长的贡献率为 5.6%，拉动全市生产总值增长 0.8 个百分点。数据显示出上海文化产业的总量规模不断扩大，文化产业对全市经济增长的促进作用更趋明显。① 可以预测，随着 2010 年上海世博会的筹备和举办，必将为上海文化产业的发展开拓更广泛的政策、资源、市场等方面的空间，从而促进上海文化产业的总体提升。

3. 深圳模式：文化立市，创新引领，国际视野

作为中国最早面向世界开放的区域，上世纪 80 年代的深圳遍地都是工厂，处处都是来此寻找生活的农民工，文化娱乐匮乏，一度被人称为“文化沙漠”。随着经济的发展和开放程度的加深，越来越多的报纸在此诞生，印刷行业获得了很大的发展，旅游项目也吸引了众多的游客，这构成了深圳最早意义上的文化产业。进入 1990 年代，在一片“下海潮”的冲击下，国内一大批“文化精英”涌向深圳，使深圳成为中国文化产业最具开创性的“试验田”。凭借毗邻港澳以及人才优势和经济优势，深圳文化产业市场的发育成长得天独厚、发展迅猛。2003 年更是在全国率先确立了“文化立市”的城市发展战略，并于 2005 年进一步提出，“要在继续大力发展高新技术、金融和物流等三大支柱产业的同时，努力把文化产业培植成为第四大支柱产业”。市政府明确提出了顺应文化经济时代到来的新趋势，与国际接轨，以创新精神为指导，制定了与“文化立

---

① 东方网 http://news.online.sh.cn

市”战略相配套的扶持文化产业发展的优惠政策，积极整合文化资源和市场要素，抢先发展文化产业。同时，积极推进文化体制改革，大力培育文化市场主体，推动文化产业快速发展，形成了较为完备的产业发展体系。目前，深圳印刷业年产值超过190亿，已经与北京、上海一起成为中国三大印刷基地；深圳报业集团资产总额超过50亿元，是目前中国规模最大的报业集团之一，其4份主报的年广告收入均在亿元以上；以世界之窗、锦绣中华、民俗文化村、欢乐谷等主题公园为代表的文化旅游也吸引着世界各地的游客。近5年来，深圳文化产业增加值以平均每年增长20%以上的速度发展，文化产业现已成为深圳的第四大支柱产业。

在发展国内文化市场的同时，深圳还把眼光投向了海外，主动融入世界文化产业的链条，动漫制作是其中的“杰作”。目前，深圳从事动画制作的企业近200家，个人动漫形象设计室近千家，而且，原创动漫作品越来越多。包括《狮子王》、《人猿泰山》等著名动画片的部分内容都曾在深圳制作。

近年来，深圳从多个方面努力构建文化产业促进体系，为文化产业的发展提供各种支撑力量。先后出台了《深圳市文化发展规划纲要（2005～2010）》、《中共深圳市委深圳市人民政府关于大力促进文化产业发展的决定》、《深圳市知识产权战略纲要（2005～2010）》等政策法规文件，为深圳文化产业的发展提供了政策保证。此外，深圳还成立了市文化产业发展办公室这一市政府直属机构，专门负责推动文化产业的发展；设立了深圳市文化产业发展专项资金，扶持文化产业的发展；至今已连续成功举办六届的中国（深圳）国际文化产业博览交易会是中国唯一国家级、国际化、综合性的文化产业盛会，它的成功创立和举办，不仅为中国文化产业发展搭建起一个高起点、高规格的展示、交易、信息平台，而且使大量资金、项目、观念、信息、技术、人才在深圳汇聚，成为推动深圳文化产业发展的助力器。2008 年底，深圳市又完成了《深圳市文化产业发展规划纲要（2007～2020）》的编制。《规划纲要》首次就深圳市文化产业现状、发展目标、战略思想、重点领域和空间布局作了系统的分析和研究，具有高度的前瞻性和较强的操作性。按照规划，不久的将来深圳将建设成为国内一流、亚洲领先、具有一定国际影响力和辐射力的现代文化产业先锋城市。① 在全球经济一体化的背景下，文化产业在国民经济与社会发展过程中发挥着越来越重要的作用。目前，我国文化产业总体呈现出健康向上、蓬勃发展的良好态势，正在成为推动社会主义文化大发展大繁荣的重要引擎和经济发展新的增长点。但我国文化产业的发展水平还不高、活力还不强，与人民群众日益增长的精神文化需求还不相适应，与日趋完善的社会主义市场经济体制还不相适应，与现代科学技术迅猛发展及广泛应用还不相适应，与我国对外开放不断扩大的新形势还不相适应。② 通过国内外文化产业发展和管理模式的研究，分析文化产业发展存在的问题，探讨文化产业发展的有效管理模式，制定和完善文化产业政策，改革和探索科学合理的文化产业管理方式，具有十分积极的意义。在我国，无论哪一种管理方式，都必须坚持贯彻发展先进文化的要求；坚持把社会效益放在首位，努力实现社会效益和经济效益的统一；坚持走中国特色文化产业发展道路，学习借鉴世界优秀文化，积极推动中华民族文化繁荣发展；遵循文化产业自身的发展规律和贯彻市场化原则；遵循区别对待分类指导原则；坚持以人为本；坚持内外并举，积极开拓国内国际文化市场，增强中华文化在国际上的影

---

① 参见《深圳市文化产业发展规划纲要（2007～2020）》。

② 参见《文化产业振兴规划》，新华网 2009 年 9 月 27 日。

响力，以推动我国的文化产业更好更快地发展。

第四章　公益性文化事业管理

第一节　公益性文化事业概述

公益性文化事业是指由国家或社会兴办，以维护社会公共利益为根本出发点，不以营利为目的，面向全体公民和社会提供公共文化产品和公共文化服务的文化事业及相关载体。[①] 它以人人享有基本的公共文化产品和服务为主要目标，体现着人的全面发展，促进政治、经济、文化的协调一致和社会的进步。公益性文化事业是社会公共事业的重要组成部分，公益文化集中展示了一个国家或地区的文化底蕴和文化积累，是社会进步和现代社会文明的标志。党的十七大报告强调，“要深化文化体制改革，完善扶持公益性文化事业”“坚持把发展公益性文化事业作为保障人民基本文化权益的主要途径”。公益性文化事业建设是推动我国社会主义文化建设大繁荣大发展的主要途径，也是连接社会主义的先进文化、精英文化与大众文化的重要桥梁。在繁荣社会主义文化建设、传播先进文化、实现全面建设小康社会奋斗目标、实现中华民族伟大复兴的历史进程中肩负着重要的使命。国家必须在法律、政策、资金等方面

---

① 郭珉媛：《论公益性文化事业的部门发展战略构想》，《前沿》2008 年第 11 期。

给予支持，特别是政府给予财政上的补贴，以保证公益性文化事业在市场经济环境下获得生存和发展。①

一、公益性文化事业的范围

公益性文化事业的职能决定了其覆盖的范围是十分广泛的。中共中央、国务院颁发的《关于深化文化体制改革的若干意见》对公益性文化事业涵盖的主要内容进行了明确划分：凡国家兴办的图书馆、博物馆、文化馆（站）、科技馆、群众艺术馆、美术馆等为群众提供公共文化服务的单位，为公益性文化事业单位。党报、党刊、电台、电视台、通讯社、重点新闻网站和时政类报刊，少数承担政治性、公益性出版任务的出版单位，重要社会科学研究机构，体现民族特色和国家水准的艺术院团，实行事业体制，由国家重点扶持。这一划分涵盖了公益性文化事业部门中的绝大部分组织。从文化活动的类型来看，文化事业中"不以盈利为目的"的公共文化领域的那部分，就属于公益性文化事业的范畴，是人民应享有的权利；"以盈利为目的"的那部分实际上就是文化产业。在《文化产业管理概论》一书中是这样对公益性文化事业进行界定的："关系到社会大众的福利或者国家安全的公共文化产品或设施，其投入建设成本很大，但是又不能让消费者承担过高的成本，还有民族文化遗存或者不可再生的文化资源。对于这些公共性的文化产品，无法由企业来提供，需要由政府提供，这些是属于公益性文化事业的范畴。"② 从这个表述上我们不难看出其实这些都应从属于公共文化服务这一大领域之内的，因为这些

---

① 孙萍：《文化管理学》，北京：中国人民大学出版社 2006 年版，第 151 页。

② 李向民、王晨、成乔明：《文化产业管理概论》，太原：书海出版社、山西人民出版社 2006 年版，第 17 页。

都是不以盈利为目的，是需要国家投资的。

具体来讲，公益性文化事业的范围包括以下五个方面：一是传播和弘扬社会主义意识形态和价值观所需要的文化产品和服务，如反映新民主主义革命斗争历史和社会主义建设各个历史时期成就的纪念馆、展览馆、陈列室、爱国主义教育基地等；二是福利性文化事业，如公共图书馆、博物馆、艺术馆、科技馆、美术馆、青少年宫、文化广场、公园等提供的文化产品和服务；三是丰富和满足人民群众基本文化娱乐需求的大众文化、群众文化活动等；四是专业性强、艺术水准高、缺乏市场竞争力的文化产品和服务，如音乐、美术、文艺理论、各类表演艺术等高层次高品位的高雅文化和精英文化；五是予以保护的优秀传统文化及遗产、地方特色文化、民间艺术等，如国家对昆曲艺术这一非物质文化遗产实施的抢救、保护和扶持工程。①

前三个方面是公益性文化事业建设的重要内容，其社会需求大、普及范围广，通过向公众提供优质的精神文化产品和服务，维护和传播国家意识形态，承担着传播知识、宣传教育、示范指导，提高全民族思想道德素质和科学文化素质的重任。后两个方面尽管“曲高和寡”，受众面较小，也不具备前三种类型的文化事业所具有的社会调节功能，但它却具有引导和提升公民文明素质、传承优秀民族传统文化的不可替代的功能，也代表了一个国家或地区的文化底蕴和文化积累以及文化艺术的水平，能使人们获得较高的审美享受。因此，它是展示人类

① 闫平：《文化产品和服务的公共性与公益性文化事业建设》，《山东社会科学》2008 年第 12 期。

文明建设成就、传承文化、促进和谐社会建设所不容忽视的力量。①

二、公益性文化事业的特性

从我国文化事业建设和管理情况看，公益性文化事业具有四个主要特性：

1．公益性。公益即公共的利益，也就是全体公民的利益，公共利益需要政府予以满足。② 由于公益性文化事业所肩负的社会功能决定了公益性文化事业提供的文化产品和服务属于公共物品或准公共物品，因此，公共性和准公共性是公益性文化事业的本质属性。这种公益性体现在它所提供的产品为社会所共有、共享和公用。

例如，世界上几乎所有国家的图书馆都是为广大公众开放和使用的。《联合国教科文组织公共图书馆宣言》写到："公共图书馆是人类各种思想和各种观念的记录最集中的地方，也是有史以来收集人类的各种发明创造的记录最重要的机构，同时，它也使人类的成就让每个人都能得到自由地利用的地方。"该宣言还强调指出："为了实现这些目标，公共图书馆必须尽一切努力接待读者。无论本区社各种人的肤色、种族、年龄、性别、宗教信仰、语言以及教育程度的不同，图书馆的大门必须自由地、平等地为本地区的任何成员开放。"美国华盛顿国会图书馆，尽管冠以威严的"国会"二字，但它对任何达到中学年龄而不愿在大街上闲逛的人都敞开大门。③ 宣言还明确规

---

① 孙萍：《文化管理学》，北京：中国人民大学出版社 2006 年版，第 152 页。

② 闫平：《文化产品和服务的公共性与公益性文化事业建设》，《山东社会科学》2008 年第 12 期。

③ 孙萍：《文化管理学》，北京：中国人民大学出版社 2006 年版，第 153 页。

定："图书馆必须以法律的名义建立，以便能保证在全国范围内提供图书馆的服务。"为了能保证这种服务，它甚至要求图书馆的馆址要选择在本地区的中心地带，"以便能为四面八方的不同类型的读者（尤其是伤残读者）提供方便"。馆舍及其设施最主要的一点必须能特别吸引人，既能方便读者，又能让读者直接地、自由地利用。它还规定："公共图书馆必须从各方面表现出它的积极性和主动性，并显示出它为当地公民服务的价值，并鼓励普通百姓使用图书馆。"我国有关文化馆的规范文件对文化馆的公用性作了这样的规定："文化馆必须坚持公益性质和社会化的服务方向，坚持普及与提高相结合的方针，发展群众文化事业，为社会主义物质文明和精神文明建设服务。"

其他公益性文化场所也是为社会所共享的。如各国的博物馆、纪念馆、美术馆，公民或者花很少的钱买张票，或者持有效证件（不少国家不收门票）即可进去参观学习。澳大利亚博物馆等公共文化服务单位的门槛很低，不仅票价便宜，而且有鼓励全家或学校组织参观的种种优惠措施，甚至免票参观。澳大利亚联邦议会和州议会的一系列法律，明确了政府及社会对于发展文化艺术的责任和义务，并以法律形式确认公共文化艺术机构的法律地位和运作程序。世界各国的公园，也大都免费向公众开放。至于博物馆也是如此。国际博物馆协会制定的《博物馆规范条例》（草案）在谈到博物馆的性质和宗旨时明确指出：博物馆是非营利性的，要为社会和社会发展服务。博物馆要以发挥教育和社会作用为宗旨，必须是开放机构，使之成为社会教育的来源之一。

政府从事公益性文化事业的主旨决定了公益性文化事业要面向社会，面向公众，全心全意做好各项服务工作，使广大公民能够平等地、充分地利用这些公益性文化场所，从中汲取知识，获得教育，受到美的熏陶，享受健康娱乐。随着社会主义市场经济发展进程的加快，公益性文化事业将以更加开放的姿态，承担更多的宣扬爱国主义、科技普及、卫生健康等社会教育功能，加强基层文化设施建设，促进群众性文化活动进一步发展，以及加强民族民间传统文化保护等责任和职能。加快发展公益性文化事业，是实现社会和谐的重要手段，它有利于调节文化资源市场化造成的分配不公状况，保障社会成员间具有公平的发展机会，实现社会公平。

2. 非营利性。公益性文化事业主要由政府投资兴建，它所提供的公共文化产品和服务不以营利为目的，追求的是全体公民共建共享文化成果的社会效益。就其产品和服务而言，由于它的自身价值同市场价格往往有很大的差距，因此不能通过市场交易来实现它应有的价值。许多高雅艺术、学术著作和传统民族文化，以及科普、儿童读物等文化产品，担负着科学文化知识的传承和社会主流价值、意识形态的传播，其产品和服务的价值主要体现为它的社会效益而不是经济效益，因此非营利性是它的主要特征。①

非营利性要求政府或非营利组织具有服务社会大众的公益使命，并以注重社会公共利益为首要目标，以实现社会效益最大化为最终目的。当然，某些公共文化产品和服务也会以不同形式进入市场。如 20 世纪 80 年代初，美国芝加哥科学及工业博物馆开风气之先，率先成立了博物馆营销部门，大力推广纪念品、展览和教育活动的营销策略，使该博物馆的观众人数迅速大增，赢得了社会公众的关注与支持，获得了积极的良性互动使博物馆更好地服务社会。再如公益性文化演出的门票、企

---

① 孙萍：《文化管理学》，北京：中国人民大学出版社 2006 年版，第 154 页。

业赞助、广告等收入，由于公益性文化演出是为了传播社会主流价值观念，市场收入仅为附带和从属的效应，因此，从本质上说，它们同样具有非营利性。

3. 教化娱乐性。公益性文化事业具有明显的社会共享性和极强的外部效应，它肩负着传承和发扬民族文化、对公民实施审美教育、社会教育，提供知识传播、健康休闲娱乐等社会功能。在我国，公益性文化事业作为文化建设的重要阵地，承担着为建设富强、民主、文明、和谐的社会主义国家提供强大精神动力和智力支持的重大责任。以积极开展健康文明的文化活动为己任的公益性文化事业，其基本职能就是通过社会主义核心价值体系建设以及和谐文化建设，传播先进文化，倡导科学理念，振奋民族精神，塑造民族品格，培育公民意识，引导广大人民群众以健康的心态、文明的行为，融入全面建设小康社会的奋斗过程中。①

实际上，公益性文化事业的社会功能已经决定了它具有明显的教育和娱乐的特性，并突出体现在它的内容上。各种文化设施所提供的产品和服务，其所承载的内容无不传达着一定的思想意识和价值观念，并通过人们喜闻乐见的形式，潜移默化地影响人的情感、塑造人的灵魂。在此过程中，公益文化不仅是完成教化的载体，而且也是成就愉悦的本体。爱国主义教育基地、革命历史博物馆、英雄模范事迹图片展、科技成果展、现代化建设成就展，以及遍及城乡的异彩纷呈的社区文化、乡镇文化、企业文化、校园文化、休闲文化等，在丰富人们的精神生活、充实人们的科学文化知识、满足人们消遣怡情、休闲享乐的文化要求的同时，也帮助人们树立正确的世界观、人生

---

① 闫平：《文化产品和服务的公共性与公益性文化事业建设》，《山东社会科学》2008 年第 12 期。

观和价值观。公益性文化这种教育和娱乐双重并行的活动模式，具有寓教于乐的独特社会效应，是其他社会活动所无法替代的。①

4. 引导性。公益性文化事业的主要职责是生产和传播大众文化，并提供相关的文化产品和服务，它在本质上属于上层建筑，很大程度上代表着国家的意志，并且在引导和提高社会公民文明素质、凝聚和提升民族精神方面具有不可替代的功能。在经济基础发展到一定时期，作为上层建筑的文化更凸显其重要作用，这种作用主要体现在它的导向性上。公益性文化事业注重的是目标导向和长远利益，而不是短期效益和眼前利益。新时期新阶段开展公益性文化建设，一方面可以凝聚核心价值、加强文化认同、促进社会和谐，让文化成为民族凝聚力和创造力的重要源泉，成为经济基础进一步可持续发展的智力保证和思想资源。另一方面可以塑造文化形象，提升国家软实力和综合国力，推动民族文化复兴。经济的发展，社会的开放，使人们精神生活的独立性、选择性、多变性、差异性明显增强，一个十几亿人口的大国要完成全面建设小康社会的宏伟目标，凝聚力和向心力就显得十分重要。随着我国经济建设的飞速发展与和谐社会建设的不断深入，必然要兴起社会主义文化建设的新高潮。党的十七大提出的要推动文化大发展大繁荣，就是要深刻认识到文化建设特别是公益性文化建设，在实现全面小康社会战略目标中的重要地位和引导作用。另外，面对文化产业发展和文化市场多元化的态势，公益性文化事业还具有引领文化市场发展方向和培育长远文化消费需求的功能，为文化产业沿着正确轨道发展奠定坚实的基础。公益性文化事

---

① 闫平：《文化产品和服务的公共性与公益性文化事业建设》，《山东社会科学》2008 年第 12 期。

业的社会共享性和受益面的广泛性，也使得公益性文化事业最大程度地发挥引导功能成为一种可能。在新时期文化建设中，公益性文化事业应立足长远目标和国家利益，紧密围绕中国特色社会主义建设与和谐社会发展总体目标，大力倡导健康向上的文化消费倾向，正确引导和规范文化发展的方向、形态和水平。

三、发展公益性文化事业的意义

公益性文化事业是中国特色社会主义文化建设的一个重要组成部分，也是社会主义先进文化的一种重要实现形式，它在繁荣社会主义文化建设、传播先进文化、实现全面建设小康社会奋斗目标、实现中华民族伟大复兴的历史进程中肩负着重要的使命，在国家文化发展全局中占有重要位置。公益性文化事业繁荣与否，还标志着一个国家和地区的文明程度和人民的生活水平的高低，也是一个国家综合国力的象征和面向世界的形象窗口。因此，繁荣和发展公益性文化事业具有重要的意义。

1. 公益性文化事业建设是开创中国特色社会主义建设新局面和增强综合国力的需要。

社会主义社会是全面发展、全面进步的社会。经济建设、政治建设、文化建设、社会建设，构成了中国特色社会主义事业的总体布局。社会主义现代化不仅要有繁荣的经济，也要有繁荣的文化。文化是人类在认识世界和改造世界的实践中创造的精神成果，是一定社会政治经济在观念形态上的反应。文化的力量深深地熔铸在民族的凝聚力和创造力之中，成为国家的根、民族的魂。正是由于文化的特殊属性，决定了全面实施党和国家发展战略，开创中国特色社会主义建设新局面，必须加强文化建设。公益性文化事业作为社会主义文化建设的重要组成部分，在传播社会主义先进文化、提高公民科学文化素质、建设中华民族共有的精神家园、凝聚民族精神和创造力等方面具有不可替代的作用。因此，繁荣和发展公益性文化事业对于社会主义事业的兴旺发达和民族振兴，对于中国特色社会主义政治、经济、文化的协调发展，有着十分重要而积极的意义。

文化是综合国力的重要标志和重要组成部分，也是增强综合国力的重要力量。随着知识价值、文化因素在经济和社会发展中的意义日益凸现，文化作为综合国力的重要标志和重要组成部分的作用也将日渐增强。经济基础发展到一定程度后，作为上层建筑的文化必然凸显出其文化生产力的重要作用，文化愈发成为民族凝聚力和创造力的重要源泉，成为综合国力竞争的重要因素，对经济、政治和社会生活各方面具有巨大的作用力、影响力和辐射力，它不仅显示综合国力，构成综合国力，而且促进综合国力的增强，成为国家软实力的重要体现。中国是发展中国家，改革开放以来经济持续高速增长，成就举世瞩目。但由于原来的底子薄，与发达国家相比总体上仍处于弱势。当今世界激烈的综合国力的竞争，也包括文化方面的竞争，我国不但在经济发展上面临严峻挑战，在文化上也面临严峻挑战。世界多极化、经济全球化的深入发展，引起世界各种思想文化的相互激荡，有融合与渗透，也有斗争和抵御。以商业、娱乐和消费为主要形式的大众文化的兴起与流行，是当前文化传播的重要特征，如肯德基、麦当劳、米老鼠、唐老鸭、可口可乐、芭比娃娃，其文化符号的意义要远远大于快餐符号和玩具符号的意义。以标准化、大批量、可复制为特点的商业文化对文化传播和文化建设的影响，决不能低估。面对开放环境下外来文化的影响和侵蚀，我们要保持和发展本民族文化的优良传统，大力弘扬民族精神，积极吸取世界其他民族的优秀文化成果，实现文化的与时俱进。这是关系到国家前途和命运的重大问题。弘扬民族优秀传统文化，凝聚和提升民族精神、传承中华文化血脉是公益性文化事业建设的一项重要任务。新时期的公益性文化事业要适应新的时代要求，不断丰富中华民族伟大的民族精神，大力传播社会主义先进文化，为建设中华民族共有精神家园，抵御外来腐朽文化的“入侵”，保障国家文化安全，提升综合国力发挥积极而重要的作用。

2. 发展公益性文化事业是保障人民基本文化权益，调节社会分配和实现社会公平的的主要途径和重要手段。

人人享有公共文化服务，不仅是国家公共建设的主要任务，也是公民的基本权利。丰富健康的文化生活是衡量人们生活质量的重要标志。公益性文化具有的文化设施覆盖面广、高雅文化产品水准高、群众性文化普及程度大等特点，决定了它在一个社会文化领域中的特殊地位。党的十七大报告明确指出：“坚持把发展公益性文化事业作为保障人民基本文化权益的主要途径，加大投入力度，加强社区和乡村文化设施建设。”① 中央既强调发展公益性文化事业的必要性，又明确了发展公益性文化事业的目的是让广大人民群众享受公益性文化事业发展所带来的新成果，切实保障人民基本文化权益，充分表明了党和国家对文化建设的高度重视。公益性文化事业是生产和传播大众文化的活动，它是由一定的文化机构和组织来承担，如纪念馆、博物馆、文化馆、美术馆、展览馆、书画院、图书馆、科技馆、艺术中心等单位，它的主要特点就是公益性，就是让文化成果为公众服务，使公众受益。其形式为广大人民群众所喜闻乐见，并且不带有任何营利性质，是人民群众普遍接受和认可的文化活动。它能够保证最大限度覆盖群众生活，服务基层、服务社会，贴近百姓、贴近现实。社会的发

---

① 胡锦涛：《高举中国特色社会主义伟大旗帜为夺取全面建设小康社会新胜利而奋斗——在中国共产党第十七次全国代表大会上的报告》，北京：人民出版社 2007 年版。

展，经济的繁荣，使广大人民群众的精神文化需求日趋旺盛，也对发展社会主义先进文化和大众文化提出了更高和更丰富的要求。目前，我国经济社会已进入到一个新的发展阶段。2003年我国人均GDP超过了1000美元，2006年又突破了1600美元。这被普遍认为是一个重大的转折点。超越了1000美元尤其是1500美元之后，广大人民群众总体的生活水平和消费结构都会出现重大的变化。新型的文化消费观念逐渐兴起，国内文化消费需求空间巨大。2006年，我国城镇居民恩格尔系数为35.8%，农村为43%，人们的需求结构已经发生变化，特别是对精神文化有了更高的需求。据估计，目前我国的文化消费量存在3000亿元到4000亿元的结构性缺口，尤其是广大农村差距更大。不少农村文化的供给数量少，质量差，远远不能满足农民的需要，“看书难、看戏难、看电影难”的现象普遍存在。[①] 这些情况说明，加强社会主义文化建设的任务极其繁重艰巨。因此，为了更好地满足人民群众的精神文化需求，坚持以人为本的方针，使人民基本文化权益得到保障，促进人的全面发展和社会全面进步，必须大力发展公益性文化事业。

在一个国家或一个社会中，分配制度是否合理、公平，直接关系到社会的和谐与稳定。但任何一个国家，包括实行按劳分配的社会主义国家，由于职务、职业和社会地位的不同，其社会分配是不可能完全公平的，人们在享受社会财富时也不可能是完全平等的。[②] 加快发展公益性文化事业是保障人民文化权益的基本方式。在我国，由于发展的不平衡，不同地区、不

---

① 江波：《深刻认识加强社会主义文化建设的重要性》，《学术理论与探索》2007年第8期。

② 孙萍：《文化管理学》，北京：中国人民大学出版社2006年版，第155页。

同社会阶层间人们享有的文化资源存在差异，造成了事实上的人民文化权利不平等。加快公益性文化事业的发展，有利于保障不发达地区人民和处于较低社会阶层的人民享有最基本的文化教育、信息获取、休闲娱乐等精神文化生活需要，有利于维护人民群众的基本文化权利，实现人的全面发展。加快发展公益性文化事业，是实现社会和谐的重要手段。公益性文化事业的公共性特征，使人人都可以平等享受、共同拥有。因此，国家发展公益性文化事业，可以从一个侧面调节社会分配并体现社会公平，以保障社会成员间具有公平的发展机会和前提。

3. 发展公益性文化事业是全面建设小康社会和现代文明社会的需要。

全面建设小康社会是党的十六大提出的奋斗目标，即要在本世纪头二十年，集中力量，全面建设惠及十几亿人口的更高水平的小康社会，使经济更加发展、民主更加健全、科教更加进步、文化更加繁荣、社会更加和谐，人民生活更加殷实。要实现这个目标，不仅要发展经济，完善民主法制，而且要使全民族的思想道德素质和科学文化素质明显提高，形成全民学习、终身学习的学习型社会，推动整个社会走上生产发展、生活富裕、生态良好的文明发展道路。所有这些，都离不开中国特色社会主义文化建设，离不开公益性文化事业的繁荣与发展。

在现代社会中，人们越来越认识到文化的作用，并随着经济社会的发展，文化的内涵越来越丰富。从历史的发展来看，如果说 20 世纪上半叶的主流是军事竞赛，20 世纪下半叶的主流是经济竞争，那么，21 世纪的主流可能是文化的竞赛。文化的碰撞、交流、融合对人类的作用，可能超越军事、政治、经济、意识形态乃至民族与国家。全面建设小康社会的一个重要内涵就是：仅仅发展经济、让人民生活更加富裕是不够的，更重要的是提高人们的思想风貌、精神境界、道德情操、认识水平、智慧程度和创新能力，因为这才是一个民族真正的灵魂与脊梁，是一个国家的文明程度和竞争力的象征。而这些都是文化及其作用所形成的，都是文化的塑造和赐予。文化的力量，已深深熔铸在民族的生命力、创造力和凝聚力中。我们应当以全球化为背景和参照，在全面建设小康社会的伟大实践中，大力加强公益性文化事业建设，建立覆盖城乡的公共文化服务体系，让更多的图书馆、博物馆、文化馆、青少年宫等公益文化设施走进广大城市、社区和农村，为人民群众提供丰富多采的教育、知识、审美熏陶和健康的休闲娱乐服务，让人民群众在文化活动中自然而然的接受历史文化、自然知识、爱国主义及优秀民族传统教育，从而达到提高全民族整体素质的目的。

今天，改革开放 30 年的中国正在向现代文明社会迈进。在这一进程中，需要建立起现代中华文明，也就是要将现代人类文明与中华优秀传统结合起来，使中华民族既有全球意识又有寻根意识，使社会既稳定和谐又进步发展，既崇尚科学、法治的权威，又充分尊重民主、人权，保障人的尊严与幸福。一个国家公益性文化事业的发达与否，足以证明一个民族文化底蕴的深邃和文化积累的丰厚，也是建立现代文明的重要支撑。

由于发展和繁荣公益性文化事业具有多方面的重要意义，因此世界上无论是发达国家还是发展中国家，都比较重视公益性文化事业的建设。美国虽是只有二百多年历史的国家，但却拥有 5000 多座博物馆，特别是 1960 年至 1970 年的 10 年间，共建设了 1132 座博物馆，平均每三天半就建成一座博物馆。在俄罗斯，具有 860 万人口的莫斯科市现有 418 座图书馆、78 座博物馆和纪念馆。匈牙利是个只有 9.2 万平方千米国土、1000 万人口的国家，它却有“三多”：一是图书馆多，二是博物馆多，三是书店多。其中博物馆就有 594 座，处处显示着这是“一个读书的民族，一个思考的民族”。[①] 世界上许多知名度高的国际大都市，其博物馆、图书馆、美术馆、科技馆、艺术中心、歌剧院等文化设施建设都极具特色，且举世闻名。如巴黎从 1972 年起用 5 年时间兴建了蓬皮杜艺术与文化中心，该中心建筑面积 10 万平方米，投资近 2 亿美元，是世界上最大、最现代化的艺术馆。悉尼、纽约、洛杉矶、伦敦、波士顿等世界著名的大都市，也都拥有自己各具特色的公益性文化事业设施。这些文化设施不仅大大促进了当地公益性文化事业的繁荣兴旺，而且对树立其国际化大都市形象和提升国际知名度起了至关重要的作用。[②]

中国政府历来十分重视公益性文化事业建设，特别是改革开放以来，我国的公益性文化事业有了长足发展，国家公共文化投入实现了重大突破。中央财政投入规模从 1978 年的 4.44 亿元猛增至 2006 年的 158.03 亿元。基本文化队伍和基本文化设施规模不断得到扩大，构建覆盖城乡的公共文化服务体系的必要条件已经具备。1978 年，全国共有博物馆 349 座，群众艺术馆 92 家，文化站 172 个。目前，全国有公共图书馆 2279 座，文化馆 2727 个，文化站 40608 个，博物馆 1722 个。另有高等学校图书馆 1080 座，科研系统中型以上图书馆 8000 多座，加上中小学图书馆、工会图书馆等，已基本构成一个类型比较齐全、覆盖面比较广的图书馆网。博物馆门类齐全，内容丰富多采、博大精深。我国的艺术馆、文化馆是在 1950 年代

---

① 孙萍：《文化管理学》，北京：中国人民大学出版社 2006 年版，第 156 页。

② 李康化、许中平：《论公益性文化事业的发展战略》，《思想战线》2008 年第 1 期。

开始兴建的，现在全国各省、市、自治区及其所辖市、地已普遍建立了艺术馆，全国 90％以上的县、区建立了文化馆。此外，在全国大中城市及城镇建设的一批工人文化宫、工人俱乐部、青少年宫和妇女儿童活动中心等，在对广大职工、妇女、青年、少年、儿童进行爱国主义教育、普及科学文化和技术知识、活跃和丰富文化娱乐生活方面，起到了积极作用。2006 年 9 月，《国家“十一五”时期文化发展规划纲要》制定并实施，从政策层面确保了文化与经济、政治、社会的协调发展，奠定了公益性文化事业发展的基石。以农村为例，农村广播电视村村通、社区和乡镇综合文化站（室）、全国文化信息资源共享等工程建设节奏加快，农村电影放映、“农家书屋”、“万村书库”等工程实施得到政策支持、资金保障。据统计，2006 年，我国中央财政用于农村文化服务体系建设包括全国文化信息资源共享工程、非物质文化遗产保护工程、送书下乡工程和流动舞台车工程等的资金就达到 2.58 亿元，比上一年增长了 72.7％。与资金支持相对应，文化下乡和基层文化建设成果明显。2006 年，农村专业演出团体达到 6800 个，新建 1800 个县级图书馆、文化馆，为农民演出 140 万场，全国农村电影放映 400 万场，观众达到 14 亿人次，规模和覆盖面均创下历年之最。

事实表明，一切文明的国家和地区都十分重视公益性文化事业建设，而公益性文化事业对一个国家和地区的文明又起到积极有效的培育和铸造的作用。只要我们坚定不移地走改革开放的道路，解放思想、实事求是、与时俱进，创新工作思路，立足于满足广大人民群众的基本文化权益，充分发挥人民在文化建设中的主体作用，那么，新时期的我国公益性文化事业就一定能够取得长足的发展，并迎来前所未有的繁荣与兴旺。

第二节 公益性文化事业管理的内容[①]

根据公益性文化事业管理的范围，以及《国家十一五时期文化发展规划纲要》，可将公益性文化事业管理的内容大致划分如下：

（一）文学艺术事业管理

繁荣发展文学艺术。立足全面建设小康社会的伟大实践，聚焦人民群众创造新生活的精神风貌，充分发掘和利用民族文化的深厚资源，借鉴世界文明的优秀成果，大力推进文化创新，努力创作具有中国特色、中国风格、中国气派、深受群众喜爱的优秀文学艺术作品。繁荣发展文学艺术，实施文化精品战略，扶持原创性作品，继续支持舞台艺术精品创作。着力打造一批代表国家形象、具有民族特色的文学、戏剧、音乐、美术、书法、摄影、舞蹈、杂技、广播、影视、动漫等文化艺术精品，培育一批体现国家文化水准、具有相当国际影响力的文化名人和名品。重点扶持中国艺术节、中国京剧节和北京国际美术双年展等知名品牌文化活动。实施中国少儿歌曲创作推广计划，推出一批优秀少儿歌曲。加强对群众文化需求和文化市场消费的调查研究，适应现代受众的审美需求和愉悦方式，在内容上进行独特的、富有创意的开掘和提炼，开发深受群众喜爱、市场占有率高的文化产品，满足不同群体、不同地域的文化需求。

“十一五”时期国家计划实施的文化精品工程如下：

---

① 参见《国家十一五时期文化发展规划纲要》，新华网 2006 年 9 月 13 日。

精神文明建设“五个一”工程——重点推出100部弘扬主旋律、体现多样化的优秀电影、电视剧、广播剧、戏剧、歌曲和文艺类图书。

“创新学术”工程——重点资助出版400部优秀的哲学社会科学、自然科学领域原创性学术著作。

重点文学作品扶持工程——重点扶持和推出100部反映中国革命和现代化建设事业以及当代现实生活的优秀长篇小说、报告文学、长诗等。

重大革命和历史题材影视创作工程及广播影视精品工程——重点扶持重大革命和历史题材、现实题材、农村题材、青少年和少数民族题材的广播影视创作，推出一批有重要影响的电影、电视剧和广播剧。

（二）公共文化事业管理

1. 完善公共文化服务网络。

积极推进政府职能转变，实行政企分开、政事分开、政资分开和管办分离，切实把政府的职能由主要办文化转到社会管理和公共服务上来。要从现阶段经济社会发展水平出发，以实现和保障公民基本文化权益、满足广大人民群众基本文化需求为目标，坚持公共服务普遍均等原则，兼顾城乡之间、地区之间的协调发展，统筹规划，合理安排，形成实用、便捷、高效的公共文化服务网络。

（1）完善公共文化设施网络布局。以大型公共文化设施为骨干，以社区和乡镇基层文化设施为基础，优先安排关系人民群众切身文化利益的设施建设，加强图书馆、博物馆、文化馆、美术馆、电台、电视台、广播电视发射转播台（站）、互联网公共信息服务点等公共文化基础设施建设。

——建设一批代表国家文化形象的重点文化设施，大力推进文化信息资源共享工程等重大文化工程建设，加大对重要社科研究机构、体现民族特色和国家水准的艺术院团、承担政治性和公益性出版任务的出版单位的扶持力度。

——完善大中城市公共文化设施，加强图书馆、博物馆和文化馆（中心）建设。

——在巩固县县有图书馆、文化馆的基础上，基本实现乡镇有综合文化站，行政村有文化活动室。

——加强各级广播电视无线发射转播台（站）的维护，更新设备，保障正常运行。

——在中西部及其他地广人稀的地区配备流动文化服务车，建设流动服务网络。

	十一五期间国家重大文化设施、重要文化工程项目和重点扶持的社科机构、艺术表演团体、出版单位
重大文化设施建设	国家大剧院工程、国家博物馆改扩建工程、国家图书馆二期暨国家数字图书馆建设工程、中国美术馆二期改扩建工程、国家话剧院建设工程、中央电视台新址建设工程和地方重要文化设施建设。
重要文化工程项目建设	文化信息资源共享工程——以农村为重点，建设电子图书、舞台艺术、知识讲座和影视节目等数字资源库，基本完成全国市、县和乡镇分中心建设，推进文化资源数字化，促进文化信息资源共享。 广播影视数字化工程——全面推进广播电视由模拟向数字化转换，积极发展多种形式的新兴传播载体，加快电影制作、发行、存储和放映的数字化。 国家重大出版工程——出版《马克思恩格斯全集（第二版）》、《马克思恩格斯文集》、《列宁文集》、《中华大典》、《中华古籍全书》、《中国大百科全书》、《大辞海》、《域外汉籍珍本文库》等重点图书、音像、电子、网络出版物。

	国家重大历史题材美术创作工程和二十世纪美术作品收藏工程——完成100幅（件）表现中国近现代重大历史事件和重要历史人物的大型绘画和雕塑作品，收藏二十世纪具有代表性的重要美术家、具有重要历史意义和学术价值的美术作品以及革命美术作品和相关史料。
	新疆、西藏、内蒙古少数民族语言文字出版工程——支持少数民族语言文字的各种出版物的出版、印刷、复制和发行。
重点扶持的社科机构	中国社会科学院、中央编译局。
重点扶持的艺术表演团体	中国京剧院、国家话剧院、中国歌剧舞剧院、中国东方歌舞团、中国交响乐团、中国儿童艺术剧院、中央歌剧院、中央芭蕾舞团、中央民族乐团、中国广播艺术团、中国爱乐乐团，以及体现民族特色和国家水准的地方艺术表演团体。
重点扶持的出版单位	人民出版社、盲文和少数民族语言文字出版单位。

（2）创新公共文化服务方式。适应人民群众多方面、多层次、多样化的文化需求，拓宽服务领域，创新服务方式，提高服务质量。

——建立健全公共文化设施服务公示制度，公开服务时间、内容和程序，在窗口接待、场所引导、资料提供以及内容讲解等方面，创造良好的服务环境，增强吸引力。

——完善国有博物馆、美术馆等公共文化设施对未成年人等免费或者优惠开放制度，有条件的爱国主义教育基地的公共文化设施可向社会免费开放。

——实行定点服务与流动服务相结合，鼓励具备条件的城市图书馆采用通借通还等现代服务方式，推动公共文化服务向社区和农村延伸。

——采用政府购买、补贴等方式，向基层、低收入和特殊群体提供免费文化服务。

——促进数字和网络技术在公共文化服务领域的应用，建设数字广播电视信息平台、数字电影放映网络系统、网上图书馆、网上博物馆、网上剧场和群众文化活动远程指导网络。

——支持民办公益性文化机构的发展，鼓励民间开办博物馆、图书馆等，积极引导社会力量提供公共文化服务。

（3）健全公共文化服务组织体制和运行机制。各级政府要发挥主导作用，加强对公共文化机构的指导、监督，并从资金、设施、场地、机构、人员等方面，保障公共文化设施正常运转和功能的充分发挥。公共文化机构要完善功能定位，明确服务目标、任务和责任，建立考核、激励和约束机制，提高使用效益。鼓励和引导社会资金兴办国家允许的各类公共文化设施，开展公共文化服务。编制图书馆、博物馆、文化馆（站）等公共文化设施建设的国家标准，修订电台、电视台和广播电视发射转播台建设标准。完成公共文化服务质量标准体系的制定，建立健全公共文化机构评估系统和绩效考评机制。形成政府主办、社会参与、功能互补、运转协调的公共文化服务组织体制和责任明确、行为规范、富有效率的运行机制。

（4）切实维护低收入和特殊群体的基本文化权益。采取政府采购、补贴等措施，开辟服务渠道，丰富服务内容，保障和实现城市低收入居民、残疾人、老年人和农民工等群体的基本文化生活需求。国有博物馆、美术馆等公共文化设施免费或优惠向残疾人、老年人等群体开放。国有艺术院团、影剧院每年安排一定场次主要面向低收入居民的低价演出或放映。中央和省级电视台开办添加手语的节目或栏目。积极开展为农民工送书、送戏、送电影活动。有线电视数字化整体转换后，保留一定数量的模拟频道，完整转播中央、省和当地的主要节目，对低收入家庭给予优惠的资费政策，保证他们的基本收视需求。

2. 加强农村文化建设。

认真落实《中共中央、国务院关于推进社会主义新农村建设的若干意见》和《中共中央办公厅、国务院办公厅关于进一步加强农村文化建设的意见》，增加政府投入，调整资源配置，着力推进农村文化建设重点工程，加大文化资源向农村的倾斜，建立农村文化建设的长效机制。

(1) 推进农村文化设施和重点工程建设。加快欠发达地区综合文化站的改扩建和农村危旧公共文化设施的改造，实施农村文化重点工程建设，改善、提升农村公共文化基础设施条件和服务水准，逐步改变城乡之间文化发展不平衡现象。

十一五期间农村文化建设重点工程
广播电视“村村通”工程——推进广播电视进村入户，充分利用无线、卫星、有线、微波等多种手段，为广大农村地区提供套数更多、质量更好的广播电视节目，全面实现20户以上已通电自然村通广播电视。 农村电影放映工程——做好农村电影拷贝配送工作，丰富电影片源，加快推进农村电影数字化放映，加强农村电影院更新改造，增加固定或流动放映点，基本实现全国农村一村一月放映一场电影。 乡镇综合文化站建设——在欠发达地区新建、改扩建2.5万个左右综合文化站，配备必需的设备，完成对农村危旧公共文化设施的改造，基本实现全国乡镇均建有综合文化站。 流动综合文化服务车——对西部及其他老少边穷等地广人稀适宜开展流动服务的地区，为县乡配备流动文化服务车、流动电影放映车，开展集影视放映、文艺演出、图片展览、图书销售和借阅、科技宣传为一体的流动文化服务。

（2）加大文化资源向农村的倾斜。合理配置公共文化资源，逐步增加为农村服务的资源总量。

——中央和省级党报、党刊、电台、电视台要加大农村和农业报道的分量，增加农村节目、栏目和播出时间。农业大省的党报、党刊、电台、电视台要创造条件开办农村版和农村频道。市（地）党报和市（地）县电台、电视台要把面向基层、服务“三农”作为主要任务。

——加大对农村题材重点选题的资助力度，把农村题材纳入舞台艺术生产、电影、广播剧和电视剧制作、各类书刊和音像制品出版计划，保证农村题材文艺作品在出品总量中占一定比例。对重要文化项目和文化产品采取政府补贴，以政府采购的方式直接送到农村。购买适合农村的优秀剧本版权，免费供给基层艺术院团使用、改编并为农民演出。鼓励和组织专业文化工作者到农村辅导群众文化活动。

——加强“三农”读物出版工作，开发出版适合农村经济社会发展，农民买得起、看得懂、用得上的音像制品和图书等各类出版物。实施“送书下乡工程”，重点面向西部地区国家扶贫开发工作重点县的图书馆和乡镇文化站、农村文化室配送图书。

——县（市）图书馆逐步实行分馆制，丰富藏书量，形成统一采购、统一编目的图书配送体系，充分发挥县图书馆对乡镇、村图书室的辐射作用，促进县、乡图书文献共享。按照“政府资助建设，鼓励社会捐助，农民自我管理，市场运作发展”的要求，支持农民群众开办“农家书屋”。

（3）建立农村文化建设的长效机制。农村公共文化建设要纳入各级政府重要议事日程和政府目标管理责任制，纳入创建文化先进县（市）、文化先进乡镇和创建文明村镇等相关评价体系，所需经费纳入政府财政预算。扩大公共财政覆盖农村的范围，保证一定数量的中央财政转移支付资金用于乡镇和村的文化建设，文化领域新增加的财政投入应主要用于农村。政府要保证文化馆（站）开展业务必需的经费、基层公共图书馆购书经费、广播电视发射转播台正常运转必需的经费、广播电视“村村通”运行维护经费和农村电影放映补助经费。建立健全基层文化单位的评价体系，将服务农村、服务农民作为基层文化单位工作的重要考核内容。

3. 普及文化知识。

在全社会广泛开展人文社科、文艺欣赏、法制、科技卫生等基础知识的普及工作。加强村镇文化、社区文化、企业文化、校园文化、军营文化、家庭文化建设。实施“国民艺术教育推进工程”，推动文学、戏剧、音乐、舞蹈、曲艺、雕塑、绘画、工艺品、风俗、技艺等到农村、到工厂、到军营。高度重视义务教育阶段的文化普及教育，使广大中小学生掌握基本的文化常识和传统文化技艺。在国民教育中加大人文社会科学知识的比重，加强哲学社会科学知识的普及教育。加强群众文化创作，发挥文化馆（站、中心）等文化机构的组织作用，充分利用传统节日、重大节庆、广场文化活动等载体，开展歌咏、读书、书法、朗诵、科普知识等各种群众性文化活动。组织文艺工作者深入基层演出，鼓励和支持专业艺术院团富余、离退休演艺人员开展群众性文艺辅导或展演活动。国有文化单位每年要安排一定场次的免费演出和艺术讲座，在丰富群众文化生活的同时，提高艺术欣赏水平。

4. 建立健全文化援助机制。

通过援赠设备器材和文化产品、共享文化资源、业务合作、人员培训、工作指导等方式，通过东部地区对西部地区、城市对农村开展“一帮一”对口支援活动，帮助农村和西部地区解决文化产品和服务相对缺乏的问题，支持其文化建设。充分发挥共青团、妇联、文联、作协等人民团体的组织引导作用，广泛开展文化志愿者活动。在“大学生志愿服务西部计划”、“高校毕业生到农村服务计划”和大、中学生志愿服务日行动中增加文化服务的内容。动员离退休文艺工作者、艺术院校学生和其他热心公益事业的各界人士为社区提供志愿文化服务。支持和资助优秀文化专业人才支援西部文化建设。对优秀的文化志愿服务者予以表彰和奖励。

5. 鼓励社会力量捐助和兴办公益性文化事业。

引导和鼓励社会力量捐助和兴办图书馆、博物馆、文化馆等，在用地、税收等方面给予政策优惠。社会力量通过依法成立的非营利公益性组织和国家机关向公益文化事业的捐赠，纳入公益性捐赠范围。动员城市单位、居民以各种方式捐赠电视机、收音机、计算机和农民群众需要的图书杂志、音像电子出版物等。鼓励权利人许可基层文化单位无偿使用其作品或录音录像制品。机关、企业、学校的文化设施要尽可能向社会开放，积极开展文化服务。

（三）文化人才队伍建设

（1）加强思想政治素质和能力建设。认真总结保持共产党员先进性教育活动和“三项学习教育”活动的成功经验，进一步组织和引导广大文化工作者深入学习马克思列宁主义、毛泽东思想、邓小平理论和“三个代表”重要思想，学习党的基本理论、基本路线、基本纲领、基本经验，牢固树立科学发展观，增强政治敏锐性和政治鉴别力。鼓励广大文化工作者深入实际、深入群众、深入生活，在艰苦环境中和不同的工作岗位经受锻炼、增长才干。注重专业能力的培养，鼓励广大文化工作者刻苦钻研业务，努力把握文化工作的特点和规律，不断提高新形势下做好文化工作的能力和水平。

（2）抓好高层次人才培养。坚持为人民服务、为社会主义服务的方向和百花齐放、百家争鸣的方针，充分发扬学术民主和艺术民主，鼓励和支持学术上、艺术上不同形式、不同风格的自由发展和创新。继续实施“四个一批”人才培养计划，着力加强领军人物和各类高层次专门人才的培养。完善公平竞争和分配激励机制，鼓励和支持优秀拔尖人才脱颖而出。积极宣传文化领域领军人物、优秀专业技术人才、经营管理人才及其成果和主要业绩，营造尊重劳动、尊重知识、尊重人才、尊重创造的良好舆论环境。

（3）做好培训工作。贯彻落实中央关于人才工作的战略部署，制定实施“十一五”时期全国文化人才培训规划，建立健全在职人员业务培训和继续教育制度，创新培训内容，完善培训机制，整合培训资源，针对不同领域和不同岗位人员的具体情况，分期分批进行专业培训。2010年前，对全国哲学社会科学教学科研骨干进行马克思主义理论和党的方针政策的系统轮训。完成全国文化艺术、文物、新闻出版、广播影视系统内工作人员的普遍轮训。加强农村文化队伍的教育培训，提高整体素质。

（4）加强高等学校人才培养和学科建设。充分发挥高等学校在建设先进文化、培养文化人才中的重要作用。高等学校要全面推进素质教育，以培养学生的社会责任感、创新精神和实践能力为重点，深化教学改革，加强学科建设，提高教学质量，促进学生的全面发展。高等学校的新闻学院（系）要坚持正确的政治导向，始终把马克思主义新闻观教育放在首位，立足中国国情，积极开展新闻理论研究和学科建设，努力为党的新闻事业培养合格人才。扶持部分高等学校新闻学研究基地，资助一批重点研究课题。鼓励有条件的高等学校整合相关学科资源，集中开展文化事业、文化产业重大理论和现实问题研究，为先进文化建设服务。鼓励文化单位与高等学校合作举办高级研修班、培训班，培养高素质的专业技术人才、经营管理人才。鼓励和支持文化人才参加学术研究和交流，承担重大课题和项目。

（5）完善人才选拔机制。坚持党管人才和德才兼备、群众公认的原则，按照公开、平等、竞争、择优的要求，健全以业绩为依据，由品德、知识、能力等要素构成的人才评价、选拔和激励保障机制，营造人才辈出、人尽其才的环境。根据发展要求，逐步规范文化领域各行业的职业分类，编制职业标准，探索建立专业技术人员职业资格证书制度，稳步推进职称制度改革。充分发挥市场在人才资源配置中的基础性作用，建立和完善在相应社会保障条件下的人才流动机制，引导文化人才合理、有序流动，把优秀人才集聚到文化建设中来。利用文化产业与相关产业的联动发展和资本扩张，扩大选拔范围，拓宽选拔渠道，广泛吸引财经、金融等领域的优秀人才和海外高层次人才进入文化行业。

（6）建立国家文化艺术领域授予荣誉称号的制度。为了推动社会主义文化的繁荣发展，对在文学艺术领域取得卓越成就的文化工作者授予人民艺术家、人民作家等荣誉称号，并从“十一五”时期开始，设立“国家文化杰出贡献奖”，表彰在文学艺术、人文社科、新闻出版、广播影视等领域作出突出贡献的文化工作者。国务院授予荣誉称号的，由文化主管部门确定并经人事部审核后报国务院批准；国务院有关部门授予荣誉称号的，按照有关规定会同人事部联合授予。

（四）民族文化保护与管理

（1）编纂出版文化典籍。继续实施国家清史纂修工程、中华古籍特藏保护计划等重大项目，启动以中华古籍全书数字化出版、中华大典编纂出版为代表的国家重大出版工程。加强民族古籍和文物抢救工作，搜集、整理少数民族古籍，编纂《中国古籍总目提要》、《中国少数民族古籍总目提要》。做好格萨尔、江格尔、玛纳斯等古典民族史诗的整理出版和优秀少数民族文学作品的翻译出版工作。充分发挥高等学校和学术机构整理、研究和编纂传统文化典籍的作用。

(2) 发挥重要节庆和习俗的积极作用。适应当代生活，体现时代特点，与精神文明创建活动相结合，坚持不懈地抓好移风易俗，创新形式，丰富内容，改造和发展富有浓郁民族特色的民间传统节庆内容、风俗、礼仪，维护民族文化的基本元素。继续完善中华民族始祖的祭典活动，充分发挥春节、元宵节、清明节、端午节、七夕节、中秋节、重阳节等传统民族节庆的作用，增强中华民族凝聚力，促进和谐社会建设。高度重视国庆节、“五一”国际劳动节和“七一”建党、“八一”建军等重要节日、纪念日，广泛开展热爱党、热爱祖国、热爱人民、热爱社会主义的主题宣传教育活动。

(3) 重视中华优秀传统文化教育和传统经典、技艺的传承。在有条件的小学开设书法、绘画、传统工艺等课程，在中学语文课程中适当增加传统经典范文、诗词的比重，中小学各学科课程都要结合学科特点融入中华优秀传统文化内容。高等学校要创造条件，面向全体大学生开设中国语文课。加强传统文化教学与研究基地建设，推动相关学科发展。在社会教育中，广泛开展吟诵古典诗词、传习传统技艺等优秀传统文化普及活动，努力提高全民族的人文素养，树立良好社会风气。办好世界中华传统文化论坛。

(4) 规范和保护国家、民族语言文字。严格遵守《国家通用语言文字法》，在全社会大力推广普通话，推行规范汉字。广播电台、电视台、报刊、出版物和公务用语用字、公共场所用语用字等应当符合国家通用语言文字的规范和标准，除特别需要外，一般不得夹用外国语言文字。严格控制广播电视方言类节目的播出比例。在国内召开的重要国际会议和公共服务等领域，应以普通话为基本用语。做好每年一度的全国推广普通话宣传周活动。推进少数民族语言文字的规范化和标准化。

（5）加强重要文化遗产保护。完成全国文化遗产普查。高度重视重要革命历史文物的收集、整理和重点革命历史遗迹的保护。加强世界文化遗产、大遗址、历史文化名城（街区、村镇）和文物保护单位的保护管理。制定并实施不可移动文物保护规划。完善重大建设工程中的文物保护工作，严格项目审批、核准和备案制度。建立非物质文化遗产名录体系，绘制国家非物质文化遗产资源分布图，确立非物质文化遗产传承人谱系，制定传承人资助办法。确定10个国家级民族民间文化生态保护区。完成《中国民族民间文艺集成志书》的出版和相关资料的保护工作，出版《国家非物质文化遗产名录图典》、《非物质文化遗产普查图集（分省图册）》、《昆曲大典》、《中国民间美术分类全集》。继续实施国家重点京剧院团和昆曲院团保护和扶持项目。实施“指南针计划”，深入挖掘和展示我国古代发明的历史价值、科学价值和艺术价值。充分利用“文化遗产日”，组织开展文化遗产保护系列宣传展示活动。

（6）抢救濒危文化遗产。采取有效措施，保护濒危的民族文化遗产。继续实施文物保护维修重点工程，排除文物保护单位重大险情。建设抢救性文物保护设施，完善文物保护单位和博物馆安全消防设施设备，做好基本建设中的抢救性考古发掘和文物保护。加强对民间文学、民俗文化、民间音乐舞蹈、少数民族史诗等若干非物质文化遗产项目的抢救。

十一五期间文物保护重点项目	
世界文化遗产保护	明清帝王陵寝、云冈石窟、武当山古建筑群、敦煌莫高窟、大足石刻、平遥古城、高句丽遗迹等。
大遗址保护	编制完成100处重要大遗址总体保护规划纲要。建设汉长安城、大明宫、隋唐洛阳城、殷墟、偃师商城等重点大遗址保护展示园区。启动实施长城保护工程、大运河文物保护工程、丝绸之路（新疆段）文物保护工程。
文物保护单位维修	实施故宫博物院古建筑整体保护维修工程、恭王府府邸文物保护修缮工程、西藏三大重点文物保护工程和应县木塔、元代以前早期木构建筑、大昭寺、扎什伦布寺、塔尔寺等维修保护工程。每年重点安排100项左右险情严重的全国重点文物保护单位整体维修保护工作。
考古工作	做好三峡工程、南水北调工程中的文物抢救保护工作，涉外考古、水下考古、航空考古取得较大进展。
建设抢救性文物保护设施	完成100余个市（地）级以上博物馆馆藏文物保存环境标准化建设，新建扩建库房面积30万平方米。依托博物馆改扩建23个区域性中心文物库房，集中保护珍贵文物。完成36所科研院所与大学出土文物整理库的文物保护设备和安防消防设施建设。

（五）对外文化交流

（1）拓展对外文化交流和传播渠道。充分利用各种资源，创新文化“走出去”的形式和手段，吸收借鉴世界各国优秀文化成果，提升我国文化产品的影响力和竞争力，积极推动中华文化面向世界、走向世界。

①积极开展对外文化交流。利用春节、国庆日、建交日等重要节日、纪念日，组织举办高水平文化交流活动，增进世界对中国的了解。重视文化领域的多层次互访，加强友好城市间的文化交流，主动开展对外文化合作。继续做好中外互办文化年，在国外举办中国文化节、文化周、艺术周、电影周、电视周和文物展等工作。发挥我国驻外机构宣传推介中国优秀文化产品的重要作用。积极参与相关国际规则的制定，增强我国在国际文化活动中的话语权，维护世界文化多样性。

②发挥多元载体的文化传播作用。借助国外著名的电影节、电视节、艺术节、书展、博览会等平台，积极推介中国文化产品和服务。精心选择参与单位及文化产品，认真组织代表国家水平的参展、参演团队，展现我国整体文化实力和国家形象。积极参与或主办国际性书展、节展期间的文化论坛和主宾国活动等，提升我国的文化影响力。适应国外受众需求和接受习惯，不断扩大广播电视节目在境外的有效落地。拓展民间交流合作领域，鼓励人民团体、民间组织、民营企业和个人从事对外文化交流。扩大商业性展演、展映和文化产品销售。加强哲学社会科学领域的国际交流，扩大我国哲学社会科学在世界的影响。建立健全中外学者交流机制，加强与外国有影响的哲学社会科学机构、国外知名汉学家、中国问题专家及研究机构的交流与合作。把文化“走出去”工作与外交、外贸、援外、科技、旅游、体育等工作结合起来，把展演、展映和产品销售结合起来，充分调动各方面力量，形成对外文化交流的合力。

③构建国际文化营销网络。重点抓好影视剧、出版物、文艺演出三大国际营销网络建设。对符合条件的文化企业国际市场开拓活动给予支持。

（2）培育外向型骨干文化企业。完善对外文化贸易制度，依托已有的国内知名对外文化企业和文化产业品牌，积极培育外向型文化企业，发挥其在文化“走出去”中的主导作用。

①做大做强对外文化贸易品牌。重点扶持具有中国民族特色的文化艺术、演出展览、电影、电视剧、动画片、出版物、民族音乐舞蹈和杂技等产品和服务的出口，支持动漫游戏、电子出版物等新兴文化产品进入国际市场。发挥国有文化企业在对外文化贸易方面的主导作用，鼓励投资主体多元化，形成一批具有竞争优势的品牌文化企业和企业集团。

②培育对外文化中介机构。积极发展从事演出展览、广播影视、新闻出版等业务的对外文化中介机构。支持国内文化企业与国际知名演艺、展览、电影、出版中介机构或经纪人开展合作，向规模化、品牌化方向发展。

(3) 实施“走出去”重大工程项目。整合资源，突出重点，实施“走出去”重大工程项目，加快“走出去”步伐，扩大我国文化的覆盖面和国际影响力。

(六) 发展公益性文化事业的保障措施和重要政策①

1. 加强组织领导。

(1) 加强党对文化工作的领导。始终坚持“两手抓、两手都要硬”的方针，高度重视文化工作，从贯彻落实“三个代表”重要思想和科学发展观的高度，从实现全面建设小康社会宏伟目标和构建社会主义和谐社会的高度，从加强党的执政能力、提高党的领导水平和执政水平的高度，深刻认识加强文化建设的重要性，把文化建设的目标任务纳入经济社会发展的总体规划，与经济社会发展任务一起部署、一起实施。遵循文化自身的特点和发展规律，适应社会主义市场经济发展的要求，坚持谋全局、管大事，加强对文化发展重大问题的研究，科学

① 参见《国家十一五时期文化发展规划纲要》，新华网 2006 年 9 月 13 日。

制定方针政策，始终把握文化建设的正确方向。根据形势发展的需要，建立健全文化工作领导协调机制，统筹协调文化建设。

（2）明确各级党委和政府的职责。各级党委和政府要把文化建设列入重要议事日程，建立工作责任制，把文化建设作为评价地区发展水平、衡量发展质量和领导干部工作实绩的重要内容。党委宣传部门充分发挥协调指导作用，相关部门积极支持、密切配合，文化管理部门切实履行各自职责，形成推动文化发展的合力。加强对文化建设的督促检查，把中央关于文化建设的方针政策落到实处。要因地制宜、分类指导、总结推广成功经验，兼顾各方利益，做好深入细致的思想政治工作，保证文化健康繁荣发展。

（3）动员全社会参与文化建设。推进文化建设，需要社会各方面的共同努力。要全面准确地宣传中央有关文化发展的重大战略部署和方针政策，充分调动广大文化工作者的积极性和创造性，把干部群众的思想和行动统一到中央精神上来，把智慧和力量凝聚到社会主义文化建设上来。充分发挥工会、共青团、妇联、文联、作协、记协等人民团体在联系群众、组织群众、推动文化建设方面的重要作用。紧紧依靠群众，充分发动群众，尊重群众的首创精神，把群众的积极性和创造性引导好、保护好和发挥好，努力营造有利于社会主义文化发展的良好氛围。

2. 健全宏观调控。

适应新形势的要求，加强对文化发展的方向、总量、结构和质量的宏观调控，增强工作预见性、主动性和实效性，推进文化管理工作的科学化、制度化、规范化。

（1）完善文化领域预报、引导、奖惩、调节、责任、监督、保障、应对机制。健全有利于理论创新的课题规划、成果评介和应用机制。全面开展文化事业和文化产业统计工作，发挥文化统计工作在政府决策和公共服务中的信息服务、咨询，以及监督作用。完善全国性文艺新闻出版评奖办法，努力提高评奖的科学性和权威性。

（2）加强文化市场管理。健全市场规则，完善市场准入和退出机制，把好资质、资金、产品等准入关。创新监管方式，建设全国文化市场监控平台和国家出版物信用管理查验系统，构建统一高效、覆盖全国的文化市场管理信息网络。进一步加强“扫黄打非”工作。严厉打击盗窃、走私文物活动。加强信用监督，健全失信惩戒制度，形成依法经营、诚实守信的市场秩序。加强文化市场综合执法队伍建设，加快整合现有文化、文物、广播影视、新闻出版行政执法队伍，组建统一、高效的文化市场综合执法机构。开展文化执法人员培训，建设廉洁公正、作风优良、业务精通、素质过硬的执法队伍。

3. 深化文化体制改革。

深入贯彻落实《中共中央、国务院关于深化文化体制改革的若干意见》，有组织有领导、分阶段分步骤地将改革从试点向面上推开，逐步引向深入。

（1）积极稳妥地推进改革。按照区别对待、分类指导、因地制宜、逐步推开的原则，根据不同地区、不同行业、不同单位的性质和特点，稳步推进改革。区别文化事业和文化产业的不同特点，以增加投入、转换机制、增强活力、改善服务为重点，发展公益性文化事业；以创新体制、转换机制、面向市场、增强活力为重点，发展经营性文化产业。统筹兼顾，使文化体制改革与经济体制、政治体制、行政管理体制等其他领域的改革相互配套、相互衔接。

（2）着力解决改革中的重点难点问题。围绕重塑市场主体、完善市场体系、改善宏观管理、转变政府职能等关键环节，深入开展调查研究，广泛听取意见，科学制定改革实施方案和配套政策，着力解决国有文化资产管理、文化事业单位转企改制、人员分流安置和社会保障等重点难点问题，切实维护职工群众的基本权益，调动广大文化工作者支持改革、参与改革的积极性，推动改革向纵深发展。

（3）坚持以改革促发展。把深化改革与加快发展统一起来，用改革的办法解决发展中的问题，以发展的成果检验改革的成效。通过改革，不断破除制约发展的瓶颈和体制机制性障碍，营造有利于发展的体制环境、政策环境和市场环境。着力增强文化创新能力，以新的机制盘活存量，扩张增量，拓展发展空间，培育新的增长点，加快文化事业和文化产业的发展。

4. 完善文化发展的经济政策。

继续执行实践证明行之有效的文化经济政策，制定和完善扶持公益性文化事业、发展文化产业、激励文化创新等方面的政策。

（1）执行和完善支持文化发展的经济政策。认真贯彻落实有关的宣传文化经济政策，并根据文化发展的实际情况，研究制定扶持公益性文化事业、发展文化产业的相关政策。

支持文化发展的经济政策
1. 宣传文化发展专项资金'
2. 文化事业建设费
3. 国家社会科学基金
4. 国家出版基金
5. 宣传文化单位实行增值税优惠政策
6. 国家电影事业发展专项资金及电影精品专项资金
7. 农村文化建设专项资金
8. 中央补助地方文体广播事业专项资金

9. 优秀剧（节）目创作演出专项资金

10. 鼓励对宣传文化事业捐赠的经济政策

11. 文化产品和服务出口退税及相关优惠政策

12. 文化体制改革单位享受文化体制改革试点中支持文化产业发展和经营性文化事业单位转制为企业的各项政策

（2）设立国家文化发展专项资金和基金。国家设立文化发展专项资金和基金，重点用于扶持国家公益性文化事业发展、支持文化创新和精品生产、扶持具有示范性和导向性文化产业项目的研发；用于国家重要文化遗产的保护和支持地方重大文化工程项目的建设；用于支持国家重大出版项目、少数民族文字和盲文出版物的出版，以及无线广播电视的覆盖。

（3）加大和改进政府对文化事业的投入。加大政府对文化事业投入力度，扩大公共财政覆盖范围，中央和地方财政对文化的投入增幅不低于同级财政经常性收入的增长幅度。加强基层文化设施建设，保证一定数量的中央财政转移支付资金和新增文化经费主要用于农村文化建设。加大对国家社会科学基金的投入，进一步完善管理，提高质量，发挥效益。建立政府对公共文化事业投入的绩效考评机制。推行公共文化活动项目公开招标和政府采购，引入市场竞争机制。制定相应税收政策，吸引和鼓励社会力量兴办公益性文化事业。

5. 加强文化立法。

立足我国国情，借鉴国外有益经验，加快文化立法步伐，抓紧研究制定非物质文化遗产保护法、图书馆法、广播电视传输保障法、文化产业促进法、电影促进法和长城保护条例。抓紧修订出版管理条例、印刷业管理条例、音像制品管理条例、广播电视管理条例。加强对执法活动的监督，规范执法行为。深入开展文化法制宣传教育，继续做好普法工作，增强法制观念，提高依法行政、守法经营和维护文化权益的自觉性。

第三节 公益性文化事业管理的原则和方法

一、公益性文化事业管理的原则

近年来，在党和政府的重视下，我国的公益性文化事业的发展呈现出良好的态势，公益性文化事业的改革不断深入，对公益性文化事业的投入逐步增加，各类公益性文化事业的设施明显改善。但由于各种原因，公益性文化事业发展不平衡、投入不足、活力不够、设施利用率不高、公众不满意等问题还在一定范围内存在。特别是与世界先进国家相比还有较大差距，与经济社会发展和人们日益增长的精神文化需求相比还远远不能适应。为了进一步加强公益性文化事业建设，在管理中我们必须坚持高举中国特色社会主义伟大旗帜，以邓小平理论和“三个代表”重要思想为指导，深入贯彻落实科学发展观，紧紧围绕科学发展、和谐发展、可持续发展的国家建设战略要求，以文化体制改革为动力，坚持以政府为主导、鼓励社会力量积极参与，构建与社会主义市场经济和精神文明建设要求相适应、高效而又覆盖全社会的公共文化服务体系，实现好、维护好、发展好人民群众的基本文化权益。具体来讲，必须坚持以下几方面的原则：

1. 坚持以政府为主导的原则

公益性文化事业的性质决定了它的发展必须以政府为主导。政府发挥主导作用的重要形式就是成为公益性文化事业的投入主体。政府的投入一方面是要进行公共文化设施的建设和维护，另一方面是为公益性文化事业单位提供发展经费。当然，公益性文化事业建设不单是政府的事，它也需要全社会的支持和参与。公益性文化事业单位、社会团体、企业、个人都应成为公益性文化事业发展的积极参与者，在公益性文化事业建设中各尽所能，实现公益性文化事业在全社会的共建共享。既然公益性文化事业是国家兴办的社会公益事业，是为公众提供公益性文化产品和文化服务的领域，因此，在发展公益性文化事业的投入上，政府应始终充当主体角色，以扶持其更好、更快地发展。党的十四届六中全会通过的《中共中央关于加强社会主义精神文明建设若干重要问题的决议》在谈到“切实加强精神文明建设的投入”时明确指出：“对政府兴办的图书馆、博物馆、科技馆、文化馆、革命历史纪念馆等公益性文化事业组织应当给予经费保证。”这里说的“给予经费保证”，应当包括两方面内容，即既要对建设费用给予保证，又要对日常事业费用给予保证。党的十七大报告指出：“坚持把发展公益性文化事业作为保障人民基本文化权益的主要途径，加大投入力度，加强社区和乡村文化设施建设。”在政府一系列政策措施的有力推动下，近年来我国对公益性文化事业方面的投入一直呈增长态势并取得了明显的成效。据文化部计财司统计，2007年全国文化事业费达到198.91亿元，比2006年增加40.88亿元，增长25.9%。全国人均文化事业费由上年的11.91元增加到15.04元，增长26.3%。2008年，中央财政文化支出252.81亿元，增长20%，主要用于：支持全国1007个博物馆、纪念馆向全社会免费开放。支持实施全国文化信息资源共享工程，部分省市提前实现县级全覆盖。农村电影放映补贴扩大到中西部所有行政村，支持中西部地区46434个行政村配备农村适用图书，并对东部地区农家书屋工程开展好的省份给予奖励。支持文化遗产保护。设立扶持文化产业发展专项资金，重点支持动漫产业、文化体制改革等。但是，总的来说我国对公益性文化事业的投入总量偏少，比例偏低。目前中等发达程度以上国家文化投入占财政投入1%以上，比我国现阶段投入水平0.4%（左右）要高出一倍半还多。我国文化投入的增长幅度仍不能适应社会经济发展的速度、规模和水平及广大人民群众不断增长的精神文化需求。而投入不足，也使公共文化服务需求增长与供给不足的矛盾有所加剧。比如西部地区由于财政困难，历年对文化欠账多，文化事业费基数较低，尽管文化事业费增幅较大，但增加的绝对额并不足以改变文化事业发展经费拮据的现象，只是局部有所改善。经费的严重不足，必然影响为群众提供公共文化产品和服务的能力。投入不足是目前我国公益性文化事业无法取得更大进展的最主要制约因素之一。因此，各级政府要认真落实中央近年来提出的关于加强公益性文化事业建设的一系列扶持政策和要求，将公益性文化事业投入纳入政府预算，保证其建设投入增长幅度不低于当年财政收入增长幅度。城建、工商、税务等部门要认真落实国家在公益性文化事业建设的资金投入、税收减免、社会捐赠、公益赞助等方面的优惠政策。这是各级政府长期的、义不容辞的责任。

为了保障和促进公益性文化事业的发展，在强调政府加大投入的同时，还应实行多方筹资、全民共建的原则，鼓励社会力量捐助和兴办公益性文化事业，放宽准入限制，多渠道、多形式筹集社会资金发展公益性文化事业。引导和鼓励社会力量捐助和兴办图书馆、博物馆、文化馆等国家没有明令禁止的公益性文化事业，在用地、税收等方面给予政策优惠；社会力量通过依法成立的非营利公益性组织和国家机关向公益文化事业的捐赠，纳入公益性捐赠范围。为了促进公益性文化事业多渠道投入体制的建立，鼓励社会力量资助宣传文化事业，1996年国务院下发了《关于进一步完善文化经济政策的若干规定》。其中明确规定：纳税人在年度应纳税所得额3%以内的部分，经有关部门批准和主管税务机关审核后，可以对公益性的图书馆、博物馆、科技馆、美术馆、革命历史纪念馆等实行捐助，捐助额在计算应纳税所得额时予以扣除。这一政策的制定，大大激发了纳税人资助公益性文化事业的积极性。在这方面，西方发达国家的一些做法值得借鉴。如：美国政府注重通过法律法规和政策杠杆来鼓励各州、各企业以及全社会对文化公益事业进行赞助和支持，要求各州、各地方拨出相应的地方财政经费与联邦政府的文化发展资金相配套，并明确规定与文化公益事业相关的单位或群体一律享受免税待遇；英国政府通过社会中介机构对艺术团体进行评估和拨款，协同企业资助具体的文化公益事业项目，通过发行彩票弥补文化经费的不足；法国政府则采取国家财政拨款的方式，辅之以立法和行政手段，几乎所有公益性文化单位都由政府负担，人员享受公务员待遇等。

为了弥补对公益性文化事业投入的不足，我国制定了针对公益性文化事业的财税优惠政策。如国家规定：纪念馆、博物馆、文化馆、美术馆、展览馆、书画院、图书馆、文物保护单位举办文化活动所售门票收入免征营业税，这些单位自用的房产、车船、土地免征房产税、车船使用税和土地使用税，这些单位购置设备，其固定资产投资方向调节税一律实行零税率。对这些优惠政策各地应很好地加以贯彻执行。另外，在资金投入上，政府还可以采用更多的投入方式，使公益性文化单位具备自我发展的机制，比如可以成立公益性出版发展基金会等，使公益性资金投入更加规范、高效。政府还应加大对公益性文化产品和服务的生产单位实行增值税优惠政策和所得税优惠政策等。

2. 坚持公益性原则

众所周知，公益性文化事业的根本是其公益性质。因此，公益性文化事业单位在任何时候都应始终坚持为公众服务，并使公众受益的公益性质。要做到这一点，在管理工作中就必须坚持其公益性质和非营利方针。《国际博物馆协会会章》规定：“博物馆是一个不追求营利，为社会和社会发展服务的公开的永久性的机构。”《联合国教科文组织公共图书馆宣言》也强调：“公共图书馆完全依靠公共资金来维持活动，为此，为任何人的服务，都不应当直接收费。”由此可见，公益性文化事业是非商业性的文化事业，它与文化产业是不同的，它不能进入市场，也不能按市场规律进行运营。我们不能将公益性文化事业混同于经营性文化产业，让经费不足的公益性的文化事业进入经营领域，出现日益市场化的倾向，并提高服务的门槛。如有一些单位利用与行政机构的传统联系和自身特殊的社会公益性质，垄断资源，操纵市场，谋取暴利，把本该属于自已的公共文化服务功能推向市场，把本应该是保护公民文化权利变成了侵占和损坏公民文化权利，从而使一些原本应该面向大众的公益性的文化服务成了少数人的“文化享受”。当然，公益性文化事业单位也可以开展适当的经营活动，但要保证经营性的收入是全部用于补充事业发展的不足，而不是用于个人福利的提高。在我国，许多公益性文化事业如图书馆、博物馆，以及某些传统文化遗产等形式，可以通过经营获取一定的经济收入。这并不意味着要将公益性文化事业转变为经营性文化产业，而是在保持公益性文化事业性质的同时，对其文化的传播方式采取一些产业化运作。这样既有利于增强文化事业内容的传播，也可以为公益性文化事业的发展积累可观的资金。世界许多国家的图书馆、博物馆、纪念馆一类的公益性文化事业组织，也经常在其附属设施中开办餐饮店、书刊部乃至综合性服务场所。但这些通常并不影响其非营利性质，因为上述经营活动绝不占用展览、陈列、阅览、藏书或任何其他承担公益用途的场所，而且从事经营活动所获得的收入原则上都用于补充和支持文化事业的发展。在这一点上，我们可以借鉴西方发达国家成熟的经验，扩宽公益性文化事业中蕴涵的某些可以经营的项目，建立起公益性文化事业发展的新模式和新思路。当然，前提是不能违背公益性事业单位的宗旨，不能因开展经营性活动而损害了公益性文化事业。在市场经济大潮的冲击下，我们必须清醒的认识到公益性文化事业是提高国民素质的事业，那些纳税人出资兴建的公共博物馆、美术馆、图书馆等公共文化服务设施，保障着公民的基本的文化权利，涵养着民族的智慧和精神，积累着社会发展的人文基础，关系着民族文化的传承。任何时候都要想方设法维护和坚持公益性文化事业的公益性质，切实保障所有公民都平等地享有优质的公共文化服务。

3. 坚持以服务为宗旨的原则

对于公益性文化事业而言，如果没有优良的服务质量，要实现公益的目的就是一句空话。因此，提高服务质量和水平则是公益性文化事业体现其公益性质的重要条件。近年来，世界各国的公益文化部门都在努力提高自己的服务水平。德国的博物馆利用举办各种特别的展览会等形式，吸引不同层次和不同爱好的人前来参观，使人们从中受到教益。每当博物馆举办特别展览会时，观众常常在博物馆前排起长队。1996 年，意大利罗马市政府做出决定，市内博物馆晚上也对外开放，学生可以优惠。梵蒂冈美术馆和市立博物馆在最后一个星期均免费。法国大多数国立博物馆在周日和节假日免费。同时，各国政府对博物馆环境的绿化、美化和保护十分重视。在博物馆周围都有雕塑、喷泉、草坪、花坛等公共设施，与博物馆的主建筑交相辉映。这些在时间上提供方便、在价格上给予优惠、在环境上注重美化的做法，大大提高了公共服务设施的服务质量和水平。2008 年初，我国中宣部、财政部、文化部、文物局联合颁布了《关于全国博物馆、纪念馆免费开放的通知》。通知要求："全国各级文化文物部门归口管理的公共博物馆、纪念馆，全国爱国主义教育示范基地全部免费开放。其中，文物建筑及遗址类博物馆暂不实行全部免费开放，继续对未成年人、老年人、现役军人、残疾人和低收入人群等特殊群体实行减免门票等优惠政策。"通知颁发后，全国各级文化文物部门归口管理的公共博物馆、纪念馆，全国爱国主义教育示范基地等迅速行动起来，积极采取措施，改善管理和服务，努力满足观众需求，力争做实、做细、做好各项服务工作。其目的就是要为公众提供更多、更好的公共文化产品和服务。公益性文化事业单位所提供的公共服务是为满足公众利益而开展的活动，其服务质量优劣的基本评价标准是建立在"公众满意"基础之上的。因此，公益性文化事业单位应当把提高服务质量和水平，满足公众的各种需求放在工作中的重要位置。这对于公益性文化事业单位高质量地实现其公益性质是极为重要的。

4. 坚持普遍均等、兼顾各方的原则

调节社会公平是公益性文化事业的基本功能。要保障绝大多数人的基本文化权益，才能实现公益性文化事业的公益目的。我国是人口大国，由于文化程度、收入水平和生活环境及地域等诸方面的背景不同，地域之间、城乡之间居民的文化需求各有差异。这些不同都决定了公益性文化事业的内容与模式的多样化。因此，公益性文化事业的发展必须坚持普遍性和多样性的原则，因地制宜，因人而异，兼顾全体社会成员的基本文化权益。这样才能最大限度地实现社会公益性文化事业资源的均等享有，发挥公益性文化事业的效益。

我国政府历来十分重视社会、经济、文化、教育的均衡发展。在文化建设事业中，文化管理部门高度重视基层文化建设，并特别注重向生活贫乏群体、不发达地区和农村地区倾斜。《国家"十一五"时期文化发展规划纲要》明确指出，要

“切实维护低收入和特殊群体的基本文化权益。采取政府采购、补贴等措施，开辟服务渠道，丰富服务内容，保障和实现城市低收入居民、残疾人、老年人和农民工等群体的基本文化生活需求。国有博物馆、美术馆等公共文化设施免费或优惠向残疾人、老年人等群体开放。国有艺术院团、影剧院每年安排一定场次主要面向低收入居民的低价演出或放映。中央和省级电视台开办添加手语的节目或栏目。积极开展为农民工送书、送戏、送电影活动。有线电视数字化整体转换后，保留一定数量的模拟频道，完整转播中央、省和当地的主要节目，对低收入家庭给予优惠的资费政策，保证他们的基本收视需求。”在农村文化建设方面更是制定了许多政策措施，以保障农村人口的基本文化权益，逐步改变城乡之间文化发展不平衡的现象。如：推进农村文化设施和重点工程建设（内容包括：广播电视“村村通”工程、农村电影放映工程、乡镇综合文化站建设、流动综合文化服务车），加大文化资源向农村的倾斜，建立农村文化建设的长效机制等。这些政策和措施对于合理配置公益性文化事业资源，打破公共文化产品分配的行政级次分割和区划分割，打破对人民获取公益性文化产品与服务的身份限制、地域限制，统筹公益性文化设施、文化队伍、文化项目，促进农村与城市、中西部地区与东部发达地区、老少边穷地区与经济发达地区之间公益性文化事业的协调发展，切实保障全体公民的基本文化权益，有着积极而重要的意义。

5. 坚持法制原则

1997 年党的十五大郑重提出：“依法治国，是党领导人民治理国家的基本方略。”同年这一方略被写进宪法。党的十七大报告又进一步强调，要全面落实依法治国基本方略，加快建设社会主义法治国家，维护社会主义法制的统一、尊严、权威。公益性文化事业是中国特色社会主义建设的重要内容之一，它的管理与实施也要按照法律法规来进行。政策与法律是一项事业发展过程中必须遵守的“行为准则”，集中反映了国家决策者对这项事业的发展意图。我国文化部门现行的相关法律、行政法规、部门规章、法规性文件、文化部文件等，是发展公益性文化事业所必须遵守的政策与法律。由于我国目前与公益性文化事业发展相关的管理条例、管理办法、指导性业务文件、优惠政策以及经济政策等还很不健全，造成公益性文化事业在发展过程中会遇到法律真空或盲点，甚至丧失法律法规的保护。如：一些地方可以随意减少公益性文化事业单位的经费，将公益场所挪作他用，并随意破坏展品和馆藏资料。还有一些地方政府似乎更强调发展文化产业，对扶持公益性文化事业热情不高。为了减轻财政负担，减少对文化事业的投入，甚至盲目给文化事业单位断“奶”，致使一些地方的公益性图书馆因为缺少投入，常常是有馆无书，设备缺乏必要的维护费用，甚至连自身的运转都难以为继。承担着文物保护、收藏、研究任务的博物馆、文保所、文研所处境尴尬，由于资金匮乏，有的苦苦支撑，有的干脆关门，眼睁睁地看着身边的文物被损毁和流失！作为群众文化阵地的群艺馆、文化馆经费不足，只好把场馆切割成一块块店面出租、经商，沦为网吧、舞厅、茶楼！因此，要尽快地完善公益性文化事业发展的相关政策和法律，以法律、法规的形式规范文化事业及其相关领域的所有行为，使公益性文化事业投入、管理、运行的各个环节早日步入法制化轨道．最大程度地降低决策者对公益性文化事业发展的随意性，为实现公益性文化事业持续、健康、稳定发展提供法治保障。《国家十一五时期文化发展规划纲要》为了加强农村文化建设，明确指出：“农村公共文化建设要纳入各级政府重要议事日程和政府目标管理责任制，纳入创建文化先进县（市）、文化先进乡镇和创建文明村镇等相关评价体系，所需经费纳入政府财政预算。”“政府要保证文化馆（站）开展业务必需的经费、基层公共图书馆购书经费、广播电视发射转播台正常运转必需的经费、广播电视‘村村通’运行维护经费和农村电影放映补助经费。建立健全基层文化单位的评价体系，将服务农村、服务农民作为基层文化单位工作的重要考核内容。”虽然这份规划性文件不具备法律效力，但它将农村公共文化建设的成效如何纳入政府相关部门的绩效考核评价体系，还是为发展农村公益性文化事业提供了政策依据。为了给公益性文化事业提供更有力的政策和法制保障，还应加快为公益性文化事业立法，通过法定程序，将党的有关文化政策上升为法律法规。探索制定《公共文化事业发展条例》及《图书馆法》、《博物馆法》、《民族文化遗产保护法》等专项法规，切实保障公益性文化事业建设有法可依。

二、公益性文化事业管理的方法

公益性文化事业管理的基本方法主要有行政、法律、经济等多种方法。在这些方法的使用中应突出公益性文化事业的宗旨，并配合以其他方法，如教育方法、舆论方法等。

1. 行政方法

行政方法是政府管理公益性文化事业的重要方法，它通过国家机关制定方针、政策、规定等方式管理公益性文化事业。行政方法具有权威性和强制性的特点。上级管理部门依靠权力和威信，领导下级机关并要求其服从上级机关的政令，以保证国家机器的运转和国家意志的实现。对于公益性文化事业而言，在管理中行政方法具体表现为：制定公益性文化事业的发展计划与规划，明确事业发展的指导思想、和发展目标，以及实现这些目标的保障措施和重要政策，其中包括政府相关部门的责任和义务及行政监督、评估措施等，以体现国家对这一领域的方针政策和发展方向的意志。

行政方法是公益性文化事业管理的主要方法，也是最经常使用的一种方法。这种方法快捷、有效，对党和政府方针政策的贯彻、保证公益性文化事业坚持社会主义方向、促进公益性文化事业的又好又快发展、维护国家和人民的根本利益，有着不可替代的强制性、权威性的作用。通过行政方法，有利于引导文化资源的合理流动与配置、调控文化产品的品种和文化消费的指向；有利于管理工作的规范化、秩序化，从而提高管理工作的效率；有利于保证公益性文化事业发展的基本方向、防止其偏离公益性的宗旨。当然，行政方法也有其局限性。由于这种方法离不开命令和指令，如果管理者缺乏一定的政治素养和管理能力，不调查研究，不综合分析问题，就很容易犯官僚主义和脱离实际瞎指挥的错误，从而造成决策失误，给公益性文化事业带来损失。此外，它的强制性也会使被管理者处于被动的地位，不利于被管理者积极性和主动性的发挥。因此，行政方法还要和其他方法结合起来运用，扬长避短，相互配合，才能达到更好的管理效果。

2. 经济方法

经济方法是政府进行宏观调控常用的手段，它在管理国家公益性文化事业中也是常见的重要手段。经济方法主要通过政府投资、经济政策、财政补贴、财税、价格、金融等经济杠杆，按照文化生产经营规律和经济规律，对文化事业进行管理。相对而言，经济方法更多的用于市场经济条件下的文化生产和经营活动，它以物质利益为驱动，发挥价值规律对文化市场和文化产品流通的调节作用。但文化领域毕竟与经济领域不同，因此在公益性文化事业管理中运用经济方法，应注意其特殊性。经济方法在公益性文化事业管理中具体表现为：

一是政府直接拨款投入，即通过财政预算、支出、补贴等实现对公益性文化事业的财政拨款。如一些重大的代表国家水平的或标志性的文化设施，像国家大剧院工程、国家博物馆改扩建工程、国家图书馆二期暨国家数字图书馆建设工程、中国美术馆二期改扩建工程、国家话剧院建设工程、中央电视台新址建设工程和地方重要文化设施建设等，以及国家重点给予经济支持和保护的重要文化工程项目和重点扶持的社科机构、出版单位、艺术表演团体等文化部门。《国家"十一五"时期文化发展规划纲要》在"公共文化服务"部分明确提出："建设一批代表国家文化形象的重点文化设施，大力推进文化信息资源共享工程等重大文化工程建设，加大对重要社科研究机构、体现民族特色和国家水准的艺术院团、承担政治性和公益性出版任务的出版单位的扶持力度。""完善大中城市公共文化设施，加强图书馆、博物馆和文化馆（中心）建设。"这些都需要国家直接拨款投入建设 。此外，近几年来中央及各地方政府均高度重视发展公益性文化事业的投入，采取了一系列政策措施，如政府主导、整合财力资源、增加资金投入等等，要求各级政府逐步加大财政资金对发展公益性文化事业的投入力度，并强调其增幅要保证略高于同期财政收入的增长幅度。

二是税收手段，即通过低税率或免税、贷款条件、优惠利率、差别利率等形式，实现对公益性文化事业的支持、扶植与保护。如：中央制定了一些针对公益性文化事业的财税优惠政策：纪念馆、博物馆、文化馆、图书馆等举办文化活动所售门票收入免征营业税，这些单位自用的房产、车船、土地免征房产税、车船使用税和土地使用税，这些单位购置设备，其固定资产投资方向调节税一律实行零税率等。

三是经济政策，即通过制定倾斜性的经济政策，引导社会对公益性文化事业的投入，建立各种类型的文化基金、鼓励企业、个人等社会资金捐赠资助，并在资金投入、税收减免、社会捐赠、公益赞助等方面提供优惠和便利，拓宽公益性文化事业资金来源渠道等等。为加快文化事业的发展，1991 年国务院转发的文化部《关于文化事业若干经济政策意见的报告》及 1996 年国务院下发的《关于进一步完善文化经济政策的若干规定》等法规性文件，针对有关文化经济政策问题出台了相关的政策措施，对促进文化事业的繁荣与发展给予政策上的支持和保障，使文化建设与经济建设协调发展。

3. 法律方法

法律方法是公益性文化事业管理的一个基本方法，它主要是指通过国家权力机关颁布的法律法规来引导和保护文化事业的发展，处理和调节社会文化生活，并以行政立法、行政执法和行政裁量的方式实施对文化事业的管理。法律是国家意志和利益的体现，具有强制性、普遍性和平等性。我国《宪法》在总纲中规定："国家发展为人民服务、为社会主义服务的文学事业、新闻广播电视事业、出版发行事业、图书馆博物馆文化馆和其他文化事业，开展群众性的文化活动。国家保护名胜古迹、珍贵文物和其他重要历史文化遗产。"在此基础上，我国相关行政部门先后制定了一系列文化法律法规和部门章程。如《中华人民共和国著作权法》、《音像制品管理条例》、《文物保护法》等。这些法律法规通过文化立法，将政府对文化实行宏观管理的行为制度化，为公益性文化事业的宏观管理提供了法律依据。法律方法也有局限性，它的高度规范性使它在处理个性化的、内在的问题方面灵活性不足，而文化的特性又决定其个性化、内在的问题比较多。因此，法律方法需要与其他管理方法结合使用。

4. 舆论监督和绩效管理与评估方法

舆论监督是新闻媒体运用舆论的独特力量，帮助公众了解政府事务、社会事务和一切涉及公共利益的事务，并促使其沿着法制和社会生活公共准则的方向运作的一种社会行为。它具有监视社会环境，推动社会发展，调整和控制社会动态平衡的功能。对于某项事业来讲，它能够起到帮助找出问题的原因、提出解决问题的思路，并促进问题解决的作用。公益性文化事业的舆论方法，可以依靠宣传、鼓动、教育、说服等途径实施对事业的管理。这种方法能体现平等、民主、疏导的原则，形式灵活多变。如通过媒体进行政策和法规的宣传，表彰先进，揭露偏离公益性文化事业宗旨的行为和事件，让人民了解国家的政策，引导大家心往一处想、劲往一处使，同时将人民的意愿传达给相关权力部门，使党和政府的意志与人民群众的要求融合在一个契合点上，从而促使全社会逐步形成繁荣和发展公益性文化事业的共识。由于我国缺乏法治传统，舆论方法在公益性文化事业管理中不失为一种重要而有效的方法。

绩效管理与评估作为一项行之有效的现代公共管理模式，越来越受到各国政府的重视和利用。绩效管理的基本目标是提高公共管理运作效率与质量，包括提高行政效能、提高公共服务的质量，实现社会有效治理等等。① 在公益性文化事业管理中，通过绩效管理与评估，可以提高政府和公共机构的绩效，实现公众对公共资源的监督，从而加快公益性文化事业的发展水平，提高公益性文化事业的服务质量。在这一方法中，最主要的是要建立一个科学合理的公益性文化事业评价体系，内容包括：服务项目、服务内容、服务覆盖面、需投入的人力物力财力、预期社会效益、被服务群体参与程度、可能遇到的困难等，并制定一些量化指标，如：公益性文化服务设施良好率、服务受益率、被服务群体参与率和满意度等。以直观、系统、综合的手段，使国家和地区的公益性文化事业的发展水平有一

---

① 闫平：《文化产品和服务的公共性与公益性文化事业建设》，《山东社会科学》2008 年第 12 期。

个量化的标准，更科学、清晰地了解公益性文化事业的发展水平和存在的问题，以便监督和改进公益性文化事业的发展水平和走向，保证其服务质量真正落到实处，收到实效，切实推动公益性文化事业的长足发展。①

① 李康化、许中平：《论公益性文化事业的发展战略》，《思想战线》2008年第1期。

第五章 文化人才队伍建设与管理

国以才立，业以才兴。人才是任何一项事业发展最重要的资源，也可以说是第一资源。我们党历来重视人才工作，始终把人才问题作为关系党和国家事业发展的关键问题。党的十七大站在继续解放思想、坚持改革开放、推动科学发展、促进社会和谐的战略高度，从全面建设小康社会对文化建设的新要求和各族人民对文化工作的新期待出发，强调要更加自觉、更加主动地推动社会主义文化大发展大繁荣，兴起社会主义文化建设新高潮，提高国家文化软实力，使人民基本文化权益得到更好保障。这一伟大而光荣的历史性任务，对宣传思想工作和文化工作提出了新的更高的要求。要完成好这一工作，需要一大批优秀的文化人才队伍。文化人才队伍是文化建设事业的主体，在整个文化建设中居于支配地位，是社会主义先进文化的生产者、传播者，是党的宣传文化事业的主力军。繁荣人民群众文化生活、发展文化事业与文化产业，离不开一支业务强、素质精的文化队伍。在新时期，传承中华文明、创造先进文化的重任历史性地落在了当代文化工作者的肩上。提升中华民族的文化力，必须培育一批有强大生命力的文化主体，推出一批拥有自主知识产权和市场竞争力的文化品牌，造就一批有广泛代表性、社会知名度高的文化人才。这就需要大力加强以文化行政人才、文化经营管理人才和文化艺术专业人才为主体的文化人才队伍建设。这是宣传文化领域的一项基础性和战略性的工程，对进一步繁荣发展我国宣传文化事业，推动社会主义文化大发展大繁荣，具有十分重要的意义。

第一节　文化事业人才队伍建设

一、加强文化事业人才队伍建设的意义

文化建设的核心，是文化人才队伍建设。文化建设的内容包括文化机构、文化设施、文化体制、文化工程、文化活动、文化人才等方面，其中文化人才队伍建设是根本。文化建设的根本目的是提高人民群众的文化素质，促进经济社会和人的全面发展。为此需要有良好的文艺作品和文化氛围来教育人、熏陶人，这就需要有一大批素养优良、业务精湛、结构合理的文化人才队伍。

人才是一个国家、一项事业发展的最重要的资源，党和政府对此历来十分重视。2003 年，中央专门召开人才工作会议，作出《关于进一步加强人才工作的决定》，对进一步实施人才强国战略作出全面部署。宣传文化工作事关党和国家工作大局，加强宣传文化人才的培养，是实施人才强国战略的重要组成部分。党的十六大以来，为加快我国文化人才队伍建设，尤其是大力推进高层次宣传文化人才队伍建设，提高建设社会主义先进文化的能力，党和政府出台了一系列的政策措施。2003 年，党中央做出了实施全国宣传文化系统“四个一批”人才培养工程的重大战略决策。根据中央的部署和要求，结合宣传文化工作和人才队伍实际，同年 8 月，中宣部会同中组部、人事部下发了《全国宣传文化系统“四个一批”人才培养工作意

见》；2004 年 4 月，文化部又出台了《关于实施“人才兴文”战略，进一步加强文化人才队伍建设的意见》；2006 年，为培养造就高素质文化干部队伍，促进“十一五”时期文化事业的繁荣发展，根据《干部教育培训工作条例（试行）》和《国家“十一五”时期文化发展规划纲要》，文化部又制定了《2006～2010 年干部教育培训规划》。中共中央政治局委员、书记处书记、中宣部部长刘云山同志 2004 年 10 月 24 日在首届全国宣传文化系统“四个一批”人才培养工程研讨班上的讲话中指出：“实施宣传文化系统‘四个一批’人才培养工程是党中央作出的一项重大战略决策，是贯彻落实十六届四中全会精神，推动实施人才强国战略，提高建设社会主义先进文化能力的重要举措。宣传文化战线要认真贯彻中央部署，把‘四个一批’人才培养工程作为基础工程、战略工程切实抓紧抓好，努力形成人才辈出、人尽其才的生动局面，为繁荣发展社会主义先进文化提供有力人才保障。”他还指出：“兴起文化建设的新高潮，需要以人才为支撑，需要人才工作来推动；新高潮不仅体现在创作更多优秀文化产品上，而且体现在培养和造就大批优秀文化人才上。”“推进中国特色社会主义、实现中华民族伟大复兴，是前无古人的壮丽事业，呼唤产生思想大家和文化大师，需要有传世精品为社会变革而讴歌，为时代进步而欢呼，为英雄人民而赞美。造就思想大家和文化大师，是‘四个一批’人才培养工程的重要目标，也是宣传文化事业繁荣发展的重要标志。一个时代的思想文化大厦，必然要有一批大师和大家来支撑；一个民族的灿烂文化，必然要有一批泰斗和巨匠来代表；一个国家文化的繁荣兴盛，必然要有一批领军人物来领衔。在培养造就文化拔尖人才这个问题上，我们应该站在这样的高度来认识，站在这样的高度来落实。”①

据统计，我国现有宣传文化系统人才队伍（主要包括中央和地方各级党委宣传部及其联系管理的理论、新闻、出版、文化系统等方面的管理干部和专业人才队伍）约 96 万人②。在党中央、国务院的关心和重视下，这支队伍为宣传党的理论路线和方针政策，促进改革开放和现代化建设，发展社会主义精神文明，发挥了重要作用。在这一大批文化人才队伍的不懈努力下，我国的文化建设取得了令人瞩目的成就，无论是专业艺术、社会文化，还是对外文化交流，都得到了空前的繁荣和发展。但是，与我国社会主义现代化建设的进程、与人民群众日益增长的精神文化需求，以及我国日益提升的国际地位相比，我国的文化建设，包括文化事业和文化产业发展，都还存在一定的差距，能否缩小这种差距的关键，就在于文化系统的人才队伍建设，在于文化艺术产品生产者和管理者的素质，具体说来，主要是党政人才、专业人才和经营人才队伍的素质和能力建设。只有文化人才队伍建设得到切实加强、整个文化工作队伍的素质和能力切实得到提高，我国的文化建设才能不断适应新形势和新任务。我们要努力培养造就一大批坚持正确方向、精通各自业务、做出突出成绩、受到人民欢迎的各门类专家和业务骨干，为兴起社会主义文化建设的新高潮、铸造中华文化的新辉煌，提供坚实的人才保障。

---

① 刘云山：《实施“四个一批”人才工程　加快培养优秀宣传文化人才》，党建网 http://www.dangjiancn.com/ 2007 年 7 月 17 日。

② 中宣部：《大力加强宣传文化系统人才队伍建设》，中国机构网 http://www.chinaorg.cn/

资料：

我国宣传文化系统“四个一批”人才培养工程简介

党的十六大以来，为贯彻落实人才强国战略，大力推进高层次宣传文化人才队伍建设，提高建设社会主义先进文化的能力，党中央做出了实施全国宣传文化系统“四个一批”人才培养工程的重大战略决策。根据中央的部署和要求，结合宣传文化工作和人才队伍实际，2003 年 8 月，中宣部会同中组部、人事部下发了《全国宣传文化系统“四个一批”人才培养工作意见》。实施这一工程，旨在培养造就一批全面掌握中国特色社会主义理论体系、学贯中西、联系实际的理论家，一批坚持正确导向、深入反映生活、受到人民群众喜爱的名记者、名编辑、名评论员、名主持人，一批熟悉党和国家方针政策、社会责任感强、精通业务知识的出版家，一批紧跟时代步伐、热爱祖国和人民、艺术水平精湛的作家、艺术家。为更好地适应文化事业、文化产业发展需要，又相继将宣传文化经营管理人才和专门技术人才纳入“四个一批”人才培养工程。整个工程拟用 5 到 10 年时间，选拔培养 1300 名高层次人才，其中理论界 200 名，新闻界 300 名，出版界 100 名，文艺界 400 名，经营管理和专门技术人才 300 名。

“四个一批”人才培养工程实施以来，根据中央部署和要求，宣传文化系统会同有关方面做了大量工作，取得了重要进展和明显成效。一是严格标准、完善程序、拓宽渠道，人才选拔工作有序推进。先后从宣传文化工作一线选拔了三批共 287 名理论、新闻、出版、文艺领域优秀专业人才及 156 名经营管理和专门技术人才，目前正在组织第四批理论、新闻、出版、文艺界人才评审工作。入选的都是在业内有较高知名度、较大影响力、较好发展潜力的优秀人才，是本领域的中青年代表人物。二是创新手段、丰富内容、注重实效，人才培养机制不断完善。坚持以能力建设为重点，创新体制机制和方式方法，加强系统培训和实践锻炼。先后举办5期培训班，安排部分优秀人才到有关部门和基层单位挂职锻炼，组织8批140多人在国内考察采风，组织13批110多人赴国外专题考察和学习培训。三是营造环境、改善服务、加强协调，人才成长条件不断优化。设立专项资金，为“四个一批”人才承担重大课题、出版专著、召开研讨会、举办展览等提供资助；组织推介优秀成果和作品，为“四个一批”人才申报国务院特殊津贴，对做出突出贡献的优秀人才予以表彰，组织出版“四个一批”人才作品文库；加强与“四个一批”人才的沟通联系，听取意见建议，了解要求愿望，努力办实事、解难事。四是围绕大局、立足岗位、服务人民，人才作用进一步发挥。五年多来，“四个一批”人才牢记责任和使命，积极投身马克思主义理论研究和建设工程、国家重大文艺演出、文艺出版精品工程和重大采访活动，取得了丰硕成果，发挥了骨干作用。特别是在抗击低温雨雪冰冻灾害、抗震救灾斗争、拉萨“3·14”事件、乌鲁木齐“7·5”事件和北京奥运会、庆祝新中国成立60周年等重大宣传战役中，“四个一批”人才和广大宣传文化工作者一道，经受了考验，在关键时刻发挥了关键作用。在“四个一批”人才培养工程带动下，各省市区党委宣传部和中央宣传文化部门结合实际，认真实施人才培养计划，采取有力措施，加强选拔培养，鼓励人才干事业、支持人才干成事业、帮助人才干好事业的环境进一步形成，“四个一批”人才培养工程已经成为宣传文化系统人才培养的龙头工程、示范工程。

——资料来源：中国文明网 www.wenming.cn，2009年8月7日。

二、文化人才队伍建设的指导思想与基本原则当前宣传文化系统人才队伍建设，要坚持以马克思列宁主义、毛泽东思想、邓小平理论和“三个代表”重要思想为指导，坚持科学发展观，贯彻尊重劳动、尊重知识、尊重人才、尊重创造的方针，紧紧抓住培养、吸引、用好人才三个环节，遵循宣传文化人才成长规律，以提高建设社会主义先进文化、建设和谐文化的能力为重点，贯彻落实“人才兴文”战略，以人才资源能力建设为主题，以调整和优化人才结构为主线，以培养宣传文化系统“四个一批”人才为总体目标，不断创新人才管理体制和工作机制，推动学习型机关和学习型干部队伍建设，扎扎实实做好干部教育培训工作，为实现“十一五”时期文化发展目标、为全面建设小康社会和宣传文化事业的发展提供有力的人才支持和组织保障。①

文化人才队伍建设，必须坚持“党管人才”原则。“党管人才”作为人才队伍建设、人才工作的原则和要求，与党管干部的原则是一致的，都是巩固党的执政地位，推进党的事业发展的重要保证。坚持党管人才的原则，是我们党科学总结干部队伍建设和人才工作实践做出的重大决策，充分反映了我们党对执政规律和社会主义现代化建设规律认识的深化，体现了与时俱进的时代精神。宣传文化工作事关党和国家工作大局，文化人才队伍的培养，是实施人才强国战略的重要组成部分，也必须坚持党管人才原则。党中央对宣传文化系统人才培养工作非常关心，胡锦涛总书记强调要坚持党管人才原则，加强宣传思想战线专业人才队伍建设，努力培养造就一大批坚持正确方向、精通各自业务、做出突出成绩、受到人民欢迎的各门类专

① 参见《文化部 2006～2010 年干部教育培训规划》。

家和业务骨干。[①] 全面落实党管人才的要求，对于做好新形势下的文化人才队伍建设工作，增强党在文化领域的影响力和凝聚力，具有十分深远的意义。

在文化人才队伍建设中，应牢固树立人才资源是第一资源的观念，坚持德才兼备、实绩突出、群众公认的原则，坚持公正、公开、公平的原则，坚持培养与使用并重的原则。要建立充满生机与活力的人才培养机制，扩大识人选人渠道，注重在实践中发现和培养人才，彻底改变“重使用、轻培养”，“重引进、轻发掘”的观念；把人才放到最合适的岗位上去，做到人尽其才、才尽其用，真正把忠于马克思主义，忠于党和人民，政治上靠得住、工作上有本事、作风上过得硬的优秀人才选拔出来；针对不同专业特点，加强分类指导，实行动态管理，着力营造鼓励人才干事业、支持人才干成事业、帮助人才干好事业的社会氛围，建设一批数量充足、结构合理、专业门类齐全的高素质的宣传文化人才队伍。

在文化人才队伍建设工作中，还应体现以人为本的精神，遵循宣传文化人才的成长规律，针对人才的不同情况制定培养方案。要把思想政治建设放在首位，提高人才的思想政治素质；以能力建设为重点，提高创新能力，提高业务水平；加强社会实践锻炼，在实践中经受锻炼，丰富经验，增长才干；建立规范有效的激励机制，设立培养专项资金，为人才承担国家重大课题、重点项目、重要演出以及研究、创作、出版专著等提供资助；营造良好氛围，倡导学术民主，充分发挥人才作用，为优秀拔尖人才脱颖而出创造良好的环境和条件。在具体培训工作中，应遵循以下原则：一是按需培训。

---

① 刘云山：《实施“四个一批”人才工程　加快培养优秀宣传文化人才》，党建网 2007 年 7 月 17 日。

按照文化工作的总体要求，结合干部成长规律和培训需求，多层次、多渠道、多形式地开展培训，激发干部学习的内在动力和潜能，增强培训工作的针对性和实效性。二是注重质量。着眼于干部素质和能力的提高，加强调查研究，科学设置培训课程，提高培训机构的教学质量和培训工作管理者、教育培训工作者的业务素质，确保干部培训规模和质量、效益的统一。三是联系实际。紧密联系国际形势新变化，联系我国改革开放和社会主义现代化建设的新进展，联系干部教育培训工作的新经验、新成果，联系干部的思想和工作实际，引导干部在改造主观世界的同时，运用所学理论指导实践，提高解决实际问题的能力。四是改革创新。以科学发展观为统领，以建设先进文化、和谐文化为己任，解放思想，与时俱进，更新观念，开拓思路，不断创新培训内容，改进培训方式，完善培训机制，整合培训资源，推进干部培训的理论创新、制度创新和管理创新。五是培训与使用相结合。确立教育培训工作在干部队伍建设中的基础性地位，人事部门应将干部教育培训情况作为干部考察的内容和评优评先、任职、晋升的重要依据之一。①

三、文化人才队伍的培养要求

2004 年 4 月，文化部出台的《关于实施“人才兴文”战略，进一步加强文化人才队伍建设的意见》在广泛调研的基础上，深入分析了文化人才队伍的现状及文化人才队伍建设面临的新形势，明确了“人才兴文”战略的指导思想及文化人才队伍建设的目标任务，提出要紧紧抓住大力培养、积极引进、合理使用三个环节，努力形成促进文化人才成长的良好机制，建设规模宏大、结构合理、素质较高的文化人才队

---

① 参见《文化部 2006～2010 年干部教育培训规划》。

伍，开创人才辈出、人尽其才的工作局面。“人才兴文”战略的总体目标提出，要大力加强以文化行政人才、文化经营管理人才和文化艺术专业人才为主体的文化人才队伍建设。2008年12月，文化部在《关于贯彻落实科学发展观，进一步加强大规模培训干部工作的实施意见》中，对文化行政人才、文化经营管理人才和文化艺术专业人才这三方面的人才队伍的培训，提出了明确具体的要求。文化行政人才主要是指各级宣传文化部门的党政领导干部。文化的发展繁荣需要一支政治上靠得住、工作上有本事、作风上过得硬、人民群众信得过的党政干部队伍作保障。新一轮大规模培训干部工作以党政领导干部为重点，要抓好处级以上党政领导干部的培训，特别是“一把手”的培训。要以加强党性教育，提高科学执政能力、依法行政能力、廉洁自律能力为重点，着力开拓他们领导文化事业科学发展的视野、思路和胸襟，提高把握全局、科学决策、勇于创新、善于管理等方面的能力。文化经营管理人才的培训，将针对文化经营管理人才短缺现状，把加强经营管理人才，特别是高级经营管理人才的培训作为一项基础性和战略性工作来抓，要以培养建设一批既懂文化、又懂市场、具备较高管理水平的文化经营管理人才队伍为目标，加强在文化建设规划、市场营销、资本运作、风险控制、开拓创新等方面的培训，增强他们的竞争意识、市场意识、服务意识和社会责任意识，提高发展文化产业的能力。文化专业技术人才在文化系统“三支”干部队伍具有人数多、分布广、门类全等特点。培训工作要有计划、分领域、分类别、分层次，要善于发挥所在单位资源优势，以业务知识、专业技能、业务拓展为培训重点，全面提高专业技术人才的综合素质和能力。要加强继续教育，鼓励专业技术人才自主选学、在职自学和网络学习。[1] 通过培训，使三支队伍的素质和能力有大幅度地提高，能够适应我国经济社会发展以及增强国家软实力的需要，使我国的文化建设呈现一种新的局面，文化事业更加繁荣、文化产业更加发展壮大，中华文化的影响力不断扩大。

文化人才队伍，特别是高层次文化人才是我国社会主义文化建设领域各类人才的优秀代表和领军人物，肩负着党和人民的重托与厚望。刘云山同志2006年在同“四个一批”人才建设第二期研修班全体学员座谈时讲话指出：文化部实施的宣传文化系统“四个一批”人才培养工程在社会上特别是宣传文化领域，产生着越来越大的影响，社会各界也寄予厚望。该工程已列入全国“十一五”人才培养规划，成为国家人才战略的重要组成部分。他在讲话中对我国宣传文化领域的人才队伍提出了六点要求：

第一，坚定信念，保持崇高的理想与追求。宣传文化工作者是精神文化产品的创作者、生产者，承担着以文化人的重要职责，尤其要有远大的理想、崇高的追求。讲理想，当然要讲个人的奋斗目标，但个人的理想、自我的设计，应当同国家的前途、民族的命运紧密相连。历史已进入一个崭新的时代，当代中国人民的共同理想，就是要在中国特色社会主义道路上实现中华民族的伟大复兴，在中华民族伟大复兴进程中推进中国特色社会主义事业。这一全民族的共同理想，自然应该成为每一位宣传文化工作者自觉的精神追求和基本的价值取向。我们应当认真学习邓小平理论和“三个代表”重要思想，贯彻落实科学发展观，掌握马克思主义的立场、

---

① 参见《文化部关于贯彻落实科学发展观进一步加强大规模培训干部工作的实施意见》，www. CPLL. cn

观点和方法，努力把理想信念建立在科学理论的基础之上。

第二，开阔视野，努力面向现代化、面向世界、面向未来。当今时代，世界多极化和经济全球化趋势深入发展，科学技术日新月异，现代传播手段广泛运用，各种思想文化相互激荡；当代中国，经济建设、政治建设、文化建设和社会建设相互贯通、相互促进，宣传文化工作领域在不断拓宽、内涵在不断丰富。没有开阔的视野，没有长远的眼光，就难以适应形势快速发展的需要，也难以成为宣传文化领域的领军人物。文化是民族的，也是世界的。中华文化的繁荣发展，离不开对优秀传统文化的传承，越是民族的，越是世界的。中华文化的繁荣发展，也离不开对世界优秀文化成果的吸收借鉴。宣传文化工作是现代化建设事业的有机组成部分，围绕中心、服务大局是宣传文化工作的重要原则和基本经验。宣传文化工作者应当具备把握未来的能力，站得高一些，看得远一些，将总结历史经验、反映现实问题和把握未来趋势结合起来，善于从纷繁复杂的现象中揭示本质、展示主流，更好地引领和推动社会发展。

第三，宣传文化工作者应当把掌握过硬业务本领作为毕生的追求，潜心学习、苦心钻研、虚心求教。我们要树立终身学习的意识，广泛学习各方面知识，不断提高自己的学术功力，优化自己的知识结构。对本领域的新知识，对其他相关专业知识，都要认真学习、勤于涉猎，不断提高综合素养。现在，时代发展了，条件改善了，但勤学苦练仍然是成才的必由之路。我们应当发扬锲而不舍、坚韧不拔的精神，在千锤百炼中练就过硬的本领，打牢坚实的基础。我们要有虚怀若谷的胸襟，善于向他人学习，虚心向同行求教，学人所长、补己之短，努力打牢知识根底和业务根底。

第四，勇于创新，不断超越自我、攀登新的高峰。现在，我们正处在伟大的创新时代，致力于建设创新型国家。创新的时代需要创新的文化来引领，创新的文化需要创新的人才来创造。宣传文化战线肩负着培育创新文化的重要任务，宣传文化工作者要在倡导创新、促进创新的同时追求创新、实践创新，勇于解放思想，善于把握规律，在继承中发展，在借鉴中创造。要有敢为人先的胆识，有超越前人的勇气，革除旧观念，打破老框框，不断创新内容、形式、手段和方法，使我们的作品和成果富有时代气息、体现当代特征。深化改革、推进体制机制创新，是文化创新的重要内容，要遵循社会主义精神文明建设的特点和规律，适应社会主义市场经济发展的要求，大力宣传、深入研究文化体制改革，积极投身文化体制改革，努力在改革的实践中进一步激发创造热情。

第五，脚踏实地，深深植根于亿万人民的伟大实践。宣传文化工作是在精神领域搞建设，尤其需要求真务实、脚踏实地，察实情、说实话，努力在人民群众的历史创造中进行文化的创造，在社会实践的不断进步中造就文化的进步。要了解我国社会主义初级阶段基本国情，深入改革开放第一线，深入经济建设最前沿，向实践学习，向生活学习，向群众学习，在实践中激发思想灵感，进行美的创造，使自己的作品和成果更好地贴近实际、贴近生活、贴近群众。搞理论研究、新闻报道、文艺创作，需要有长期的生活积累，不但人要沉得下去，而且心要静得下来，不能指望一夜之间红遍天下，成为大家、大师。我们应当踏踏实实地做学问，认认真真地搞创作，甘于寂寞、不慕虚名、力戒浮躁，以“十年磨一剑”的精神，创作出叫得响、传得开、留得住的精品力作。

第六，德艺双馨，以良好的形象赢得人民群众的尊重和热爱。宣传文化工作者是人类灵魂工程师，理应具有良好的品格、高尚的情操，做到德艺双馨。敬业、勤业、精业，是德艺双馨的重要体现和基本要求。常香玉有一句名言叫“戏比天大”。所谓“戏比天大”，实际上是把艺术当作生命，这是对艺术精益求精的精神，对观众高度负责的态度。德艺双馨，还表现为强烈的责任感，对社会负责，对人民负责。入选“四个一批”的同志都是宣传文化战线的优秀人才，不少同志具有很高的知名度。越是这样，越要时常念及社会的培养，倍加珍惜党和人民的厚爱，谦虚谨慎、戒骄戒躁，自尊自重、自珍自爱，以良好的职业道德规范自己的言行，真正做到德艺双馨、德才兼备，赢得人民群众的尊重和热爱。①

以上这些要求，对文化建设领域的人才培养是具有很强的指导性和方向性的意见。新时期的文化工作者，要认清职责，以对党和人民高度负责的态度，以强烈的历史使命感和社会责任感，奋发进取，勇于开拓，不断提高自身素质，努力使自己成为本专业领域的优秀人才，为繁荣发展我国的文化事业和文化产业、铸造中华文化的新辉煌做出应有的贡献。

四、加强文化人才队伍建设的主要措施

党的十七大报告指出：“要深化文化体制改革，完善扶持公益性文化事业、发展文化产业、鼓励文化创新的政策，营造有利于出精品、出人才、出效益的环境。”“设立国家荣誉制度，表彰有杰出贡献的文化工作者。”“要充分发挥人民在文化建设中的主体作用，调动广大文化工作者的积极性，更加自觉、更加主动地推进文化大发展大繁荣，在中国特色社会主义的伟大实践中进行文化创造，让人民共享文化发展成果。”这些阐述，为加强新时期文化人才队伍建设指明了方向。根据我国文化人才队伍建设的实际，概括起来，文化人

① 刘云山：《国以才立 大力实施“四个一批”人才工程》，中国文明网 www.wenming.cn，2006年6月4日。

才队伍建设的主要措施有如下几个方面：

1. 加强组织领导，更新观念，合理规划

党和国家对文化人才队伍建设工作历来十分重视，也出台了许多方针和政策，但这项工作是否能够落到实处、取得成效，关键在领导。宣传文化系统各级领导要高度重视文化人才队伍建设，把这项工作摆上重要位置，切实加强领导。要建立相应的领导和协调机构，加强工作指导和协调，定期研究、解决人才工作问题。各级宣传文化系统单位都要根据统一部署和要求，结合本地区、本单位的实际，制定工作实施规划，采取具体措施，抓紧推动和落实文化人才队伍建设工作，必要时可将文化人才队伍建设纳入领导班子目标考核责任制。由于人才队伍建设工作是一项系统工程，因此，要充分发挥组织、宣传、人事等部门的积极作用和整体优势，加强相关部门的横向联系，齐抓共管，形成合力。要注重对人才队伍培养和选拔工作的调查研究，及时总结交流经验，改进工作方法，加强督促检查，做好协调服务。

要做好人才队伍建设工作，思想观念的更新十分重要。观念新不新、视野宽不宽、站的高不高，都将直接影响到人才队伍建设工作的成效。目前，不少党政人才和管理人才知识结构老化，观念陈旧，视野狭窄，缺乏开拓创新精神，跟不上改革的步伐，把握全局、驾驭全局的能力弱。这些不利因素需要我们在工作中很好的加以克服。各级党政领导干部首先要认真学习邓小平理论、“三个代表”重要思想，系统学习党中央提出的科学发展观等一系列重大战略思想，用马克思主义中国化的最新成果武装头脑，树立新的符合科学发展的人才观。

其次，要从战略高度认识文化人才队伍建设的重要性，将文化人才队伍建设作为中国特色社会主义先进文化建设、社会主义精神文明建设的重要保证和根本动力。要充分认识到，培养和造就一批高素质的文化人才队伍，为文化的大发展大繁荣提供充沛的后备力量与不竭的发展动力，是各级文化职能部门所肩负的最具挑战性的历史使命。

第三，要树立正确的选人用人标准。无论是文化单位招聘人才、选拔领导，还是宣传文化部门确定重点培养对象，首先有一个选人用人标准的问题。选人用人标准是一种导向，正确的选人用人标准可以引导文化队伍专业人才刻苦钻研业务、不断提高自己的专业水平，在整个队伍中形成良好的风气。现在有些文化人才不是专心于创作，而是热衷于在新闻媒体上露脸，担任各种各样的社会职务，创作一些片面迎合时尚潮流的作品，从而达到名利双收的目的。有关党政部门不但不应该鼓励这种行为，而且要采取措施使这种行为受到限制。对那些潜心钻研业务、能够创作出符合社会主义核心价值观和体现先进思想文化的优秀作品的人才要加以重视，提供条件加以重点培养。

第四，要转变人才管理的理念。人才的成长有其特殊的规律，如何有效地进行文化人才队伍的管理，必须研究文化工作者的个体行为、价值取向及心理活动特征和成长规律，而不能简单地按照一般人事管理的办法来管理文化人才队伍。因此，文化主管部门要更新观念，要坚定不移地走内涵发展之路，以先进的人才理念、发展创新的明晰思路、合理细致的规划和刚柔并济的科学管理，在文化人才的聘任、培养培训、考核奖励等各个环节上制定出配套而又具体的制度措施，为建设一支素养优良、业务精湛、结构合理的文化人才队伍创造条件。

2. 努力为文化人才成长营造良好的社会环境

刘云山同志指出：“人才的成长有着特殊的规律，既要靠自身的努力和奋斗，也离不开一定的社会环境，内因固然重要，外因也不可忽视。能不能形成人才辈出、人尽其才的生动局面，很大程度上取决于是否具有良好的社会环境。”改革开放以来，党中央高度重视文化建设，尤其关心宣传文化领域的人才培养，为人才成长提供了政治保障；中国特色社会主义现代化建设积累了丰厚的物质财富，为人才成长提供了坚实的物质基础；广大人民群众创造美好生活的生动实践，为人才成长提供了肥沃土壤；民主发展、文化昌盛、社会和谐，为人才成长提供了社会条件。这一切都为宣传文化人才的大量涌现和健康成长提供了难得机遇。一方面，我们的宣传文化工作者一定要珍惜党、政府和人民给我们创造的条件，珍惜时代、社会给我们提供的机会。另一方面，各级党委、政府和社会各个方面都要认真贯彻落实中央关于人才工作的部署，通过观念创新、体制创新、政策创新，大力营造良好社会环境，使社科理论、新闻出版、文学艺术、文化产业各领域优秀人才不断脱颖而出。①

文化建设、精神文明建设，从本质上来讲就是从事精神文化产品的生产，它是一种注重创新、具有个性、富于创造的工作。因此，营造有利于宣传文化人才潜心创作、充分施展才华的良好环境是十分重要的。为此，宣传文化领域必须认真贯彻尊重劳动、尊重知识、尊重人才、尊重创造的方针，要在政治上、工作上、生活上切实关心帮助文化人才的成长，使优秀人才留得住、用得上、作用发挥得好。着力营造鼓励人才干事业、支持人才干成事业、帮助人才干好事业的社会氛围，放手让一切文艺创作的活力竞相迸发，让一切创造精

---

① 刘云山：《实施“四个一批”人才工程　加快培养优秀宣传文化人才》，党建网 2007 年 7 月 17 日。

神财富的源泉充分涌流，让一切先进文化生产力得以解放和发展。要坚持“百花齐放、百家争鸣”，在学术研究中提倡不同观点的自由讨论，在艺术创作中提倡不同风格的自由发展，努力形成尊重文化、尊重艺术的浓厚氛围，形成生动活泼、民主团结、宽松和谐的良好局面，使尊重人才、崇尚创造在宣传文化战线蔚然成风。①

3. 建立规范有效、充满生机与活力的人才培养激励机制

建立和形成有效的、充满生机和活力的人才培养激励机制，是焕发和保持人才队伍实干有为的关键措施，也是人才成长的催化剂。文化人才培养的激励措施应围绕培养、选拔和使用这三个关键环节，从竞争机制、倾斜政策、重奖突出成果、改革分配制度、搭建工作平台、加强培训和人事管理等方面建立规范系统的管理措施。

具体来讲，一是要进一步加大学习培训力度。按照中央关于人才队伍建设的总体要求，有计划有步骤、多层次多渠道地对宣传文化系统人才进行培训。以加强管理能力、创新能力为重点，以建设高素质人才队伍为目标，一手抓思想政治教育和党性教育，一手抓知识更新和业务培训，坚持分级负责、分类管理、全员培训的工作原则。通过举办各类政治理论培训班、专题研讨班、专业进修班，不断提高人才的思想政治水平和各项业务素质。在总结经验的基础上，建立具有时代特色、适应宣传文化工作形势任务要求的培训机制，坚持政治理论培训和宣传业务培训并重，领导干部培训和专业人才培训并重，增强培训工作的针对性和实效性。

二是要创造公开公正、平等竞争的选人用人环境，扩大

---

① 刘云山：《实施“四个一批”人才工程　加快培养优秀宣传文化人才》，党建网 2007 年 7 月 17 日。

识人选人渠道，注重在实践中发现和选用人才。继续推行和完善公开招考、社会招聘、竞争上岗等措施办法，建立起能上能下、动态管理的长效用人机制。通过完善制度，建立科学的责任制考核办法、竞争上岗制度等评价机制，激发文化人才队伍的工作热情，为推动各项工作增添生机和活力。通过科学严格的选才办法将各方面的优秀人才充实到文化人才队伍中来，改善文化人才结构，使文化人才队伍更加知识化、专业化、年轻化。

三是要深化分配制度改革。着眼于文化人才个体效能的充分的发挥，按照效率优先、兼顾公平的原则，深化以业绩为取向的分配制度改革。建立与岗位和贡献相适应、符合市场经济法则的薪酬、保障制度，鼓励资本、技术、管理等生产要素参与收益分配。鼓励企事业单位对关键岗位的专业技术骨干和承担重点文化项目的带头人实行协议工资制、年薪制。加大对体制外人才的保障力度，使编制内外的宣传文化人才在享受评定职称、养老保险、失业保险、福利房等待遇以及社会保障上地位平等，增强人才的活力和能力。

四是要创新文化人才的奖励激励机制，重奖突出成果。加快建立优秀人才、特殊人才激励机制，实行高薪聘请特殊人才政策，对专业水平要求高、演艺生涯短的特殊岗位，在分配上要给予较大的政策倾斜；部分特殊岗位可实行年薪制；对科研上有重大突破、创作上有重大成果、经营管理上实现较高经济社会效益的人才给予重奖和激励。对高层次人才实行协议工资制，其收益分配方式可实行一次性奖励、税后净利润提成、成果入股等多种形式。有条件的单位可以在文化科技研发及营销、文化创作成果转化、文化产业项目开发以及其他创意项目的收益中，提取一定比例用于奖励文化骨干。确立以业绩为取向的人才价值观，在职称评聘、成果评奖、工作考核等方面，打破学历和资历的界限，以创新能力、创作研究成果和经营管理实绩为主要衡量标准。在文化事业单位改制过程中，鼓励经营管理层持股，允许技术入股，充分调动文化人才的创业积极性，使各类文化人才的创造力竞相迸发、充分涌流。同时设立影视、娱乐、出版、演艺等各个文化领域的奖励基金。鼓励企事业单位对有突出贡献的高层次人才进行重奖。

文化部十分重视人才激励机制的建立与实施。相继开展了文化行业表彰、专家选拔推荐、为文化艺术事业做出重大贡献的杰出人才授予荣誉称号等工作。如：2005 年，与人事部联合开展全国文化工作先进集体、全国文化系统先进工作者、劳动模范表彰工作，授予 246 名文化系统文艺工作者“全国文化系统先进工作者”荣誉称号。2004 年，国务院授予巴金“人民作家”荣誉称号。2005 年，以国务院名义追授著名豫剧表演艺术家常香玉“人民艺术家”荣誉称号。2007 年 4 月，以人事部、文化部名义授予于是之等 30 名同志“国家有突出贡献话剧艺术家”荣誉称号，以文化部名义授予 80 位同志“文化部优秀话剧艺术工作者”荣誉称号。2004 年至今，有 18 位专家经人事部批准享受政府特殊津贴，有 15 位专家入选宣传文化系统“四个一批”人才。李雪健等 4 位同志被人事部、中国文联表彰为“德艺双馨”文艺工作者。2005 年，按照中组部要求，推荐了 33 名“中央直接掌握联系专家”。2006 年，中国艺术研究院牛克诚同志被确定为文化部系统首位“百千万人才工程”国家级人选的专家等。这些表彰和奖励在文化界产生了良好反响，进一步激发了广大文艺工作者的积极性和创作热情。

在奖励激励措施方面，一些地方也进行了尝试并取得良好效果。如济南市从 2004 年开始，市委宣传部设立宣传文化人才发展专项资金，每年安排100万元，用于人才培养、培训、引进、奖励。宣传文化系统各单位也根据实际情况分别制定了奖励措施，积极为有功人员创造良好的工作生活环境。市文化局设立了荷花奖，为27位文化艺术名人和英雄模范建立了包括履历、回忆录、剧本、论文、录音录像等资料的永久性档案，为原济南市京剧团退休多年的李幼麟、武正霜两位京剧表演艺术家增加了每人每月1000元的生活补贴。

五是要加强文化人才队伍管理。坚持党管干部、党管人才原则，要从党的宣传工作的特殊重要性出发，进一步贯彻落实管事与管人相结合的原则，努力做到人才的了解和使用相结合、培养和管理相结合。认真贯彻中央关于干部人事制度改革的精神，积极探索，努力实践，大胆创新，逐步建立健全宣传文化系统人才队伍建设的制度体系。结合文化体制改革试点工作的开展，研究探索社会主义市场经济条件下人才队伍建设的特点和规律，深化用人制度和分配制度改革，形成充满生机和活力的用人机制，努力把优秀人才聚集到党的宣传文化事业中来。建立引进、培养、选拔、使用宣传文化人才年度工作报告和工作通报制度，及时通报人才工作情况、总结工作经验，促进人才培养选拔工作制度化、规范化。要建立文化人才队伍档案和信息库，对人才实行跟踪考察，实行动态管理和分类管理。如：对业务成就突出的，可作为学科带头人培养；对确有管理能力的复合型人才，可作为业务领导人选推荐；对参政能力强、在各界别中有影响的人才，可作为人大代表、政协委员人选向有关方面推荐。对“四个一批”重点人物和先进典型加大宣传，充分发挥他们的示范引导作用，扩大他们的社会影响和知名度，鼓励多出人才、快出人才。定期对宣传文化人才进行管理考核，主要考核其思想政治表现、职业道德、工作实绩、工作目标完成情况及岗位职能履行情况。文化人才队伍的管理最终要实现善于发现人才、培养人才、使用人才、知人善任、广纳群贤的目标。

4. 加强高层次文化人才建设

增强党对意识形态的控制力，巩固马克思主义在意识形态领域的指导地位，必须有一批政治坚定，与党同心同德，具有广泛社会影响的一流专家、学者和艺术家。要树立哲学社会科学与自然科学同等重要的意识，以培养高层次专门人才为龙头，带动宣传文化系统人才队伍建设。培养文化人才、特别是培养知名的高层次的文化人才具有特殊的意义。文化名人本身就是一种文化氛围，就是一个文化领域的代表。只有有了优秀的文化人才，才能创造好的文艺作品，才能引领、创造良好的文化氛围。目前，宣传文化系统高层次人才数量偏少的现象较为普遍。随着世界范围内文化资源产业化发展进程的急速加剧，宣传文化事业发展与文化专门人才不足的矛盾日益凸显，尤其是视野宽、懂策划、有创意、善经营、会管理的“复合型”文化专门人才和有广泛影响的学科带头人、文化领军人物和拥有现代信息技术手段的高科技人才等高层次的文化人才普遍缺乏。体制内专家型的理论研究人才不足，文化团体内专业文艺工作者青黄不接，现有高层次人才年龄趋于老化，等等。

“要解决高层次人才稀缺问题，就必须打破常规去发现、选择和培养拔尖人才。”北京师范大学传媒发展研究中心执行主任张洪忠博士认为，打破常规就是进一步完善和创新人才选拔、培养、引进、激励、保障等机制，不断激发人才活力，努力创造良好的人才环境。① 目前许多地方已充分认识到高层

---

① http://news.edu-chn.com/newsadmin/htmlnews/762009/1001661249123926.html

次文化人才培养的重要性和紧迫性，纷纷采取措施加大高层次文化人才队伍建设。例如，2007 年，国家图书馆建立了人才引进的“绿色通道”，制定了紧缺人才“刚性引进”计划，面向社会公开招聘“创新人才”，以全职和兼职等聘用形式，重点引进信息管理技术、数字图书馆建设等方面的首席专家、学术带头人等高级人才和重点岗位紧缺人才。故宫博物院通过引进高层次人才，解决了缺项专业高级岗位的空缺问题。上海在 2006 年就把加强高层次文化人才建设作为上海文化人才工作的重点，进一步推进文化人才高地建设。提出要培养和造就一支具有国际先进水平或在国内得到广泛认可的高层次文化人才队伍的目标，计划到 2010 年，形成 80 名左右专业贡献突出、引领作用明显的文化领军人才“国家队”，160 名左右覆盖文化领域各行业类别的、对提升城市文化形象起到积极作用的领军人才“地方队”，800 名左右优秀青年人才为主的领军人才“后备队”和一批起骨干和支撑作用的中青年拔尖人才群体。浙江省多层次、多渠道培养高层次文化人才。依托高等院校和文化艺术专业学校，培养文化艺术专业、文化经营管理、文化科技等方面的高层次文化人才。以更新知识、提高素质和创新能力为主要目的，扎实推进文化高层次人才的继续教育工作，重点培养有发展前途的年轻优秀人才。办好全省文化艺术院校和社科、文化艺术专业学科，开展网上文化艺术教育，逐步建立完善高层次文化人才学习培养基地。开展境外培训，每年选拔推荐一批高层次文化人才出国培训，或从事国际文化交流活动。此外，还制定优惠政策，积极引进海内外高层次人才。以标志性文化设施、重大文艺作品、文化资源开发项目为载体，以各种文化艺术节庆活动为契机，有计划地吸引、聚集国内外的艺术大师和优秀文化艺术、经营管理、文化科技人才。积极解决引进高层次文化人才的后顾之忧，在工作、生活待遇等方面给予政策倾斜。

培养高层次文化人才，要突破传统观念束缚，不拘一格降人才，对有潜力有贡献的人才要重点培养，为优秀专门人才脱颖而出创造条件。要关心人才的思想、工作和生活，为他们解决实际困难，增强人才队伍的凝聚力和向心力。只要我们解放思想，积极探索，打破常规，就能够为高层次文化人才培养和成长创造良好的环境，从而达到充实高层次文化人才队伍的目的。

5. 加强文化人才的实践能力培养，为文化人才打造施展才华的平台。

通过给人才压担子、以任务带队伍等方式，提高文化人才的实际工作能力水平和研究创新能力，加快文化人才在实践中提高，在使用中成长。要进一步加大实践锻炼的力度，坚持在实践中、艰苦环境中培养锻炼人才，有针对性地选派优秀干部到艰苦环境和重要岗位进行锻炼，提高综合素质和领导能力。进一步完善制度，采取上挂与下派相结合的办法，加强地区间、部门间人才的交流和使用。要根据人才的成长经历、业务专长及工作需要，有计划地安排文化人才参加相关的参观考察、专题调研、文艺采风等活动，为他们深入基层、深入群众、深入生活创造条件，让他们在向群众学习的实践过程中完善自己、在竞争中提高自己、在奋斗中充实自己，不断提高思想政策水平和开拓创新能力。同时，还要为他们参与省内外、国内外各种重要的学术交流和文化交流活动提供便利。鼓励名师、名家收徒授业，通过“传、帮、带”等方式，提高青年文化人才的专业技能。积极组织举办青年演员文艺汇演、优秀青年艺术工作者个人作品展示和研讨等活动，为推出新人搭建舞台。对那些具有专业特长的人才，要确保其在专业领域得到充分发展。

文化机构是人才的聚集之所，文化设施是人才表演的舞台。一流的文化机构和文化设施是吸引文化人才的重要条件。因此，要充分发挥文化机构、文化设施的作用，加强平台建设，为文化人才充分施展才华提供空间和舞台。近年来，一些艺术团体和文化机构就十分重视这方面的工作，并取得了显著的成效。例如：中央芭蕾舞团紧紧抓住艺术人才的黄金期，培养出张剑等优秀的青年舞蹈演员，成为文化部获得政府特殊津贴的最年轻的专业人才；中国艺术研究院、国家图书馆等单位，通过让青年人才承担项目课题、以基层实践锻炼“加压”的方式，促使优秀青年人才脱颖而出；中国京剧院高度注重领军式人物的培养，实施结合重点项目攻关式培养的办法，根据演员的艺术潜力，每年为其量身定做新剧目、排演保留剧目，培养出于魁智、张建国、张火丁、李胜素等活跃在当今京剧舞台上的优秀中青年演员。济南市宣传文化系统积极引导本市宣传文化系统各单位加强平台建设，济南市广电局制定出台了《名人工作室管理暂行规定》，并为著名节目制作人、主持人建立了《袁小冬工作室》、《含笑工作室》，推出了《泉城夜话》、《含笑时间》等名人品牌专栏。济南日报开辟了《党报热线》、《球话实说》、《孙华调查》等专栏。济南市文联建立了《吴泽浩艺术工作室》、《钱海燕工作室》等。通过人才工作平台的创建，不仅为人才实现自身价值、充分发挥作用提供了有效载体，也对宣传文化系统形成学习进取、成才创业的氛围，起到了有效的感召和激励作用。

6. 加大宣传文化人才队伍建设的资金投入。

树立人才资本投资理念，建立完善政府、社会、用人单位和个人多元化投入机制。形成以文化单位投入为主体，财政专项支持、政策资金资助，以及企事业单位、社会团体和个人捐赠等多元融资渠道，完善文化人才建设经费保障机制。建立文化人才建设专项基金，用于人才的培养、引进和奖励。加大财政投入，增加教育培训在预算支出中的比重。充分吸纳社会资金参与文化建设，增强文化事业发展后劲。对承担省级以上重大课题、重点项目、重要演出以及研究、创作、出版专著等提供经费资助。加大对艺术、学术、技术创新和人才资源开发的投入，用于培养文化拔尖人才、改善拔尖人才的工作和生活条件。鼓励社会团体、企业参与文化艺术的评选活动，引导全社会关心扶持文化艺术人才成长。

第二节　文化产业人力资源管理概述

人力资源管理，就是指运用现代化的科学方法，对与一定物力相结合的人力进行合理的培训、组织和调配，使人力、物力经常保持最佳比例，同时对人的思想、心理和行为进行恰当的诱导、控制和协调，充分发挥人的主观能动性，使人尽其才，事得其人，人事相宜，以实现组织目标。

在人类所拥有的一切资源中，人力资源是第一宝贵的。对于一个国家而言，只有人力资源得到了充分的开发和有效的管理，国家才能繁荣、民族才能兴盛。对于一个组织来讲，只有求得有用人才、合理使用人才、科学管理人才等，才能促进组织目标的达成和个人价值的实现。而对于面临经济全球化和激烈市场竞争的文化产业来说，不断提高人力资源开发与管理的水平，不仅是产业发展壮大、提高市场竞争力的需要，也是企业长期兴旺发达的重要保证。现代管理理论认为，对人的管理是现代企业管理的核心。因此，分析文化产业人力资源的发展现状，了解和掌握现代人力资源管理的理论和方法，实现对文化产业人力资源的有效管理，意义是十分重大的。

一、我国文化产业人力资源现状

2004 年 4 月，国务院发布的《文化及相关产业分类》，将文化产业的相关行业划分为九个大类，分别是：①新闻服务；② 出版发行和版权服务；③ 广播、电视、电影服务；④文化艺术服务；⑤网络文化服务；⑥文化休闲娱乐服务；⑦其他文化服务；⑧文化用品、设备及相关文化产品的生产；⑨文化用品、设备及相关文化产品的销售。文化产业的相关行业也对应着相应的人才，一些学者主张把文化产业人才分为以下几类：①文化产业创意人才；②文化产业技术人才；③文化产业经营人才；④文化产业营销人才；⑤文化产业渠道经营人才；⑥文化产业管理人才；⑦文化产业研究人才。

我国是人口大国，自然人力资源十分丰富，但这种优势仅仅表现在人口规模上，并未转化为现实的人才优势，导致我国在全球化激烈的人才竞争中处于明显劣势。问题出在哪里？教育部公布的《中国教育与人力资源问题报告》对这一问题进行了分析，指出：我国人力资源整体水平之所以与发达国家和新兴工业化国家相比存在较大差距，是由于我国国民整体文化素质偏低，中高层次人才严重缺乏，产业、行业人力资源结构性矛盾突出，城乡、地区间劳动力文化素质不均衡性等原因造成的。在这样的大背景下，随着经济全球化的迅速发展和文化产业的突飞猛进，我国的文化产业人才短缺现象也日益突出。2005 年 4 月，文化部部长助理丁伟在国家文化产业人才培训示范基地揭幕仪式上大声疾呼：文化产业人才的匮乏已经影响到文化产业的发展，必须加强文化产业人才的培养。研究表明，目前我国文化产业人才状况存在以下主要问题：专业艺术类、行政类毕业生而非管理类毕业生人员所占比例过大，整体人力文化知识层次低，复合型管理人才少，新兴行业专业人才少，内容创意型人才少，文化人才的区域发展不平衡及其实践培养不够等。从文化产业从业人员情况来看，存在着四多一少的特征：娱乐业从业人员多、经营性从业人员多、非公有制从业人员多、非文化部门从业人员多，而高级人才偏少。在 2006 年北大文化产业所举办的第三届文化产业新年论坛上，有学者指出，当前我国文化产业的人力资源状况可概括为 3 个并存：人口众多与低素质人口比重过大并存；人力资源丰富与人力资本短缺并存；人才稀缺与人才浪费并存。

我国拥有 13 亿人口，8.7 亿多人力资源，而且劳动适龄人口比重还将继续上升。到 2013 年，劳动年龄人口将达到峰值 10 亿人左右。但据全国第五次人口普查资料显示，2000 年我国从业人员中仍以具有初中和小学受教育水平的人员为主体，占 75%左右，而在发达国家和新型工业化国家，如美国和韩国，从业人员中接受过高等教育和中等教育的人口所占比例较高，25 岁至 64 岁人口中具有高中及以上受教育水平者比例分别占 87%和 66%。我国从业人员的受教育程度远不能满足现代经济对劳动者知识、技能的需要，现实中表现为高层次专业人员和劳动熟练工人严重缺乏。文化产业对人才的要求比一般的产业要来得高，过高的低素质的人口比例无疑直接影响了文化产业所需人力资源的选择范围，使文化产业人才素质和企业竞争力的提升受到很大的限制。

我国的人力资源十分丰富，但人力资本却比较短缺。人力资本是指存在于人体之中的具有经济价值的知识、技能和体力（健康状况）等质量因素之和。20 世纪 60 年代，美国经济学家舒尔茨和贝克尔首先创立了比较完整的人力资本理论，这一理论有两个核心观点，一是在经济增长中，人力资本的作用大于物质资本的作用；二是人力资本的核心是提高人口质量，教育投资是人力投资的主要部分。我国国民总体文化程度偏低，现有国民素质处于世界上较低的水平，尤其是公众基本科学素养明显低于发达国家。究其原因，主要是教育和培训严重不足。具体表现在政府和全社会对教育的经费投入力度不够。据 IMD 2002 年世界竞争力年度评比，我国公共教育支出占 GDP 的份额很低，在 49 个参评国家和地区中处于第 47 位。2001 年，我国财政性教育投入占 GDP 的3.19%，低于美国 1997 年 2.2 个百分点。由于中国 GDP 总量与美国相差悬殊、人口又是美国的近 5 倍，所以人均教育经费的差距就更为明显。即使与巴西、泰国等发展中国家 4.63%、4.27%的财政投入相比，我国也存在巨大差距。教育投入的不足，严重影响了教育的发展和人力资源开发，影响了国民受教育程度的提高。直接带来的是大批低素质人口的积淀，同时也加剧了处境不利人群受教育机会的不公平现象。相形之下，文化产业是一个传统与现代、文化与科技、民族与国际结合的综合性很强的产业，对人力资源的要求越来越高，且人才的培养不是一朝一夕的事，是需要大量的资金和长时间的积累，如果没有一定的储备和保证，不仅急需的人才补充不上，而且现有的人才也会流失。这种恶性循环势必导致文化产业的发展陷于停滞不前甚至后退的境地。经济社会的发展实践证明，人力资本对经济增长与社会发展发挥着重要作用，人力资本的积累和增加对经济增长与社会发展的贡献远比物质资本、劳动力数量增加重要的多。要将庞大的人力资源转化为人力资本，关键在于提高人力素质。文化产业要获得可持续发展，就必须注重人力资本投资的意识，构建学习型组织和持续学习的环境，为文化产业的未来发展提供人才保障。

就我国文化产业发展的总体需求来看，一是经营管理人才数量偏少、专业化程度不高；二是熟悉国际惯例和规则、擅长媒介市场运作、具有战略思维的外向型经营人才短缺；三是文化经营管理人才开拓能力、创新能力尚不够强。但可喜的是，近几年来，各地文化企业在牢固树立人才资源是第一资源的观念指导下，通过完善现代企业用人制度，用市场机制培养和吸引优秀人才，突破人才瓶颈，依靠优秀人才拓展市场，人才聚集效应不断显现，极大地增强了文化产业发展后劲。

据《光明日报》报道，2009年上半年，全国各地文化产业可谓满园春色、美不胜收，文化产业增加值实现两位数增幅、高于GDP增长速度。1月至5月，我国文化产业平均增幅达17%。其中，新闻出版总产值增长势头良好达30%，销售增长20%；电影产业高速发展，创作数量稳定增长，1至5月份，电影创作达到160部，电影票房达到19亿元，同比增长40.3%。5月，第五届中国国际文化产业博览交易会在深圳落下帷幕，总成交额和观众规模双双刷新历史纪录。4月在杭州举办的第五届中国国际动漫节吸引了300多家中外企业，现场成交额近10亿元。中国社会科学院文化研究中心副主任张晓明说，中国文化产业在十年里，走过了发达市场经济国家近一个世纪的发展道路，取得了举世公认的成就。报道指出：我国文化产业起步晚、起点低，凭借什么在短短十年间创此佳绩？唯有人才。只有人才，才能成为塑造中国国家文化形象的不竭动力；只有人才，才能为推动中国经济走出国际金融危机阴影增添动力。截至2008年，北京21个文化创意产业集聚区从业人员超90万人；在上海，目前已有授牌创意产业园70余家，入驻创意型企业3000余家；在深圳，各类影视制作机构超60家，动画制作机构达200多家，聚集了全国70%以上的动漫人才，并且拥有一支2万多人工业设计队伍。①

报道分析指出：近年来，我国文化体制改革的路线图和时间表渐渐明晰。各地文化企业解放思想，理顺生产关系，依靠领军人物，占领文化制高点，采用灵活的人才机制实现“华丽转身”。例如，成立于1990年的接力出版社，尽管位于欠发达的广西壮族自治区，但先后出版的《中外少年》《鸡皮疙瘩》《淘气包马小跳》等少儿读物深受青少年喜爱，有15种图书获“五个一工程奖”、国家图书奖等，有近400种图书获全国优秀畅销书奖等奖项。2007年，接力出版社在南宁市挂牌成立有限公司，拥有1.86亿元资产，是建社之初的105倍。这些被誉为“接力现象”的背后，秘诀之一就是不拘一格用人才。2001年，作家出版社副社长白冰受命到接力出版社出任总编辑。白冰，这位上世纪80年代把米兰·昆德拉介绍给中国读者的人，率先将畅销书理念移植到少儿图书领域，打造了少儿文学原创“第一书”、销量达1600万册的《淘气包马小跳》，使该社少儿图书年销售码洋由3000万元提升至1.53亿元。广揽人才、打造品牌已成为文化出版企业的第一理念。长江出版传媒集团总编辑周百义说：“出版业转制需要一支懂经营、善管理、有文化情怀的出版企业家队伍和一批有专业素质和市场眼光的业务团队。”时代出版传媒股份有限公司董事长王亚飞深有同感，企业上市以来设立人才培训资金、建立优秀人才库、选送人才海外进修、邀请专家培训员

① 《江山代有才人出 — 文化产业实施人才战略逆势上扬》，http://www.gov.cn/jrzg/2009-06/23/content_1348133.htm

工，把钱花在人才培养上是为企业“造血”。①

进入新世纪以来，一批文化、出版、传媒企业进行了大刀阔斧的人事改革，建立以绩效工资为主的多元分配制度，拉开收入差距形成适当竞争，逐步取消事业单位职工终身制，实行全员劳动聘用制，优秀的人才得以脱颖而出，进而激发了内容创新的活力。中国对外文化集团公司主营收入 1.7 亿元，税前利润 1700 万元，净资产 8000 多万元，2008 年荣登中国文化企业 30 强。在全球 80 多个国家和地区的 200 多座城市推出演出展览 15000 余场次，海外主流社会观众超 3000 万人次；创建中演票务通，开创国内文化票务在线管理和销售之先河，已成为国内票务市场知名品牌…… 公司董事长张宇表示，企业在发展演艺主业的同时，积极开发衍生了培训、票务、经纪等相关业务。“这些产品不断创新与突破，得益于企业的综合竞争力，而在文化企业的综合竞争力中，人是最核心的竞争力。”②

事实证明，文化企业的发展壮大和持续发展，依靠的是优秀的人才队伍，人才，承载着文化企业发展的希望，成为文化产业逆势上扬和文化企业做强做大的“王牌”，助推着文化产业昂扬直上。

二、文化产业人力资源管理的目标和内容

1. 现代人力资源管理与传统人事管理的区别

人力资源管理在以前普遍称为人事管理。人力资源管理是人事管理的继承和发展，具有与人事管理大体相似的职能，

---

① 《江山代有才人出 — 文化产业实施人才战略逆势上扬》，http://www.gov.cn/jrzg/2009-06/23/content_1348133.htm

② 《江山代有才人出 — 文化产业实施人才战略逆势上扬》，http://www.gov.cn/jrzg/2009-06/23/content_1348133.htm

但由于指导思想的转变，造成了二者从形式、内容到效果上有着质的区别。现代人力资源管理是一门新兴的学科，诞生于20世纪70年代末，深受经济竞争环境、技术发展环境和国家法律及政府政策的影响。它作为一个崭新的和重要的管理学领域，远远超出了传统人事管理的范畴。传统人事管理的特点是以“事”为中心，只见“事”，不见“人”，强调“事”的单一方面的静态的控制和管理，其管理的形式和目的是“控制人”；而现代人力资源管理以“人”为核心，强调一种动态的、心理、意识的调节和开发，管理的根本出发点是“着眼于人”，将人作为一种重要的资源加以开发、利用和管理。

具体说来，现代人力资源管理与传统人事管理存在以下一些区别：

传统人事管理	人力资源管理
重在管理	重在开发
以事为主	以人为本
人是管理对象	人是开发主体
重视硬管理	重视软管理
为组织创造财富	为组织创造财富的同时发展个人
采用单一、规范的管理	重视个性化管理
报酬与资历、级别相关度大	报酬与业绩、能力相关度大
软报酬主要表现为表扬和精神激励	软报酬包含发展空间、自我实现、和谐融洽的人际关系等
晋升重资历	竞争上岗，能者上
职业发展方向是纵向的	全方位和多元化的职业发展

重视服从命令、听指挥	重视沟通、协调、理解
培训主要为了组织的需要	培训是对员工的关心，是员工的福利，是为了增加员工的人力资本
金字塔式的管理模式	网络化、扁平化管理模式

2. 人力资源管理的目标和内容

人力资源管理目标是指企业人力资源管理需要完成的职责和需要达到的绩效。人力资源管理既要考虑组织目标的实现，又要考虑员工个人的发展，强调在实现组织目标的同时实现个人的全面发展。具体包括：第一，吸引企业所需的人力资源。在文化产业激烈的市场竞争中，人是企业最重要的一种财产和资源。所以人力资源管理的首要目标就是把企业所需的人力资源吸引、保留到企业中来。第二，充分调动员工的积极性。调查表明，员工在企业中的积极性是否被充分调动和发挥，其能力的发挥可相差一倍以上。因此，如何充分有效地开发人力资源、调动员工的积极性就成了实现企业目标的有效手段。员工的积极性常受到员工在企业中的发展空间、自我实现机会、薪酬福利状况和人际关系等因素的影响，企业应尽力对这些因素进行调整，使之有利于充分调动员工的积极性，实现企业目标。第三，扩大企业的人力资本。人力资源、物质资源和财力资源是企业的三大资源。物质资源和财力资源的利用是通过与人力资源的结合实现的，实现的程度受企业人力资源中人力资本的数量、利用程度以及人力资源管理的优劣的影响。所以企业要实现各种资源充分、有效的利用，扩展企业人力资本、增加人力资本的存量，就成为人力资源管理的一大目标。第四，实现企业利润最大化。

在企业的日常管理中，人的最大使用价值就是最大限度地发挥人的有效技能，人力资源管理就是通过提高人的技能的适用率、发挥率和有效率，达到人尽其才、人尽其能，最大限度地发挥人的潜能，最终实现企业利润最大化的目标。

概括地说，人力资源管理的目标是：通过合理的规划与招聘，建立一支高素质、高境界和高度团结的队伍；通过薪酬设计、绩效管理与评估，创造一种自我激励、自我约束和促进优秀人才脱颖而出的机制，为企业的快速成长和高效运作提供保障，确保企业战略目标的实现。

现代人力资源管理是一个人力资源的获取、整合、保持、激励、控制、调整及开发的过程。人力资源管理应当服务于企业的总体战略目标，它是一系列管理环节的综合体。人力资源管理的内容通俗地说可以概括为选人、育人、用人、留人四个方面。选人就是人力资源的获取（选拔、招聘等）；育人就是人力资源的发展（开发、教育、培训）；用人就是人力资源的鼓励（绩效评价、薪酬管理等）；留人就是人力资源的维护（晋升、福利、奖励等）。具体内容主要包括以下几方面：

①制定企业人力资源战略规划

人力资源战略规划是企业人力资源开发与管理活动的重要指南，是企业发展战略的重要组成部分，也是企业发展战略实施的有效保障。根据组织的发展战略和经营计划，评估组织的人力资源现状及发展趋势，收集和分析人力资源供给与需求方面的信息和资料，预测人力资源供给和需求的发展趋势，制订人力资源的数量、结构、质量、招聘、调配、培训、开发及发展计划等政策和措施。通过制定规划，保证人力资源管理活动与企业的战略方向和目标相一致，保证人力资源管理活动的各个环节互相协调，避免冲突。

②岗位分析与岗位评价

这是企业人力资源管理的基础性工作。岗位分析就是对企业所有工作岗位的特征和任职要求进行界定和说明，其结果是形成每一个工作岗位的职位描述、任职资格要求、岗位业务规范；岗位评价是对企业各工作岗位的相对价值进行评估和判断，岗位评价的结果是形成企业不同工作岗位的工资体系。它是对员工的工作表现进行评价的标准，也是进行员工培训、调配、晋升等工作的根据。

③人力资源的招聘与选拔

招聘是人力资源管理的核心业务，它是企业不断从组织的内部和外部吸纳人力资源的过程，它能保证组织源源不断的人力资源需求。人力资源的招聘与选拔，要按照法律、规章和公开、平等、双向选择、择优录用的原则实行。

④ 培训与开发

培训是企业人力资源开发的重要手段，它包括对员工的知识、技能、心理素质等各方面的培训，它是企业提升员工素质的重要保障。通过培训提高员工个人、群体和整个企业的工作绩效，进一步开发员工的智力潜能。培训活动主要包括企业文化、方针、行为规范、专业技能、劳动安全卫生、社会保障和质量管理知识与要求、岗位职责、员工权益及工资福利状况等。培训的最终目的在于通过提升员工的能力实现员工与企业的共同成长，使企业保持旺盛的发展势头，为企业的发展输送合格的人力资源。

⑤ 绩效考核与薪酬管理

绩效考核是人力资源管理的核心，是指运用科学的方法和标准对员工完成工作数量、质量、效率及员工行为模式等方面进行综合评价，它是员工晋升、奖惩、发放工资、接受培训等的有效依据，有利于调动员工的积极性和创造性，是实施员工激励的重要基础。薪酬管理是企业人力资源管理的一个极为重要的方面，它主要包括薪酬制度与结构的设计、员工薪酬的计算与水平的调整、薪酬支付等内容，它是企业对员工实施物质激励的重要手段。福利保障也是手段之一，合理、科学的福利保障体系关系到企业员工队伍的稳定与否。人力资源管理部门要从员工的资历、职级、岗位及实际表现和工作成绩等方面，来为员工制订相应的、具有吸引力的工资报酬、福利标准和制度。

⑥ 帮助员工的职业生涯发展

职业生涯是一个人一生经历的与工作相关的经验方式。成功的职业生涯管理不仅能够满足组织人力资源需求计划，而且能够充分调动员工的工作积极性，实现组织和员工的双赢。根据员工个人性格、能力、兴趣、价值观等特点，结合组织的需要，为员工制定一个事业发展的计划，不断开发员工的潜能，是人力资源管理部门的重要责任。这有利于学习型组织的建立，促进组织的发展，提高组织的效益，并使组织的员工有归属感。在帮助员工制订其个人发展计划时，有必要考虑它与组织发展计划的协调性或一致性，也只有这样，人力资源管理部门才能对员工实施有效的帮助和指导，实现知识共享，提高企业的整体人力资源管理水平。

第三节　文化产业人才与职业化

1. 职业化是文化产业人才的必由之路

文化产业与其他产业相比，由于它是以文化资源为生产要素，因此它所提供的产品和服务精神成分多于物质成分。文化产业作为以创造性为主要特征的知识密集型产业，它对人才有着特殊和更高的要求。这就使原本国民总体素质不高的我国，文化产业人才更为稀缺。这种稀缺不仅体现在数量上，而且还表现在质量上。质量不高的主要原因之一，就是职业化水平普遍较低。许多人才在专业水平和工作能力方面相当出色，并不比外国的同行差多少，但由于职业化意识和职业化素养的欠缺，致使其工作效率和效益大打折扣。在全球经济一体化的背景下，文化产业要有大的发展，并逐步走出国门，就必然对企业员工的职业化程度提出更高的要求，职业化也就成为文化产业从业人员成长、成才的必由之路。

所谓职业化，就是一种工作状态的标准化、规范化、制度化，即在合适的时间、合适的地点，用合适的方式，说合适的话，做合适的事，使员工在知识、技能、观念、思维、态度、心理上符合职业规范和标准。职业化包含职业化素养、职业化行为规范和职业化技能三个部分内容。

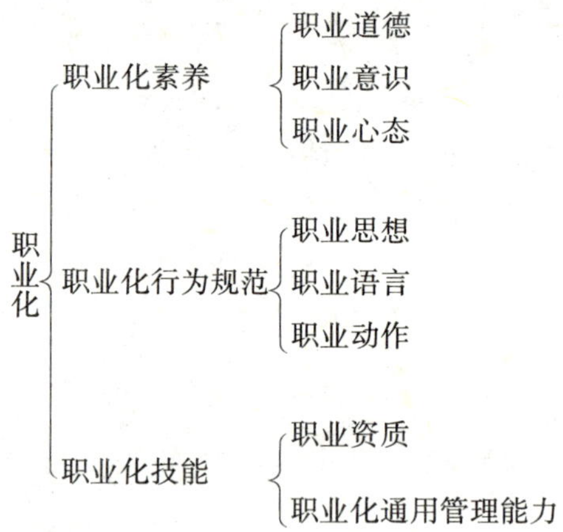

职业化是经济发展和社会分工的必然产物，它是国际化的职场准则，是国家与国家之间、企业与企业之间、企业与

员工、员工与员工之间必须遵守的道德与行为准则。[①] 想参与职场竞争，想要成为职场中的成功者，想要取得职业生涯的辉煌，就必须懂得和坚守这些职场规则。职业化程度比较高的主要是欧洲、美国等一些经济比较发达的国家和地区。我国的职业化状况不容乐观，主要问题在于企业没有一个职业化的体系作为保障，管理机制和管理体制都还不太健全，尤其是在观念上还没有充分认识到职业化对企业发展的重要性。虽然也有不少企业在学习和模仿，但还未能达到预期的效果。原因在于这些企业的职业化管理没有根植于自身的企业文化之中，难以被员工认同和接受。职业化管理要想取得良好的成效，关键是要树立正确的职业观念。例如，一家国有餐厅的女工应聘到麦当劳做保洁员，这个女工原在国有餐厅也是清洁员，每天也要抹桌子、擦玻璃，在她看来麦当劳的玻璃已经够干净了，比原来的那家国有餐厅不知干净多少倍。可是主管还是要求她每天必须认真地擦一遍。有一天她忍不住问主管："玻璃这么干净，为什么还要擦?"主管回答："因为这是你的职责。作为保洁员，你要让玻璃比昨天更干净。"对于麦当劳员工来说，不管玻璃有多干净，地板有多清洁，也一定要擦，因为那是员工的职责。不擦就是失职！而对于国营餐厅的保洁员来说，只要玻璃干净说得过去，就可以不擦。女保洁员的这个疑问非常具有代表性，它反映了东西方两种不同的职业观念。麦当劳之所以能够在全球拥有 1.5 万个连锁店，成为全球食品业的"航母"，其中最重要的原因就是员工高度的职业化精神和职业化素质。由此可见，转变职业观念，提高职业化素养，对一个企业的发展是何等的重要。

---

① 徐浩然、雷琛烨：《文化产业管理》，北京：社会科学文献出版社 2006 年版，第 281 页。

职业道德、职业意识、职业心态是职业化素养的重要内容，也是职业化的最根本的内容。如果把整个职业化比喻为一棵树，那么职业化素养则是这棵树的树根。美国最著名的《哈佛商业评论》评出了9条职业人应该遵循的职业道德：诚实、正直、守信、忠诚、公平、关心他人 、尊重他人 、追求卓越 、承担责任。这些都是最基本的职业化素养。企业无法对员工职业化素养有强制性的约束力，职业化素养更多的体现在员工的自律上。企业可以通过系统的培训和引导来提升员工的职业化素质和能力，帮助员工在良好的氛围下逐渐形成良好的职业化素养。企业要建立一整套的科学的职业化管理体系，实行规范的职业化管理，以加快企业员工的职业化进程。

在经济全球化不断推进的今天，世界各国职业化管理在多元经济和文化的撞击下，正在逐渐缩小距离。由于受经济发展水平和文化背景的影响，中国推进企业职业化的进程仍然有较长的路要走。文化产业中以出版业为例，虽然行业整体上正在向产业化和职业化转轨，但行业内的职业化程度和水平依然欠缺。改革开放以来，我国的期刊出版由1978年的600余种、5.6亿册发展到2008年的9468种、30亿册，取得了辉煌成就。但是近年来，全国期刊的出版一直在9400余种、30亿册以内徘徊，始终未能取得新的突破。究其原因，除了经济、社会环境等因素外，期刊管理体制落后、运行机制陈旧，尤其是职业化的期刊经理人匮乏，不能不说是制约期刊发展的重要因素。调查显示，国内传媒从业者55万，媒体经营管理人才却不到1%，高层次的经营管理人才，也就是称得上传媒职业经理人的人才，更是凤毛麟角。[①] 为此，新闻出版总署印发的《关于进一步推进新闻出版体制改革的指导意见》提出，“全面完成经营性新闻出版单位转制任务，建立现代企业制度，在企业内形成有效率、有活力、有竞争力的微观运行机制。”要求“培养一批既懂经营又懂业务的复合型人才，造就一批名编辑、名记者和出版家、企业家、技术专家，打造一支政治过硬、业务精通、作风优良、廉洁自律、文明和谐的新闻出版干部队伍，为进一步推进新闻出版体制改革提供组织和人才保障”。在市场经济条件下，职业经理人是市场化、职业化的企业经营管理人才，是依靠市场检验和配置的人力资本，是企业发展的关键人才要素。文化企业只有通过建立现代企业制度和企业现代法人治理结构，推行职业经理人制度，才能够提升企业的核心竞争力，推动企业的进一步发展。

相对于发达国家职业经理 100 多年的发展，我国的职业经理队伍还很不成熟。因此，我国社会和企业迫切需要尽快普及职业化教育。只有坚定地走职业化的道路，才能使企业员工从非职业化的散兵游勇变成职业化的正规部队。当然，西方职业化管理理论有其自身产生的根基和文化背景，我国有几千年源远流长的历史和博大精深的文化，有自己的价值观念和国民性格。西方人特别讲规则，法治比较健全，所以职业化氛围很浓；中国人情色彩比较浓，规则和法制意识薄弱，职业化文化和氛围比较弱，需要强化、引导和培养。中外社会制度、国情及企业的具体情况不同，各国的企业职业化各有所长，相互间不能简单移植和全盘照搬。在推行我国

---

① 邵明义：《期刊社社长职业化势在必行》，http://cjr.zjol.com.cn/05cjr/system/2009/05/19/015521094_01.shtml

的职业化时，要有选择地消化吸收，博采众长，为我所用。随着我国文化产业的不断发展，进一步经受市场经济的洗礼，在参与全球经济一体化的进程中，职业化的程度和水平也必将会得到较大的提升。

2. 职业经理人是文化企业发展的核心竞争力

一般认为，将经营管理工作作为长期职业，具备一定职业素质和职业能力，并掌握企业经营权的群体就是职业经理人。按照我国《职业经理人资格认证标准》的规定，职业经理人是“能够运用所掌握的企业管理知识、方法和手段，以及所具备的经营管理企业的综合领导能力和丰富的实践经验，为企业提供管理服务，经营业绩突出的职业化的企业中高层经营管理人员”。职业经理人在企业中有着特殊的地位，它对企业的生存与发展起着关键作用，并扮演着领军人物的角色。职业经理人的素质、风格、理念对企业的经营模式、经营方式、企业文化、经营机制等起着决定性的影响。现代人力资本理论将职业经理人与技术创新者共同称为人力资本，也就是说，职业经理人是人力资本最重要的组成部分，是企业管理团队的领袖，是企业核心竞争力的主要所在。柳传志领导的联想，从初始的 11 个人、20 万元人民币资金的小公司，经过短短二十几年的功夫发展到现在近两万名员工、年收入 167.88 亿美元、挺进世界 500 强的国际公司。这一企业快速发展奇迹的诞生，与掌舵人柳传志的经营理念是分不开的。有一段时间还曾有“没有柳传志，联想会怎样”的讨论话题，这足以说明柳传志对联想起了何等重要的掌舵作用。这也充分说明职业经理人的素质要素与特征决定了其在企业的核心地位，企业通过职业经理人领导的团队整合企业的各种资源并充分发挥各种能力，变潜在优势为竞争优势，形成企业核心竞争力。正如海尔集团 CEO 张瑞敏在 21 世纪论坛上强调的那样，企业真正的核心竞争力在该组织的人，而不在产品和技术。

在我国，随着企业的发展和壮大，职业经理人队伍也一直处于快速增长之中。原微软中国区总裁唐骏，后加入盛大网络，担任总裁职务，是典型的职业经理人生存方式。享有“打工皇帝”之称，年薪达到500万元的原用友软件总裁何经华，以及因为功高盖主、最后不得不离开TCL，加盟长虹的“手机狂人”万明坚，都是职业经理人中的优秀代表。他们为企业创造了巨大的财富，甚至有可能改变一个企业的命运。

支持职业经理人职业化表现的是其所具备的职业化素质。职业化素质包含职业化精神和职业化能力两大方面，职业化精神的内容有：敬业、责任、专业、创新、协作、规范等；职业化能力的内容有：思维能力、执行能力、管理能力、社交能力、表达能力、学习能力等。职业化的作用体现在，工作价值等于个人能力和职业化程度的乘积，职业化程度与工作价值成正比，即：工作价值＝个人能力×职业化的程度。

如果一个人有100分的能力，而职业化的程度只有50％，那么其工作价值显然只发挥了一半。

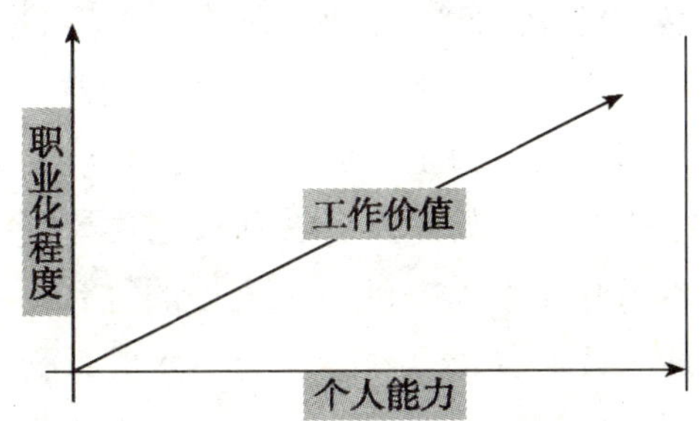

我国很多企业与发达国家的企业相比竞争力很弱，一个重要的原因就是我国企业人力资源普遍存在的问题——经理人和员工的职业化素质不高。大部分企业都忽视了对经理人

和员工的职业化素质和技能培训。在许多企业中，不乏有很多有能力的经理人与员工，由于缺乏必备的职业化素质，在工作中总是遭遇失败。很多经理人与员工不知道该如何正确地、高效地，也就是很“职业”地处理工作。如果一个人的职业化程度很高，其能力、价值就能够得到充分、稳定的发挥，而且是逐步上升的。相反，如果一个人能力很强，但自觉发挥得很不理想，有“伯乐难遇”的感慨，也是因为其自身的职业化程度不够造成的。

由于职业经理人不断为企业的发展作出自己特殊的贡献，创造着一个又一个的经济奇迹，使他们日益成为引人注目的一个群体。但在另一方面，职业经理人在社会经济转型中却扮演着尴尬的角色。一方面，他们是董事会或者是企业大股东聘请的企业管理者，在他们眼里，职业经理人的角色定位就是“保姆”，需要像保姆照顾小孩一样，努力呵护企业的成长和发展。而在实际的操作过程中，总是有职业经理人会自觉或者不自觉地陷入到了充当“婆婆”的角色当中，以为自己坐上了总裁或者CEO这个位置，就觉得自己是老板了，出现一些与董事会或者大股东不和谐的关系，最终导致自己的离职或者遗憾出局。因此，职业经理人要摆正自己在企业中的位置，任何时候都必须首先维护企业的利益，像对待自己的财产那样管理公司，为全体股东负责。要有对企业、对股东忠诚、尽心的职业道德。投资者和股东也要呵护与扶持职业经理人，给职业经理人提供一个宽松的舞台。只有在投资者和职业经理人彼此真诚合作，成为鱼水关系而不是油水关系，是重用而不是利用的时候，企业才能真正做大做强，职业经理人也才能充分发挥其自身的价值与魅力。随着越来越多的跨国企业进入中国，随着文化产业的日趋成长，职业经理人水平参差不齐、供不应求的现象日益突出。为此，必须建立完善的人力资源市场体系，在《公司法》等相关法规中明确规定职业经理人的人力资本地位，以保障其人力资本应得的权利；要加强职业经理人的职业道德建设，建立和完善职业经理人的激励机制和约束机制，推动职业经理人阶层的形成。解放思想，更新观念，加快培养和造就大批践行科学发展观重要思想，具有世界眼光、战略思维和管理能力的职业经理人队伍，对于提高我国文化产业的竞争力，推动我国文化产业又好又快地持续发展具有十分重要的意义。

资料：

支撑职业经理人职业化表现的十大素质

职业经理人最重要的特点是职业化，其职业化表现要以其所具备的职业素质来支撑，包括以下十个方面：

①职业经理人应具有高尚的职业道德，遵守业内公认的规范和要求。

被著名的中欧管理学院称为中国职业经理人代表的王惟尊及其他十余位职业经理人在加盟民营企业广西喷施宝集团有限公司后，发现喷施宝为了引资，竟作了高达上亿元的假账。发现假账后，王惟尊认为：“作为职业经理人，必须对各股东平等负责，野村（喷施宝新股东，此次引资对象）有权知道此事。”王惟尊坚守了一个职业经理人应有的职业操守，体现了职业经理人的独立价值。

②职业经理人应具有强烈的使命感和责任感，对企业高度忠诚。

婷美集团董事长周枫在引入职业经理人赵强时，提出了“事业经理人”的概念。周枫之所以把“职业”改成“事业”，就是想强化双方的事业纽带，让经理人脱离一种“高级打工仔”的心态，把原有的上下级关系模糊成一种合伙人关系，激发经理人与企业共存亡的使命感和责任感。

③职业经理人应具备一定的感召力，能够凝聚人心。

职业经理人的人格魅力仍然是影响整个管理团队凝聚力的重要因素，只有职业经理人这个头带好了，才会带出一个好的管理团队。

④职业经理人应具备很强的执行能力。

企业的投资者将自己部分的权利及责任委任给管理者，由管理者代替他执行自己想要进行的工作。职业经理人作为被委托人，在站在投资者的角度思考问题的同时，应更多地关注企业内部，关注本部门、分公司的日常工作是否将企业的发展战略不折不扣地执行了；本部门的工作是否满足了客户或者后续部门的需求；是否提升了企业的竞争优势等等。

⑤职业经理人应具有战略规划设计和组织实施的能力。

企业战略的实质在于提高企业的竞争能力。职业经理人要亲自主持企业战略规划设计，而不是让下属越俎代庖，要准确把握外部经营环境现状及对未来变化准确预测，对企业所处的外部环境经常进行科学细致的分析，制定在复杂多变环境中求生存、求发展的一系列战略。

⑥职业经理人应具备洞察市场、捕捉商机的经营能力。

在市场经济条件下，谁能占据市场谁就获得了成功，而占据市场的前提是洞察市场，捕捉商机。比如，在上世纪60年代，瑞士钟表产业虽早已掌握电子表生产技术，但未能及时开发出产品而坐失良机，致使70年代有几百家钟表厂被迫倒闭。相反，日本精工等公司由于准确地把握了国际市场环境，捕捉了商机，取得了举世瞩目的成功。

⑦职业经理人应具有较强的理财能力。

职业经理人应掌握财务管理的基本知识及相关技能、相关财务制度和法规；熟知投资的基本理论知识，熟悉国家有关宏观政策及经济法规；充分发挥资金的作用并控制好财务风险。

⑧职业经理人应具有识才、用才的人力资源管理能力。

作为职业经理人，要树立人本意识，充分激发和调动员工的积极性和创造性，发现和挖掘人的潜质并加以培养和使用，使员工的个人发展和企业的发展融为一体，实现人才资源的优化配置，实现最佳的经济效益和社会效益。

⑨职业经理人要有营造和谐气氛、创造蓬勃向上企业文化的能力。

企业独有的企业文化和团队精神的形成，很大程度上与职业经理人的个人风格有关。优秀的职业经理人，都有营造和谐的企业内部氛围，创造蓬勃向上企业文化的能力。

⑩职业经理人还应具备一定的专业技能。

任何管理活动都是在特定的场合下对特定的业务活动及执行这种业务活动的人的管理，都有其业务方面的特殊情况。

第六章　文化遗产的文化管理

第一节　文化遗产及其价值

一、文化遗产的定义

“文化遗产”（Cultural Heritage）中的英文“遗产”（heritage）一词源于拉丁文，原为“父亲留下的财产”之意。1965年，美国白宫会议率先提出设立“世界遗产信托基金建议案”，首度赋予“遗产”一词以全新的内涵。到了1972年11月12日，联合国教科文组织颁布里程碑式的文件《保护世界文化及自然遗产公约》，同日还颁布有《各国保护文化及自然遗产建议案》，“遗产”一词的内涵被发展和确认为“祖先留给全人类的共同财富”，并于此后在世界范围内得到推广和普及。

从字面上理解，“文化遗产”作为“祖先留给全人类的共同的文化财富”，可以说囊括了所有人类历史上创造并遗留至今的物质和非物质文化财富。而实际上“文化遗产”，往往被特指源自《保护世界文化及自然遗产公约》而产生的相关概念，在这里，“文化遗产”的全称应为“文化和自然遗产”，分为“文化遗产”（有形遗产中的城市、村落、民居、宫殿、庙宇、工艺美术品等人工创造物）、“自然遗产”（有形遗产中的地质或生物自然景观）、“文化与自然双重遗产”（前两者的结合）三种，如果它们是被列入《世界遗产名录》中的“文化遗产”（即“文化和自然遗产”），则同时属于“世界遗产”（World Heritage）的范畴。

另外，“人类口述和非物质遗产”等所谓非物质遗产（Intangible Heritage，又译为无形遗产，民间文学、表演艺术、传统手工艺技能、传统节日与仪式活动、生活生产经验等），或称非物质文化遗产（Intangible Cultural Heritage，又译为无形文化遗产），是相对于物质文化遗产（有形文化遗产）而言的概念。在中国提到联合国相关组织认定的非物质文化遗产，尤其是“人类口述和非物质遗产代表作”时，往往将它和“文化景观遗产”等算入“世界遗产”（World Heritage）中（其实它们源自联合国教科文组织“世界遗产”之外的另项保护计划，因此在实际中是被单独计算的），故中文“世界遗产”这个词广义上包含了“文化遗产”、“自然遗产”、“文化与自然双重遗产”、“文化景观遗产”、“人类口述和非物质遗产”等内容。

很容易可以发现，在当今中文语境中，“文化遗产”一词的内涵和外延处于一种比较混乱的状态，相关概念极易混淆，下面试着予以厘清：

1. 文化遗产（最广义）：人类历史上创造或发现并遗留至今的全部物质和非物质财富，包括自然财富。

2. 文化遗产（次广义）：人类历史上创造并遗留至今的全部物质（有形）和非物质（无形）文化财富。

3. 文化遗产（中间概念）：被联合国教科文组织和其他机构选定的重要物质（有形）文化财富、非物质（无形）文化财富和自然财富。

4. 文化遗产（次狭义）：入选联合国教科文组织《世界遗产名录》的重要物质（有形）文化财富、自然财富以及两者的结合。

5. 文化遗产（最狭义）：入选联合国教科文组织《世界遗产名录》的物质（有形）文化财富。

所谓“文化遗产管理”，显然可以是对最广义上的文化遗产的管理。但考虑到现实条件的约束和对重要性、典型性的要求，具体到我们在本章中讨论的“文化遗产管理”，则以上述文化遗产的中间概念为主。

二、文化遗产的内容

截至2008年为止，世界上共有世界遗产878项，其中文化遗产679项，自然遗产174项，文化与自然双重遗产25项。总共有145个缔约国拥有世界遗产（其中1项位于主权有争议的耶路撒冷，由约旦代为申请而列入）。

在世界古代诸文明中，中华文明是唯一没有中断、经过5000多年的发展延续至今的文明。尽管历经历史上多次战争和灾害的惨重破坏，但我们今天能看到的文化遗产仍让人感到震撼。这让今人一方面感到无比自豪，另一方面又倍感责任重大。

自中华人民共和国在1985年11月22日加入《保护世界文化与自然遗产公约》缔约国的行列以来，到2008年中国已拥有经联合国教科文组织审核并批准列入《世界遗产名录》的各类世界遗产41处，其中文化遗产25处，文化景观遗产1处，自然遗产7处，自然与文化双重遗产4处，人类口述和非物质遗产4项，按申请成功的时间顺序为：

地域名称（批准时间）及遗产种类

长城（1987.12），文化遗产；

北京明清故宫（1987.12，2004.7增加沈阳故宫一处为扩展项目），文化遗产；

陕西秦始皇陵及兵马俑（1987.12），文化遗产；

甘肃敦煌莫高窟（1987.12），文化遗产；

北京周口店北京猿人遗址（1987.12），文化遗产；

山东泰山（1987.12），文化与自然双重遗产；

安徽黄山（1990.12），文化与自然双重遗产；

湖南武陵源国家级名胜区（1992.12），自然遗产；

四川九寨沟国家级名胜区（1992.12），自然遗产；

四川黄龙国家级名胜区（1992.12），自然遗产；

西藏布达拉宫（1994.12，2001.12 增加大昭寺和罗布林卡两处为扩展项目），文化遗产；

河北承德避暑山庄及周围寺庙（1994.12），文化遗产；

山东曲阜的孔庙、孔府及孔林（1994.12），文化遗产；

湖北武当山古建筑群（1994.12），文化遗产；

江西庐山风景名胜区（1996.12），文化景观遗产；

四川峨眉山　乐山风景名胜区（1996.12），文化与自然双重遗产；

云南丽江古城（1997.12），文化遗产；

山西平遥古城（1997.12），文化遗产；

江苏苏州古典园林（1997.12），文化遗产；

北京颐和园（1998.11），文化遗产；

北京天坛（1998.11），文化遗产；

重庆大足石刻（1999.12），文化遗产；

福建武夷山（1999.12），文化与自然双重遗产；

四川青城山和都江堰（2000.11），文化遗产；

河南洛阳龙门石窟（2000.11），文化遗产；

明清皇家陵寝：（湖北钟祥市）明显陵、（河北遵化市）清东陵、（河北易县）清西陵（2000.11，2003. 7，增加北京明十三陵和江苏南京明孝陵两处为扩展项目），文化遗产；

安徽古村落：西递、宏村（2000.11），文化遗产；

昆曲（2001.5），人类口述和非物质遗产；

山西大同云冈石窟（2001.12），文化遗产；

云南三江并流（2003.7），自然遗产；

古琴（2003.11），人类口述和非物质遗产；

高句丽王城、王陵及贵族墓葬（2004.7），文化遗产；

澳门历史城区（2005.7），文化遗产；

新疆维吾尔木卡姆艺术（2005.11），人类口述和非物质遗产；

蒙古族长调民歌（2005.11），人类口述和非物质遗产；

四川大熊猫栖息地（2006.7），自然遗产；

安阳殷墟（2006.7），文化遗产；

中国南方喀斯特（2007.6），自然遗产；

开平碉楼与村落（2007.6），文化遗产；

江西三清山（2008.7），自然遗产；

福建土楼（2008.7），文化遗产。

现时中国是世界上拥有世界遗产类别最齐全的国家之一，也是世界自然与文化双遗产数量最多的国家。其中，首都北京以 6 项世界遗产的数量，成为世界上拥有遗产项目数最多的城市。另外，中国还拥有下列联合国系统下其他类型的世界遗产：

1. 世界记忆名录（联合国教科文组织）

传统音乐音响档案（中国艺术研究院音乐研究所藏，1997 年）；

清代内阁秘本档中有关 17 世纪中叶西方传教士在华活动的满文档案文献（中国第一历史档案馆藏，1999 年）；

纳西族东巴古籍（云南省社会科学院东巴文化研究所藏，2003 年）；

清代金榜（中国第一历史档案馆藏，2005 年）；

清代样式雷图档（中国国家图书馆藏，2007 年）。

2. 全球重要农业文化遗产（联合国粮农组织）

传统稻鱼共生农业系统（浙江省青田县方山乡龙现村，2005 年）。

除了以上各项已经列入联合国教科文组织和粮农组织的世界级文化遗产，中国还有数目庞大的文化遗产内容，下面的中国世界遗产预备名单（截至 2008 年）就是其中的代表：

北京北海公园、古观象台、卢沟桥、房山云居寺塔及藏经洞、石经；天津独乐寺；河北安济桥、定州开元寺塔（料敌塔）；山西五台山（自然与文化双遗产，2001 年）、五台山佛教建筑群（文化遗产，2008 年）、佛宫寺释迦塔（应县木塔）、永乐宫、晋商大院（乔家大院、渠家大院、王家大院、曹家大院）；内蒙古元上都、中都遗址；辽宁牛河梁遗址；黑龙江五大连池风景名胜区；江苏“苏州古典园林”扩展项目：苏州古典园林及历史街区、同里古镇、瘦西湖及扬州历史城区；浙江良渚遗址、楠溪江、普陀山风景名胜区、江南水乡—南浔、杭州西湖风景名胜区（自然遗产，1996 年）、杭州西湖·龙井茶园（文化遗产，2008 年）、雁荡山、中国古瓷窑址：上林湖越窑遗址；安徽扬子鳄自然保护区；福建海坛风景名胜区；江西鄱阳湖自然保护区；山东临淄齐国故都与齐王陵、“曲阜孔庙、孔府、孔林”扩展项目：尼山孔庙，孟庙、孟府、孟林，颜庙，曾庙；湖北神农架自然保护区；湖南凤凰古城；广东南越国遗迹；广西桂林漓江风景名胜区、程阳永济桥、灵渠、花山岩画；海南东寨港自然保护区；重庆天坑地缝风景名胜区、金佛山风景名胜区、三星堆遗址；四川藏羌碉楼与村寨、古蜀文化遗址：金沙遗址、古蜀船棺合葬墓；贵州黔东南苗族村寨：苗岭山区雷公山麓苗族村寨、黔东南侗族村寨：六洞、九洞侗族村寨；云南哈尼梯田、大理风景名胜区、澄江动物化石群保护地；西藏雅砻河风景名胜区；陕西西安碑林；甘肃麦积山风景名胜区（文化自然双遗产，2001 年，麦积山石窟现拟定为丝绸之路中国段之其中一项）；新疆坎儿井；大运河（北京市、天津市、河北省、山东省、江苏省、安徽省、浙江省、河南省）；中国白酒酿造古遗址：河北刘伶醉烧锅遗址、江西李渡烧酒作坊遗址、四川水井街酒坊遗址、四川泸州大曲老窖池群、四川剑南春天益老号酒坊遗址；“泰山”扩展项目：中华五岳（山西恒山、河南嵩山、湖南衡山、陕西华山、山东泰山）；山陕古民居：山西丁村古建筑群、陕西党家村古建筑群；明清城墙：辽宁兴城城墙、江苏南京城墙、陕西西安城墙；江南水乡古镇：江苏周庄、甪直，浙江乌镇、西塘；中国丹霞地貌：浙江方岩、江郎山，福建冠豸山、泰宁金湖，江西龙虎山、龟峰，湖南崀山、万佛山，广东丹霞山；丝绸之路中国段（陆路部分：河南省、陕西省、甘肃省、宁夏回族自治区、新疆维吾尔自治区；海路部分：浙江省、福建省）；“皖南古村落”扩展项目：安徽棠樾，江西理坑、汪口；古铜矿遗址：江西铜岭铜矿遗址（2008 年）、湖北铜绿山古铜矿遗址（1996 年）；“明清皇家陵寝”扩展项目：河南潞简王墓；长江三峡风景名胜区（自然与文化双遗产，2001 年，湖北省、重庆市）、白鹤梁古水文题刻（文化遗产，2008 年，重庆市）。

我国是世界上主要文化遗产大国之一，除了以上世界遗产名录和预备名单所列之外，尚有以下国家级文化遗产，共同构成了中国文化遗产的丰厚家底和巨大资源，同时也成为中国文化遗产管理的主要内容：

①自国务院 1961 年 3 月公布首批全国文物保护单位以来，我国有六批共计 2351 处古遗址、古墓葬、古建筑、石窟寺及石刻、近现代重要史迹及代表性建筑等被确定为全国文

物保护单位。

②自国务院 1982 年 2 月首次公布国家第一批 24 座历史文化名城名单以来，我国已经有 103 座城市被确定为国家级历史文化名城。另外国务院还于 2003 年 11 月公布首批 10 个国家级历史文化名镇和 12 个国家级历史文化名村。

③自 1982 年起至 2005 年，中华人民共和国国务院批准公布了 6 批、187 处中国国家级风景名胜区。根据中华人民共和国国家标准 GB50298-1999：《风景名胜区规划规范 · 术语》一章的定义，国家级风景名胜区（原称“国家重点风景名胜区”）在保护地体系归类中相当于“海外的国家公园”。现行通用（自 2007 年 4 月 3 日起）的国家级风景名胜区徽志图案也体现了这点，其圆形图案上半部英文“NATIONAL PARK OF CHINA”，直译为“中国国家公园”。

另外，截止到 2007 年 8 月，我国共有国家级自然保护区 303 个。

④2006 年 6 月，国务院公布第一批国家级非物质文化遗产名录共计 518 项；2008 年 6 月，国务院公布第二批国家级非物质文化遗产名录共计 510 项、第一批国家级非物质文化遗产扩展项目名录共计 147 项。

三、文化遗产的价值

文化遗产是人类共同的巨大财富，对任何一个文化遗产所在国家和民族来说更是无价之宝，它不但是传统文化创造的沉淀和结晶，也是当代文化创造的源头和底蕴。文化遗产作为一种资产，其“财富”之誉不仅是精神性的，同时也是物质性的。财富意味着必然具有一定的价值，而且这种价值具有多重性，它至少表现在以下五个方面：

①历史价值：文化遗产保留有自身的原始信息（所谓“化石功能”）和历史活动信息（所谓“文件功能”），作为与

历史上某些重要活动、重要事件和重要人物密切相关的线索与物证，具有重要的历史价值。

②艺术价值：文化遗产以其奇妙的艺术和高超的技能，营造出独特的结构、情调、风格、氛围等，带给人们情感上的沟通和精神上的感染，并由此激发出强烈的审美愉悦，体现出其弥足珍贵的艺术价值。

③科研价值：文化遗产能够给人类提供重要的、不可替代的知识和信息，在多个学术领域中都可能呈现出其独特的科研价值。

④社会价值：文化遗产体现了人类历史与文化的多样性，展现一个民族或群体的文化积淀和精神认同，具有凝聚作用和教育作用，同时又推动了各种文明和各个族群之间的理解和尊重，这些特性决定了其具备强大的社会价值。

⑤文化遗产的上述价值决定了它必然会产生经济价值。文化遗产的经济价值是由人们对它的认识和需求而定的，而人们对它的认识和需求，依附在其历史价值、艺术价值、科研价值和社会价值之上。只有文化遗产的这些价值得到充分认识和展现，它的经济价值才能够得到实现。

对任何一种文化遗产价值的充分认识，都有一个发展和成熟的过程。在不同的社会历史背景下，人们可能只关心或看到其价值的不同侧面。因此，要克服文化遗产价值认识上的局限性和狭隘性，一是对其价值进行评估时，要具有充分的开放姿态，多吸纳来自不同角度、不同领域的审视和解读；二是要保证它的可继承和延续，留待后来者予以更深刻的理解。

文化遗产的所有价值，只有通过先进理念和科学手段进行文化遗产管理，才能逐步地挖掘出来，并走向可持续发展之路。而文化遗产本身是其所有价值的载体，这也决定了保护和开发好文化遗产，是文化遗产管理者最重要的职责。

第二节　文化遗产管理的两个方面：保护与开发

一、大规模开发中的文化遗产保护难题

从文化遗产的内容及其价值中我们不难发现和理解，文化遗产不同于一般资产，它的特殊性主要有三点：一是珍稀性，二是易失性，三是不可再生性。

第二次世界大战结束之后，迅猛的现代化进程在给人类带来极大丰富的物质生活的同时，也给人类的居住环境和文化遗存造成了巨大的压力和破坏。据统计，20 世纪 60～70 年代之间，全球被大型工程和旅游开发所毁坏的古迹，其数量远超两次世界大战被毁坏古迹的总和。最为著名的是 20 世纪 60 年代埃及在尼罗河上游修建阿斯旺水坝，导致两座千年神庙被破坏，这一事件促成了世界各国对文化遗产保护和开发问题的严肃思考和共同行动，催生了里程碑式的《保护世界文化和自然遗产公约》。

为了使物质文明的进步与环境保护相协调，以保障全人类的可持续发展，联合国教科文组织各成员国于 1972 年倡导并缔结了《保护世界文化和自然遗产公约》。公约认为世界上遗存的部分文化遗产具有突出的重要性，同时考虑到威胁这些遗产安全的紧迫性和严重性，因此急需把它们作为全人类财富的组成部分，并通过整个国际社会的援助加以重点保护。由此，联合国科教文组织世界遗产委员会得以成立，其宗旨在于促进世界各国及其人民之间的合作，为合理保护和恢复全人类共同遗产作出积极贡献。

联合国教科文组织世界遗产委员会是政府间组织，由 21

个成员国组成，每年召开一次会议，主要决定哪些遗产可以录入《世界遗产名录》，并对已列入名录的世界遗产的保护工作进行监督指导。委员会由七名成员构成世界遗产委员会主席团，主席团每年举行两次会议，筹备委员会的工作。世界遗产委员会承担四项主要任务：

①在挑选录入《世界遗产名录》的文化和自然遗产地时，负责对世界遗产的定义进行解释；

②审查世界遗产保护状况报告。当遗产得不到恰当的处理和保护时，该委员会让缔约国采取特别性保护措施；

③经过与有关缔约国协商，该委员会作出决定把濒危遗产列入《濒危世界遗产名录》；

④管理世界遗产基金（保护世界文化和自然遗产基金）。对为保护遗产而申请援助的国家给予技术和财力援助。《公约》规定设立，截止 2002 年，在全球范围内，共有 175 个国家或地区加入《世界遗产公约》，成为缔约国，是目前世界上加入缔约国最多的《公约》之一。中国 1985 年成为《保护世界文化和自然遗产公约》缔约国。

自成立以来，联合国教科文组织世界遗产委员会为世界文化遗产的保护和开发做了大量工作，成绩斐然，功不可没，已经成为文化遗产保护的表率和权威。但是，相对于遍布世界各地浩如烟海的文化遗产，世界遗产项目所能覆盖的范围无异于九牛一毛，事实上即使是被列入世界遗产目录的珍稀文化遗产，也不乏继续受到威胁的例子，世界遗产目录之外的大量形态各异、价值不菲的文化遗产依然处在不同程度的危险之中。

目前，我国对文化遗产的保护日益受到重视，尤其是世界遗产的申报和保护工作热情持续高涨，也取得了显著成绩。然而在文化遗产事业发展中，依然存在着一系列问题，主要表现在：相对于对开发的重视和力度来说，保护方面显得滞后和薄弱；注重眼前利益远甚于长远发展、注重经济效益远甚于社会价值的现象十分普遍。在城市化进程加快的今天，人口膨胀、资源减少，认为文化遗产保护在一定程度上意味着“活人给死人让地方”的不乏其人，并堂而皇之成为对文化遗产进行破坏性开发的“理由”。

因此，中国虽然拥有众多的文化遗产，但在保护和开发中产生了许多矛盾，同时对文化遗产的保护不力也造成了不可弥补的损失。下面列举的是近年有关世界文化遗产保护问题的重大事件：

1998 年 9 月，联合国教科文组织官员在湖南张家界武陵源进行世界遗产监测时，对于当地城市化对自然环境的破坏提出了尖锐批评。

2002 年 5 月 1 日，张家界百龙旅游电梯试运营，被国内外媒体认为破坏了自然风景。

2002 年 11 月 23 日下午，四川紫坪铺水利枢纽工程成功实现截流。该工程的姊妹工程——杨柳湖工程，距离都江堰仅 1300 米。2003 年 8 月，杨柳湖工程被紧急叫停。

2003 年 1 月 19 日晚，湖北武当山古建筑群的重要组成部分之一的遇真宫主殿发生大火。有关部门违反国家规定，擅自将遇真宫使用权转让给一家私立武术学校，从而埋下了安全隐患。

2003 年，云南怒江水电开发的一项装机容量超过 2000 万千瓦的 13 级电站规划被正式提出。2004 年该规划被搁置。

2004 年 2 月 10 日晚，大足石刻石门山一尊石刻和一尊泥塑头像被切割盗走。

2005 年 10 月 17 日北京时间下午 2 点 30 分，山西平遥古城的南城门一段城墙发生坍塌。

2006 年，澳门特区政府取消对东望洋山东麓建筑的高度限制，被指破坏东望洋灯塔的历史性。

2007 年 6 月 23 日，在第 31 届世界遗产大会上，三江并流拦河筑坝问题被世界遗产委员会提出警告，北京故宫、天坛、颐和园、丽江古城以及布达拉宫被要求整改。

更有说服力的案例，则是在相当长一段时期内对文化遗产进行积累式的破坏。山东泰山曾由于开发不善而导致建筑过多过杂、植被遭到破坏，截至 2005 年 4 月，泰山景区内累积拆除近 20 年来的违章建筑达 164 处，另有违法别墅 21 栋、商业经营性广告 400 余块。

由于问题的普遍存在和日趋严重，2004 年的两会期间，全国人大代表张廷皓强烈呼吁，中国应该尽快出台《世界遗产保护法》，保护这些不可再生的文化和自然资源。乐山大佛旁边建公园、都江堰上游拦河筑坝、张家界建电梯、武当山遇真宫大火……还有故宫、秦俑馆、敦煌等处超容量接待游客，这些都造成了对世界遗产的实质性破坏，有的损失已经无法挽回。①

世界遗产的情况尚且如此，没有被列入世界遗产的其他文化遗产，其保护形势就更加严峻了。和世界其他国家曾经历或正在经历的一样，我国文化遗产保护中所遇到的问题，主要出自迅猛异常的两个方面的开发，一是旅游业开发，二是旧城改造和房地产开发。

二、文化遗产与旅游开发

世界旅游组织的研究资料显示，旅游业每直接收入 1 美元，相关产业就能增加 4.3 美元的收入；旅游业每增加 1 个直接就业岗位，社会上就能增加 5 个就业机会。另据统计测

---

① 《世界遗产要申报更要维护》，《新京报》2007 年 6 月 27 日。

算，国外旅游业每收入1美元，可使国民经济增加2.50美元；在中国，旅游业每收入1美元，可使国民经济增加3.12美元，利用外资金额增加5.90美元。

据世界旅游和旅行理事会（WTTC）消息，世界旅游业正迎来高速发展期，2005年全球旅游业的收入达到60210亿美元，占全球生产总值的10%，从业人员达2.21亿。2015年，世界旅游业的收入将增至107000亿美元，从业人数将扩大至2.7亿。① 2007年，中国国内旅游业总收入首次突破1万亿元，达1.09万亿元，其中国内旅游人数达16.1亿人次，旅游收入达7771亿元。②

联合国世界旅游组织（UNWTO）预测，2015年，中国将成为全球第一大入境旅游接待国、第四大出境旅游客源国。旅游业正日益成为我国经济发展的一大支柱产业，对增强我国的综合国力起到重要作用。也正因为如此，“旅游资源开发”成为各级和各地政府极为重视的问题，而“旅游资源开发”很大程度上就是对文化遗产资源的开发，这其中必然无法回避如何解决保护与开发的矛盾。

近年来入选世界遗产目录的竞争愈发激烈，我国一些地方政府对申报世界遗产也异常踊跃，不可否认的重要动力是，把世界遗产当作发展旅游的手段和捷径。

必须肯定的是，科学、合理、有序、守法的旅游开发可以促进文化遗产的开发、利用和保护。首先它可以提高文化遗产的知名度，从而让更多人认识文化遗产的价值和地位；其次它可以使文化遗产得以直接面对民众，从而让人们有机

---

① 《世界旅游业高速发展，今年收入将超六万亿美元》，《中华工商时报》2005年4月11日。

② 中国国家旅游局官方网站，http://www.cnta.gov.cn

会对文化遗产进行深入的了解和认识；另外它还可以让某些文化遗产的文化传承功能得到应有的发挥，并从而实现对这些文化遗产的更好保护；最后它通过对文化遗产资源的可持续利用而带来综合效益，促使地方政府加大投入并加强保护，在一定程度上解决保护经费不足问题，从而使大批濒危文化遗产得到抢救和保护。

然而在现实中，将文化遗产作为文化旅游开发的对象，往往因处理不当而带来相当广泛和严重的负面作用。目前，我国一些地方追求短期经济效益，对文化遗产进行掠夺性开发的现象依然时有发生。破坏环境、超负荷接待游客、游客的不文明行为都会对作为旅游资源的文化遗产造成破坏，文化遗产不仅得不到应有的保护，反而造成面临严重的危害乃至消失的威胁。

发展旅游业毫无疑问是十分必要的，但显然并非意味着为了发展旅游就可以不顾及其他，特别是对文化遗产的保护问题，其重要性应该先于旅游开发。在我国，应该加强重视的是对文化遗产中自然遗产的保护，尤其是自然生态保护区的旅游资源开发，必须慎之又慎，严格控制进入的人员数量和范围。文化遗产的珍稀性、易失性和不可再生性，决定了对于文化遗产特别是其中的世界遗产，首先必须是保护，在把它保护好的前提下才能考虑旅游开发问题，因此不能盲目开发建设，为吸引资金搞旅游、促创收而不惜破坏不可再生的珍贵遗产，急功近利地只把文化遗产当作摇钱树拼命榨取其价值，只要能赚到钱，其他的都可以不顾，甚至不惜杀鸡取卵以获取短期的经济效益，这不仅是不负责任的表现，还是对地球母亲和子孙后代的犯罪。

事实上将文化遗产作为旅游资源进行合理、科学的开发，由此实现对文化遗产的更好保护，已然是当今的国际趋势和潮流，很多文化遗产保护先进国家和地区，在这方面已经积累了不少宝贵的成功经验。意大利通过申报世界遗产并通过旅游业利用和发挥其经济价值，进行所谓“遗产化开发”，就取得了很大成功。统计显示，1996 年，意大利当时还只有 9 处文化和自然遗产被列入《世界遗产名录》，迄今意大利的世界遗产数目已发展到 37 处，并将继续加大申报世界遗产的力度，计划将其余的 46 处文化和自然景观遗产申报为“世界遗产”。同时，它还将申报的对象扩大到艺术品制造工艺、民间传统、地方风味美食等“非物质文化遗产”领域。意大利文化遗产产业的发展，不仅每年吸引了世界各地近 4000 万游客，直接创汇约 300 亿欧元，而且带动了交通、建筑、餐饮、古物修复、音像、出版等各行业的发展。更重要的是，在意大利，文物保护已成为一种民族自觉和行为习惯，并提升了民族的文化素养。

因此，我们也应该正确处理好文化遗产保护与旅游开发的关系：在发展中解决问题，让文化遗产保护和旅游产业发展取得共赢，实现文化遗产产业和旅游产业的可持续发展。

三、文化遗产与旧城改造和房地产开发

据有关资料显示，2000 年，中国的城市化水平突破 30%；2005 年，城市化水平已超过 40%。照此趋势，预计 2010 年城市化水平将达 45%。随着城市化进程的加快，城市发展与文化遗产保护的矛盾日益显现。

早在 20 世纪 50 年代，著名建筑学家梁思成提出把旧北京城予以整体保护，而把新北京市区建在三里河区域，但因决策者理念的错误，未被采纳。现在申请作为世界遗产的历史文化名城，北京以及其他几大古都全部落马，偌大一个文明古国，迄今只有平遥和丽江两座城市得以通过。

到了 20 世纪 80 年代以后，受到利益驱使的大规模的房地产开发，造成了各城市中具有文化遗产价值的建筑、街区、城墙等遭到大规模的彻底破坏。而且在相当长一段时间里，不管把文化遗产破坏到什么程度，都不追究个人的责任，直到《文物保护法》修订以后才有处罚依据，但是至今在刑法里面没有加入“破坏遗产罪”。法律的不健全导致文化遗产保护问题实际上无法可依。

2004年“中国现代化研究论坛”上，中国社会科学院研究员、中国城市发展研究会副理事长朱铁臻在其题为《建设现代城市与保护历史文化遗产》的特邀报告中，就城市历史文化遗产保护方面总结出三个带有共性的问题。他说，保护历史文化遗产是建设现代化城市的重要内容，也是建设现代特色城市的基础，但中国不少城市和地区，只顾单纯的经济开发、规模扩张，而忽视对历史文化遗产、对城市特色的保护，破坏也十分严重。城市历史文化遗产保护面临的问题在以下三个方面带有共性且表现突出：

一是建设性的破坏。有的城市在旧城更新和房地产开发中，不切实际地搞所谓大手笔、大气魄，进行大拆大建，过度开发。这实质是打着建设开发的旗号，进行历史大破坏，导致有些历史文化名城面目全非，失去原有文化韵味。另一个奇怪的现象是对真古董不珍惜，却热衷于建造仿古，搞一些不伦不类的东西，还标榜是所谓“政绩”，“有的城市拆的是宝贝，造的却是假货”。

二是改善市民居住环境与保护历史文化遗产缺乏妥善协调。在北京，胡同该不该拆、要不要保护，就是常常遇到的一个颇有争议的问题。丽江古城保护不错，但古城内商店一个接一个，文化氛围不浓，令人遗憾。

三是法制不全，执法不力。因为没有明确具体的法律条文管理，一些地方官员一句话就让许多重要的文化遗产化为乌有，所以，对历史文化遗产的保护应加快立法，不仅要有行政法来保护，而且要用刑法保护。①

2006年6月，国家文物局局长单霁翔在接受《人民日报·海外版》的采访时表示，在城市化加速进程中，新城与旧城的关系问题比较突出，成为历史性城市保护的首要问题。旧城是城市记忆保持最完整的地区，又是房地产开发激烈争夺的地段，有些地方为了追求经济效益，拆除历史街区，拓宽传统道路，兴建高层建筑，使文化遗产及其周围环境遭到损害，以致旧城开发造成“建设性破坏”。不少城市的规划设计抄袭趋同，追求大规模建筑群和大体量建筑物，导致“千城一面”。近年来，建筑设计刮起“欧陆风”，各种流派堆砌在一起，强调建筑个体的面孔与性格，追求形式上的独特和怪异，却很少考虑它与环境的文化关系，建筑的民族传统、地方特色不断失落。

关于解决这些问题的措施，身为城市规划和建筑专家的单霁翔提出，首先要重新明确城市发展方向，即“保护旧城，建设新区”，这有利于协调保护与建设的矛盾，使得两者相得益彰；此外，旧城区要防止城市快速路穿越，避免形成超大规模的街坊，维护原有的路网格局和街巷肌理。就如何保持和发扬城市特色这一问题，单霁翔认为，要重视城市文化的历史渊源，重视区域文化的差异，重视文化多元的保护。只有保护好城市独具的特色，才能保留住这个城市的精神世界和灵魂。②

---

① 《中国城市历史文化遗产保护面临三共性问题》，中国新闻社2004年8月5日报道。

② 《单霁翔：文化遗产是城市发展的资本，不是包袱》，《人民日报·海外版》2006年6月8日报道。

当然，问题远非这么简单。相对于旅游开发来说，旧城改造和房地产开发对于文化遗产的威胁更直接，力量更强大。首先，有些相关负责官员遗产保护的观念极其缺乏，这是遗产遭破坏的主要原因和最大问题；其次，巨大的经济利益和宏大的政绩表现，这双重诱惑形成合力产生出的开发驱动，往往使文化遗产保护机构和个人，迅速被弱势化和边缘化；再次，城市中文化遗产所在地，往往也正是房地产开发视角中的黄金地段，寸土寸金背后显现的诱人利润，往往成为文化遗产本身的催命符；最后，以建筑物等人工创造实体形式存在的文化遗产，一旦被毁，可以说就将从此完全、彻底地消失殆尽，永无再生的可能。显而易见的是，除了某些能够明确预期在短时间内便带来经济效益的文化遗产之外，其他的文化遗产都不免陷于一种推土机欲推之而后快的处境，但真正受到切实的法律法规和政策保护的，往往仅止于前面那些文化遗产。

城市和建筑，归根到底是为人们生活方便服务的，这里的生活既要包含基本层次上的物质生活，也应该包含较高层次上的文化生活。事实上，随着现在交通工具和通讯工具的巨大进步，给城市规划带来了更丰富的区域选择和技术便利，也应该给文化遗产的保护带来更多的希望和实惠，而不是相反。

文化遗产的传承，并不仅是时间问题，同时也是空间问题。如意大利人率先提出了旧市区的文化遗产整体保护问题，就不仅仅保护建筑物本身，还要保存它的生活方式和文化氛围。这样大范围的文物保护，得益于具有文物保护意识的管理者，更依赖于富有文化传承意识的公民。意大利各地都有保护文物建筑的民间组织，其中最为著名的是全国性组织“我们的意大利”，它曾使一批很有势力的房地产商拆毁文物建造商品住宅的努力彻底落空，并促使国家制定了更加严格的法律保护文物。

文化遗产的保护和开发问题既是意识和观念问题，也是制度和管理问题。

2005 年 12 月，国务院下发了《关于加强文化遗产保护的通知》，专门成立了由 15 个部委部门组成的国家文化遗产保护领导小组，由国务委员陈至立任组长。通知决定从 2006 年起每年 6 月的第 2 个星期六为中国的文化遗产日。首个中国“文化遗产日”为 2006 年 6 月 10 日，主题为“保护文化遗产，守护精神家园”。人们的视线也将再次聚集到文化遗产的保护上来。

2006 年 11 月 14 日，中华人民共和国文化部公布《世界文化遗产保护管理办法》，规定“因保护和管理不善，致使真实性和完整性受到损害的世界文化遗产，由国家文物局列入《中国世界文化遗产警示名单》予以公布”。

世界上很多文化遗产保护先进国家的经验告诉我们，保护和开发并不是不可调和的矛盾，协调并解决好这两方面的问题，正是文化遗产管理最重要的意义所在，也是我们在文化遗产产业发展中必不可少的功课。

中国是世界上文化遗产资源非常丰富的国家之一，发展文化遗产产业有着深厚的历史、社会和自然基础，解决好开发和保护的矛盾，完全有条件和可能成为世界上文化遗产产业的发达国家。

第三节　世界文化遗产管理模式的经验和教训

1. 先进的理念和科学的方法

纵观世界文化遗产保护先进国家和地区的经验，不难发现，先进的理念对文化遗产的有效保护起着至关重要的作用。

19 世纪末 20 世纪初兴起的意大利学派，对文物建筑的保护和修缮提出过以下观点：

①强调文物建筑具有多方面价值，要求对其所携带的全部历史信息，进行全面保护；

②要求尊重文物建筑在存在过程中所获得的所有历史信息（包括变动和增添的内容），并使这部历史清晰可读；

③强调调查研究，以确凿的考古学证据为基础，反对修缮工作中的主观臆测；

④只对文物古迹进行确有必要的加固和修缮，修缮的目的只是保护，并使后加内容在材料和特点上与原迹有所区别，避免任何形式的伪造；

⑤强调对文物建筑原有周边环境的保护。①

以上观点经过理论梳理和实践检验，已经发展成为原生性原则、最低干预原则、可识别原则、可逆性原则、与环境协调原则等等内容，载入《威尼斯宪章》等国际公约而成为国际公认的文化遗产保护原则。

先进的理念来自对文化遗产的深入研究和深刻理解，它同时又具体表现在贯穿于文化遗产保护整个过程中的科学的方法。这其中，包含了历史学、考古学、社会学、政治学、地理学、博物学、人类学、民俗学、物理学、化学、建筑学、工程学、材料学以及旅游和艺术等等诸多学科的专业知识和研究方法，这就需要人文和科学领域专家学者的共同参与和

---

① 刘曙光：《意大利文化遗产保护讲座》（未发表稿，2005 年 3 月），转载自顾军、苑利《文化遗产报告》，北京：社会科学文献出版社 2005 年版，第 32 页。

积极配合。世界文化遗产保护先进国家和地区的重要经验表明，只有在学术的有效监督和指导下，才有可能做好文化遗产保护工作。

以被称为“文化遗产保护第一步”的普查工作为例，自上世纪50年代开始，意大利、英国、法国、德国和亚洲的日本、韩国等先后对本土的文化遗产进行大普查，既使得这些国家梳理和查清了自己的文化遗产状况，发现和抢救了一大批濒危文化遗产，又在大普查中向国民普及了文化遗产保护理念，使得文化遗产保护意识大为提高。法国自20世纪60年代开始的文化遗产大普查，其标准化、系统化、科学化的普查登记，不但充分显示了学术监督和指导的严谨和高效，反过来又对此后的相关学术研究带来了极大的便利。在我国台湾地区，始于20世纪80年代的数次文化遗产普查工作，更是一开始就有意识地重视科学化管理问题，委托学术机构和专家学者直接参与或进行指导，并且以法律文件形式对此进行规定，如“办理自然文化景观之指定及解除其指定等事项”时，“得委托文化学术机构或专家学者调查研究”① 甚至对调查中所采用的现代技术设备和手段也进行了详细规定，譬如要求“民族艺术之调查及采集，除文字、图片、纪录片外，并得利用摄影、录音、录像、信息技术等方法为之”。②

在文化遗产保护先进国家如意大利、法国、美国、日本等，文化遗产的保护早已经被当成一门专门的学问，政府鼓励和吸引高水平的学术机构和科研人员参加，就相关的理论、方法、技术、材料等方面进行深入研究。日本以对文化遗产保护技术的高度关注而闻名，意大利也有不少著名科技企业

---

① 中国台湾地区《文化资产保存法实施细则》第70条。

② 中国台湾地区《文化资产保存法实施细则》第63条。

也积极投入巨大的人力物力，从事有关文化遗产保护新材料和新技术的研发工作。

2. 严格的法律体系和奖惩制度

文化遗产的保护需要在法律层面上予以保障，在具体管理过程中做到有法可依。世界文化遗产保护先进国家和地区，无一不注重法律的制定和实行，并在长期的法制建设和实施工作中提供了宝贵的经验。

早在公元15世纪，统一前的意大利就由罗马教廷颁布了世界上首部文化遗产保护法，1820年，教皇主持下的红衣主教团以政府名义颁布《历史文物及艺术品保护法》，对分布在亚平宁半岛的各国产生影响。1902年，意大利政府颁布国家统一后的第一部文化遗产保护法令“第185号法令”，1909年又颁布“第364号法令”，此法令作为意大利文化遗产保护综合性法规，一直沿用到1998年，并成为1999年意大利颁布的文化遗产保护“联合法”的基础。“联合法”收集整理了以往多部法规法令中有关文化遗产保护的内容，是意大利目前仍然在使用的文化遗产保护大法。

另外一个同样位于欧洲的文化遗产大国法国，颁布首部文化遗产保护法的时间是1840年。继这部“梅里美《历史性建筑法案》”之后，法国在100多年时间里颁布过100多部有关文化遗产保护的“文化遗产法”，在此方面一直处于世界领先水平。法国的这套文化遗产保护法不仅相当全面、系统和细致，而且能够及时体现出其先进的文化遗产保护理念发展成果，例如1930年就把文化遗产保护范畴扩展到自然领域而颁布了《景观保护法》。在1967年对这部法律进行修改后新颁布的《景观保护法》中，不但对文化遗产本身的保护提出了更高要求，而且对其周边环境的保护也提出了明确要求。

另外一方面，以法律形式制定出严格的奖惩制度，以对保护文化遗产的行为进行褒扬，对破坏文化遗产的行径施行处罚，也是文化遗产保护立法的一个重要内容和手段。韩国的《文化财保护法》第 66 条规定，负责文化遗产保护工作的文化财厅厅长，有权对文化财保护方面的有功人员进行表彰和奖励，以法律形式确定了文化遗产保护方面的奖励机制。而在惩罚机制方面，该法第七章《罚则》也针对各种违法犯罪行为，列出了详细而严厉的量刑标准。

需要着重指出的是，经过对以往文化遗产保护法制建设方面经验和教训的总结，近年来这些国家特别强调法律与规章的可操作性。这具体体现在法律内容的细致、规范和标准的量化方面。以英国建筑类文化遗产保护法规《规划法》为例，它不但明确规定了“必须具有建筑学价值、历史学价值、普遍价值和与国家重要人物或重要时间相关”为列入文化遗产保护名录四要素，而且细分了相关的时间标准，规定“公元 1700 年以前的建筑，只要保存完好，均可列入保护范围并受法律保护；公元 1700～1840 年之间的建筑，大部分受法律保护；公元 1840～1914 年之间的建筑，风格独特、质量精良者受法律保护；公元 1914～1939 年之间的建筑，质量精良或者为著名建筑师代表作品，也受法律保护；不到 30 年的建筑只保护其中佼佼者，少于十年的建筑，无论多么优秀，都不列入文化遗产保护名录”。这样清晰的量化标准，为法律得到明确实施提供了极大的可操作性。

3. 专业高效的管理体制

在世界各文化遗产保护先进国家和地区中，都建立有专业高效的管理体制以负责文化遗产的保护工作。它一般以国家政府中的专门管理部门、地方政府中的专门管理部门、各级学术科研咨询机构、民间组织等部分组成，构建了自中央到地方、从决策到实施、从组织管理到技术咨询的完整、系统的立体化管理体制。

由于对一个国家来说，文化遗产被理解为全民财富，因此对其实行保护也被认为是国家义务，最高权力机构顺理成章地隶属于中央政府。世界各文化遗产保护先进国家和地区，在国家层面上设有专门管理机构的有意大利的文化遗产部和日本、韩国的文化财厅等，更多的在文化部下面设有专门的文化遗产保护司或文化遗产保护厅，当然也有的和中国一样采取多头管理、连署办公模式，但随着世界各国对文化遗产保护的日益重视，设立单一专门管理机构已经成为主流和趋势。

地方政府中的专门管理部门，则是中央政府相关部门向地方的延伸，也是文化遗产保护工作的具体实行单位。

由于注重文化遗产保护工作的专业性，各文化遗产保护先进国家和地区通常从中央到地方政府都配置有相应的科研和咨询单位，譬如以专家学者组成“文化遗产保护委员会”，对文化遗产保护工作进行学术监督和指导。在有的国家，甚至有的仅仅在中央一级就有十几个这样的专业机构，他们从各自不同的知识和技术角度为文化遗产保护出谋献策，提供高质量的专业服务，为这项工作的发展和进步做出了不可替代的贡献。

在世界各文化遗产保护先进国家和地区，把文化遗产保护视为全民的共同事业而不仅仅是政府行为，这一点并不仅仅停留在理念和计划上，而是已经确实落实到了具体的实际工作中。在意大利、法国、英国等地，文化遗产保护工作常常由政府委托给民间组织具体管理和实施，参与文化遗产保护工作的民间组织不仅数量庞大，而且各组织会员人数也十分可观，能力和水平更让人刮目相看。以英国“国民信托”为例，该组织的人数达到了 250 万人，管理着 2700 多处文化遗产，其中开放经营的达到 500 多处。上述其他国家分布在全国的民间组织，对文化遗产的保护也发挥了重大的作用。

4. 多元化资金保障

对文化遗产的保护，充足的资金保障是必不可少的条件。世界各文化遗产保护先进国家和地区中，资金来源大致可分为三个渠道：一是政府直接投入，二是政府通过发行专项彩券而进行的间接投入，三是来自社会团体或个人的投入。

在英国模式中，文化遗产保护的资金以政府投入为主。英国政府除了通过“文化、媒体与体育部”进行直接的专项经费投入外，还设有“遗产补助基金”、“国家遗产纪念基金”、“遗产彩券基金”等提供经费支持。

在美国模式中，则以社会投入为主。文化遗产的保护资金，只有小部分来自政府的直接投入和减免相关税收的间接投入，其余大部分来自民间财团和个人的捐助。原来在美国“国家公园”体系中，经济高度发达的美国并不太看重其资源开发的经济价值。1872 年，美国国会把位于西北部的黄石地区确定为首个国家公园时，认定它是“为了人们利益和欣赏目的的大众公园或休闲地”。作为国家遗产资源，24 部联邦法律和多种法规法令，保证了“国家公园”体系在联邦经常性财政支出中的稳固地位，确保了“国家公园”主要的资金来源。但近些年来，由于文化遗产资源的重要性逐渐显现，社会捐赠资金也随之显著增多，一定程度上减轻了联邦政府的财政负担，2004 年，联邦政府的财政拨款仅占到国家公园体系全部运营经费的约 3/4。

而在意大利，文化遗产作为重要的旅游资源和文化资源，通过旅游产业和文化产业的成功运作和持续发展，已经成为社会财富和国民收入的主要来源之一，因此文化遗产的保护也顺理成章地成为一项全民的事业。近年，意大利政府用于文化遗产保护方面的费用已经接近其国民生产总产值1%的目标。从1997年开始，政府还专门推出“文物彩票”，并从彩票收入中按比例提取资金用于文物保护。意大利各企业、财团和个人对文化遗产的保护也有全面而持久的资金投入，和政府一起为文化遗产保护提供了充足的资金保障。

5. 良性的市场运作

意大利、英国等将文化遗产保护和旅游产业、文化产业之间构成良性互动，在确保文化遗产安全的前提下，让文化遗产借助于相关产业进入市场，并通过专业高效的市场运作，开发出文化遗产的潜能，反过来让文化遗产得到切实的保护，已经成为文化遗产保护和市场化成功结合的范例。同样在法国等其他文化遗产保护先进国家和地区，除了政府拨款和社会赞助外，文化遗产保护资金有相当一部分正是来自于产业化经营所得。借助市场的力量发展文化遗产产业，已成为文化遗产保护资金的重要来源，因此也成为世界各文化遗产保护先进国家和地区保护文化遗产的重要举措。

对文化遗产保护来说，市场化运作并不意味着追求利润最大化，以及随之而来的破坏。世界各文化遗产保护先进国家和地区，对文化遗产保护的理解，早已经超越了被动消极维护层面，在具有完善的法律体系、科学的管理制度和专业的管理知识约束之前提下，文化遗产保护的市场化运作，已经成为各文化遗产保护先进国家和地区所普遍采用的方式。通过对文化遗产的科学管理和有效经营，从而发挥其作用、体现其价值，并由此创造出国民财富，是上述国家和地区的宝贵经验。

6. 充分重视文化遗产保护中“人”的因素

文化遗产保护中“人”的因素主要有两个方面，一是指从事文化遗产保护的管理和工作人员，二是指无形文化遗产的传承人员。

文化遗产保护既被视为一门学问，世界各文化遗产保护先进国家和地区对相关人才的重视自是应有之义。意大利的文物保护教育体制与培训体系十分发达，专门设有罗马修复中心、佛罗伦萨文物保护研究所等国家级教育培训基地，经过严格筛选和全面教育，培训出合格的文物保护专业人才。另外如维泰尔堡大学文化遗产保护系等国立和私立大学的相关专业课程教育，为意大利文化遗产保护工作培养了庞大的多学科、高素质的专家队伍。

法国同样非常重视文化遗产保护工作的队伍建设，他们从 20 世纪 60 年代的文化遗产大普查活动开始，就注重专家学者的主导作用，并在以后的实际工作中，有意识地把大学、科研机构、建筑事务所、博物馆、图书馆等方面的专家学者吸引和组织到文化遗产保护的人才库中，并让他们发挥各自特长，在文化遗产保护工作中发挥了极其重要的作用。

另一方面，“人”本身还可能是文化遗产的承载体，从这个角度重视文化遗产保护中“人”的因素，也是极其重要的工作内容。

1950 年，日本颁布《文化财保护法》，其中“无形文化财”理念的提出，对非物质文化遗产的保护起到了开拓性的积极作用。在《文化财保护法》中，承载着非物质文化遗产的各种表演艺术家、工艺美术家等，经过认定后被称为“重要无形文化财持有人”，其中技艺高超者甚至被提高到了“人间国宝”的高度，受到充分的重视和尊重。到 2004 年为止，日本已经认定重要个人无形文化财 78 项，传承人 270 名；重要综合无形文化财 13 项，传承团体 13 个；重要团体无形文化财 11 项，传承团体 11 个；重要无形民俗文化财 202 项，文化财保存技术个人持有者46名，持有团体16个。① 从中可见“人”的因素在非物质文化遗产中的不可替代的重要性。日本对“无形文化财持有人”的高度关注，不仅表现在予以荣誉和经费赞助上，同时表现在对非无形文化遗产的传承工作上。《文化财保护法》规定，“无形文化财持有人”同时也应当是“无形文化财传承人”，如果其技艺密不传人，那么将失去“无形文化财持有人”和“人间国宝”的资格。在借鉴日本经验而对非物质文化遗产保护十分重视的韩国，其《文化财保护法》中同样明文规定：将相关技艺传授给他人，是获得“重要无形文化财持有者”称号的基本条件。另外韩国政府还设立奖学金，用以资助那些经过选拔后学习非物质文化遗产相关技艺的“传授奖学生”，这也从另外一个方面表现出对“人”的因素的充分重视。

7. 对文化遗产实行整体保护

在文化遗产保护发展史上，世界各文化遗产大国对文化遗产的普查和保护对象，在起始阶段中就包含了历史文化名城、街区、建筑、工艺美术品、出土文物等等内容。随着对自然文化遗产的保护日趋普遍，和后来无形文化遗产理念的提出并日益得到重视，对文化遗产实行整体保护，已经成为世界各文化遗产保护先进国家和地区的共同理念和普遍做法。

文化遗产可分为有形文化遗产和无形（非物质）文化遗产，有形文化遗产中又包含着自然遗产，在文化遗产保护的实际过程中，人们发现这几者之间的关系并非截然不同而常常是混为一体的，将之切割开来分别进行保护并不可行，只

---

① 日本文化财保护部传统文化科资料，2004年。转载自顾军、苑利：《文化遗产报告》，北京：社会科学文献出版社2005年版，第109页。

有对其进行全面的整体保护，才可能真正做到对其中个体进行完整的保护。

在世界各文化遗产保护先进国家和地区中，美国是对文化遗产进行整体保护处于领先位置的国家。除了对建筑类、遗址类、工艺美术品类等有形文化遗产的保护之外，美国是首先提出“世界遗产地”概念的国家，也是首个以国家力量介入自然文化遗产保护并且取得较大成功的国家。目前，美国的自然文化遗产体系主要由国家公园、国家森林、国家野生动物保护区、国土资源保护区、州立公园和某些博物馆等组成。其中的国家公园体系规模最大，并且包括了自然资源和文化资源。而美国关注自然遗产的保护是与“国家公园”概念密切相关的。1832 年，美国画家乔治·卡特林前往犹他州写生，发现西部大开发对当地自然环境和印第安人文化造成了破坏，他在日记中写道：“如果政府能够以某种强制性保护政策介入，保护原住民文化及原始自然景观，那么人们便可以永久欣赏到壮观的自然公园……一个国家公园，人和野兽生活于其中，一切都处于原始状态，到处体现着自然之美。”由此诞生了“国家公园”这一先进的理念。经过环保人士的共同推动，40 年后的 1872 年，美国国会批准建立世界上首个国家公园“黄石国家公园”。截止至 2004 年，美国国家公园体系包括 57 座国家公园，327 处自然和历史胜地，1.2 万个历史遗址和其他建筑，另有 8500 座纪念碑和纪念馆，总面积达 33.7 万平方千米。年度财政预算达到 26 亿美元，接待游客超过 3 亿人次。

另外，受到日本、韩国的影响，1976 年，美国国会通过了《民俗保护法案》，并在以后多年的实际工作中，在保护印第安原住民文化、口述史学等方面做了大量的有益尝试，其对非物质文化遗产保护的重视和努力，在欧美发达国家中也处于领先地位。

对文化遗产实施整体保护已经成为文化遗产保护的一个原则，只有在这个高度上的文化遗产保护，才是系统、全面、彻底的保护。

8. 文化遗产保护的国际化倾向

文化遗产保护的国际化倾向表现在两个方面，一是把本土的文化遗产保护工作纳入到国际框架之中，既享受国际社会给予帮助和协作的权利和机会，也履行接受国际组织进行监督和规范的义务和责任；二是广泛学习和吸收各文化遗产保护先进国家和地区的先进理念和技术，并与文化遗产保护国际组织及其成员国进行交流和协作。

目前在文化遗产保护领域发挥最大作用、拥有最权威地位的国际组织无疑当属总部设在法国巴黎的联合国属下专门机构“联合国教科文组织”（UNESCO，United Nations Educational，Scientific and Cultural Organization）。1946 年联合国教科文组织成立以来，陆续颁布过一些文化遗产保护的国际宪章。随着 1972 年第 17 届会议上《保护世界文化及自然遗产公约》的出台，联合国教科文组织的世界文化遗产保护工作翻开了一页新篇章。根据该公约设立了世界遗产委员会和世界遗产基金会，首次把各成员国的文化遗产提高到“全人类共同财富”这样一个国际视角和高度，在全球性框架中对文化遗产保护工作组织进行监督、指导、协作和赞助。其中，世界遗产委员会是政府间组织，由缔约国中的 21 个成员国组成，负责全球范围内文化及自然遗产的保护，确定《世界遗产名录》并监督入选项目的保护工作。随着 1998 年《人类口头及无形文化遗产代表作条例》和 2001 年首批《世界无形文化遗产名录》的公布，联合国教科文组织在文化遗产保护领域的工作进一步走向纵深和完善。

除了联合国教科文组织以外，目前世界上还有数百个国际社团和专业组织从事世界文化遗产的保护工作，如颁布《雅典宪章》的国际现代建筑协会、颁布《威尼斯宪章》的历史古迹建筑师及技师国际会议、颁布《华盛顿宪章》的国际古迹遗址理事会等，这些国际社团组织通过颁布各种国际公约、宪章和建议案以及具体的专业监督和指导工作，密切配合和协助联合国教科文组织，为世界文化遗产的保护做出了杰出贡献。

努力把自己本土的文化遗产保护工作融入到国际社会，是各文化遗产保护国家和地区开展相关工作的宝贵经验和发展趋势。包括中国在内的《保护世界文化及自然遗产公约》缔约国，近年来把本土的文化遗产列入《世界遗产名录》和《世界无形文化遗产名录》的申报方兴未艾，就是这种趋势的典型表现。

另外，对世界上各文化遗产保护先进国家和地区相关成功经验的吸收和借鉴，也是文化遗产保护的国际化倾向的一项重要内涵。作为世界上老牌文化遗产大国和先进国的意大利，其经验对整个国际社会的文化遗产保护工作产生过重大影响，同时他们也在积极吸收和借鉴其他国家的先进经验和技术，并应用到自己的文化遗产保护工作中。

对日本模式的大胆借鉴，是韩国文化遗产保护工作取得飞速发展的重要原因之一。1962 年，韩国颁布的《文化财保护法》，不仅名称和 1950 年日本颁布的《文化财保护法》完全相同，里边的内容更是在很大程度上借鉴了日本的诸多先进理念，包括“有形文化财”、“无形文化财”和“民俗文化财”的概念界定和分类体系。

文化遗产在很大程度上属于不可复制和恢复的独特资源，因此在保护过程中不容有过多的试验成分。从这个意义上来说，文化遗产保护的国际化倾向，无论是尽可能加入国际组织以获取国际先进理念和技术资源，还是对其他国家和地区先进经验的吸收和借鉴，都是文化遗产保护工作中必不可少的重要环节。

9. 数字化管理与文化遗产保护

1995年，美国技术专家尼葛洛庞帝在《数字化生存》一书中说："计算不再只和计算机有关，它决定我们的生存。"而在此之前三年的1992年，联合国教科文组织已经开始启动"世界的记忆"项目，旨在"通过文化遗产数字化推进社会公众更广泛地享有人类的文化遗产"。2002年，联合国教科文组织遗产中心与全世界的一些政府、文化和科学社团、机构、大学联合召开了"虚拟大会"，会议主题是研究中国、埃及、塞内加尔、墨西哥和法国的"数字时代的世界遗产"。

数字技术的发展为文化遗产的保护提供了全新的高科技技术手段，因此，世界各文化遗产保护国纷纷推出相关的措施和计划。是否进入文化遗产"数字时代"的大门，已经成为一个国家文化信息建设先进程度的重要标志。

在中国，故宫博物院和国家图书馆利用数字技术在文物和古籍保护方面取得佳绩；中国艺术研究院利用数字技术对大量的传统音乐资源进行修复和保护。但影响最大的，还在于遍布中国各地的"数字化景区"项目。

2004年，由建设部和科技部共同启动了"数字化景区"建设工作。2005年4月和6月，两个示范工程黄山和九寨沟风景名胜区分别通过科技部一期工程验收。为了使景区在资源保护、规划建设、旅游服务、规范管理等各领域的数字化信息资源得到有效整合，并为全面推开数字化景区建设提供示范经验，2005年12月，建设部城建司下发《关于搞好国家重点风景名胜区数字化建设试点工作的通知》（建城景函

[2005] 143 号)，正式确定 24 个景区（包括 2 个示范）为数字化景区建设的试点单位，并提出了数字化景区建设试点工作的目标和具体任务，基本形成以世界遗产地为主的国家级风景名胜区数字化建设试点体系。

数字景区的建设基本上以数据中心和指挥调度中心的建设为核心，以网络通信和信息安全为基础，并针对景区的管理、资源管理和经营三个方面进行应用层的建设，实现资源保护数字化、网络进程智能化、产业整合网络化，其中，应急系统、医疗救助、GPS 车辆调度及其他相关的游客服务系统的建设，有效地提升了现代旅游服务业的发展水平。

然而，数字技术毕竟只是技术手段，它不能直接替代人类的智慧和精神。如果没有正确的理念加以引领，它可能堕落成一种“数字陷阱”。数字技术高超的虚拟性有可能让一种文化变成一种“真实的”幻境，同时也可能使那些不具备传播强势的文化样式受到来自“文化单极化”的挤压，从而在“马太效应”中更加速其弱势趋向而濒临灭绝。因此，如何理性地驾驭数字技术，使之服务于文化遗产的保护，是个需要全面思考和深入探讨的重大课题。

2008 年 12 月，由中华人民共和国文化部和美国国家人文基金会共同举办的“中美文化论坛——数字化时代的文化遗产保护和展现”学术研讨会在北京举行，会议探讨了文化遗产保护在“数字时代”的路向与选择。在此次会议上，文化部部长蔡武感慨道：数字技术不仅对科技、经济、军事等诸多领域产生了重大推动，同时“昭示了人类文化发展的一个新方向”。

第四节　海峡西岸经济区背景下的文化遗产管理

一、海峡西岸经济区及其文化战略定位

1. 海峡西岸经济区的概念、意义和发展现状

海峡西岸经济区是海峡经济区的一部分。海峡经济区由东、西两岸构成，海峡东岸经济区即以台湾为主体的经济带；而海峡西岸经济区则是以福建为主体，涵盖周边区域，对应台湾海峡，具有自身特点、自然集聚、独特优势的区域经济综合体。①

经过多年对区域经济发展问题的不断探索和思考，2004年初，福建省委正式提出建设海峡西岸经济区的发展战略构想。2009年5月6日，中国国务院颁布《国务院关于支持福建省加快建设海峡西岸经济区的若干意见》，明确指出："海峡西岸经济区东与台湾地区一水相隔，北承长江三角洲，南接珠江三角洲，是我国沿海经济带的重要组成部分，在全国区域经济发展布局中处于重要位置。福建省在海峡西岸经济区中居主体地位，与台湾地区地缘相近、血缘相亲、文缘相承、商缘相连、法缘相循，具有对台交往的独特优势。近年来，福建省大力推进海峡西岸经济区建设，综合实力不断增强，为进一步加快发展奠定了坚实基础。当前，两岸关系出现重大的积极变化，为海峡西岸经济区加快发展和开展与台湾地区合作提供了重要机遇。支持福建省加快海峡西岸经济

---

① 该定义出自《海峡西岸经济区发展纲要（试行）》和《海峡西岸经济区建设纲要（试行）》，见黄建忠、卢荣忠等编著：《海峡西岸经济区概论》，厦门：厦门大学出版社2005年版，第12页、316页。

区建设，是进一步发挥福建省比较优势，实现又好又快发展的迫切需要；是完善沿海地区经济布局，推动海峡西岸其他地区和台商投资相对集中地区发展的重大举措；也是加强两岸交流合作，推进祖国和平统一大业的战略部署，具有重大的经济意义和政治意义。”①

2. 海峡西岸经济区的文化遗产资源和文化战略定位

“文化遗产”的概念，这里指被联合国教科文组织等国际和国内相关权威机构选定的重要物质（有形）文化财富、非物质（无形）文化财富和自然财富。

海峡西岸经济区区域内有着十分丰厚的文化遗产资源。以在海峡西岸经济区中居主体地位的福建省国家级以上的文化遗产资源为例，拥有“世界自然与文化双重遗产”武夷山、“世界文化遗产”福建土楼，另有福建海坛风景名胜区、福建冠豸山、泰宁金湖、丝绸之路中国段福建省海路部分入选“世界遗产预备名单”等世界级文化和自然遗产资源。福建省还拥有“古田会议遗址”等国家级重点文物保护单位，拥有泰宁世界地质公园以及漳州滨海火山地貌、福建大金湖、晋江深沪湾、福鼎太姥山、宁化天鹅洞群、德化石牛山、屏南白水洋、永安等8个国家地质公园。

福建省还拥有武夷山、清源山、鼓浪屿、万石山、太姥山等全国重点风景名胜区共13处，位居全国第三；国家级历史文化名城4个（泉州、福州、漳州、长汀）、中国历史文化名镇2个（上杭县古田镇、邵武市和平镇）和中国历史文化名村6个（南靖县书洋镇田螺坑村、连城县宣和乡培田村、武夷山市武夷乡下梅村、晋江市金井镇福全村、武夷山市兴田镇城村、尤溪县洋中镇桂峰村）；全国重点文物保护单位85

---

① 中国中央政府门户网站 www.gov.cn，2009年5月14日。

处182个点。

福建又是全国非物质文化遗产大省，比较完整地保留了闽越文化、中原文化、宗教文化与海洋文化等传统文化，并由此哺育而形成了福建的特色文化。在2006年6月国务院公布的第一批国家级非物质文化遗产名录共计518项中，福建拥有其中的36项；在2008年6月国务院公布的第二批国家级非物质文化遗产名录共计510项和第一批国家级非物质文化遗产扩展项目名录共计147项中，福建拥有其中的50项。2009年，福建申报的“南音”和“妈祖信俗”入选联合国《人类非物质文化遗产代表作名录》，“木拱廊桥营造技艺”入选联合国《急需保护的人类非物质文化遗产名录》。

随着“海峡西岸经济区”概念的提出，“海峡西岸文化遗产”作为一个有相应特定内涵的概念也随之被提出，它指“历史上反映福建和台湾之间政治、经济、文化交往交流，以及体现两岸同胞同宗同亲同源的亲缘关系，并具有历史、艺术、科学价值等方面的各类文化遗产”①。福建是大陆地区的涉台文物大省，据统计现共登记涉台文物1076处，其中，列入全国重点文物保护单位33处，省级文物保护单位92处，设区市级文物保护单位78处，县（市、区）级文物保护单位353处，代表文物有：昙石山遗址、万寿岩遗址、王审知墓及祠、连氏宗祠、东山关帝庙等。

“海峡西岸经济区的文化遗产”指海峡西岸经济区区域内的所有文化遗产，很显然，它和“海峡西岸文化遗产”不是同一个概念，“海峡西岸经济区的文化遗产”涵盖“海峡西岸文化遗产”，后者是前者极具特色的重要组成部分。

---

① 福建社会科学院编著：《福建文化发展蓝皮书（2007～2008）》，福州：海潮摄影艺术出版社2008年版，第51页。

丰富而深厚的文化遗产资源，是海峡西岸经济区发展的底蕴和优势所在。《国务院关于支持福建省加快建设海峡西岸经济区的若干意见》提出了海峡西岸经济区的四大战略定位，其中之一是“我国重要的自然和文化旅游中心”。《意见》中对此的进一步阐释是“充分发挥海峡西岸经济区的自然和文化资源优势，增强武夷山、闽西南土楼、鼓浪屿等景区对两岸游客的吸引力，拓展闽南文化、客家文化、妈祖文化等两岸共同文化内涵，突出‘海峡旅游’主题，使之成为国际知名的旅游目的地和富有特色的自然文化旅游中心”。

同时，《意见》还要求：“整合文化资源，打造一批地域特色明显、展现海峡西岸风貌、在国内外具有影响力的文化品牌，重点保护发展闽南文化、客家文化、妈祖文化、红土地文化、船政文化、畲族文化、朱子文化等特色文化。加强文物、非物质文化遗产保护，完善历史文化名城等基础设施，妥善保护历史文化街区。推动文化与经济融合，大力发展文化创意产业，建立海峡两岸文化产业合作中心，着力培育专、精、特、新文化企业，努力使海峡西岸经济区成为全国重要的文化产业基地。”

二、文化遗产管理在海峡西岸经济区发展中的价值和意义

“文化遗产的管理”指对文化遗产进行科学、合理的保护和开发。“海峡西岸经济区的文化遗产管理”是指对海峡西岸经济区区域内的所有文化遗产的管理，包括对“海峡西岸文化遗产”的管理。

海峡西岸经济区建设和发展中的文化遗产管理工作，具有十分重要的价值和意义，它表现在以下几个方面：

1. 海峡西岸经济区的文化遗产，是海峡两岸人民的共同财富。

台湾海峡东、西两岸特别是闽台之间，由于自然特点和悠久而深厚的历史文化积累，形成“地缘相近、血缘相亲、文缘相承、商缘相连、法缘相循”的相同人文特征。正如《海峡西岸蓝皮书》所说的那样：“台湾文化直接根植于福建文化，台湾的民间习俗、信仰、戏曲、艺术等都是从福建传承过去的，文字同宗、方言同音、戏剧同曲，闽南文化、歌仔南音、饮食文化、客家文化、妈祖文化等传统文化在台湾影响广泛……一水之隔的闽台同宗共祖的血缘关系和同音共俗的传统文化是闽台关系密切的最根本因素，是闽台交流融合的最坚实的基础和最有力的推动器，是拓展闽台合作的最大优势。”① 福建文化既为台湾文化最主要的母体之一，海峡西岸经济区的文化遗产——当然包括其中的“海峡西岸文化遗产”，就应该是海峡两岸人民的共同财富。保护好这份财富，是文化遗产管理的根本职责。

2. 海峡西岸经济区的文化遗产，是十分宝贵的发展资源。

文化遗产的“财富”之誉首先是精神性的，它同时具有历史价值、艺术价值、科研价值和社会价值。文化遗产的上述多重价值又决定了它必然会产生经济价值，因此它同时也是物质性的。

文化遗产的经济价值是由人们对它的认识和需求而定的，而人们对它的认识和需求，依附在其历史价值、艺术价值、科研价值和社会价值之上。只有文化遗产的这些价值得到充

---

① 叶飞文：《海峡西岸与东岸形成经济区的战略构想及对中国经济增长的贡献研究》，见张志南、李闽榕主编：《海峡西岸蓝皮书：海峡西岸经济区发展报告（2009 版）》，北京：社会科学文献出版社 2009 年版，第 115 页。

分认识和展现，它的经济价值也才能够得到实现。文化遗产的所有价值，只有通过先进理念和科学手段进行的文化遗产管理，才能逐步地挖掘出来，并走向可持续发展之路。海峡西岸经济区的文化遗产管理工作，就是让精神价值得到充分认识和展现，并实现其应有而且可观的物质价值的过程。

海峡西岸经济区的文化遗产对社会经济文化的发展，具有不可替代的基础性和根本性的作用，是十分宝贵的发展资源。而文化遗产本身又是其所有价值的载体，开发好这种发展资源，是文化遗产管理者的重要任务。

3. 对海峡西岸经济区文化遗产进行科学管理，有利于海峡两岸多种文化产业的深入合作和共同发展。

文化遗产不但是传统文化创造的沉淀和结晶，也是当代文化创造的源头和底蕴。对海峡西岸经济区文化遗产实行严格的科学管理，有利于海峡两岸多种文化产业的深入合作和共同发展。暂且不论通过文化产业融入其他传统产业而为其创造出巨大的附加值，海峡西岸经济区文化遗产能以最直接的方式注入营养和能量的，就有创意产业、动漫游戏业、广告会展业、图书出版业、茶产业等等，其中以文化旅游业最为关键。

《海峡西岸经济区建设纲要（试行）》提出的“建设海峡西岸经济区的主要任务”之一是：“构建‘五区两带’旅游发展格局，即：整合海峡西岸旅游资源，不断扩大武夷山、厦门鼓浪屿、湄洲妈祖文化、泉州海丝文化、福建土楼、上杭古田会议红色之旅、福州昙石山古文化遗址和船政文化、宁德白水洋奇观、泰宁大金湖、漳州火山地质公园等品牌的影响，建设闽南商贸滨海旅游区、闽北生态文化旅游区、闽中商务休闲文化旅游区、闽东山海畲乡民俗旅游区、闽西客家文化红色旅游区以及东部滨海蓝色生态旅游带、西部绿色生态旅游带。”①《国务院关于支持福建省加快建设海峡西岸经济区的若干意见》也提出“以滨海旅游、生态旅游、红色旅游和文化旅游为重点，进一步整合旅游资源，加强旅游景点及配套设施建设，办好各类旅游节庆活动，丰富旅游产品，开拓旅游市场，培育一批有特色、有影响、有效益的旅游精品”。这些设想和要求，都是在对海峡西岸经济区文化遗产进行科学管理的前提下才可能实现。

综上所述，海峡西岸经济区的文化遗产管理，直接关系到海西文化产业的特色形成、品质保证、发展潜力，关系到文化产业的成败，不仅具有产业发展的实际价值，而且具有十分重要的战略意义。

三、海峡西岸经济区背景下的文化遗产管理

海峡西岸经济区背景下的文化遗产管理，因为有着极其鲜明的时代和区域特色，所以它既不同于同一个区域之内的管理方法，也不同于其他区域同一个时段中的管理模式。

1. 海峡西岸经济区语境下的整体保护概念

在文化遗产保护发展史上，对文化遗产实行整体保护，已经成为世界各文化遗产保护先进国家和地区的共同理念和普遍做法。

文化遗产可分为有形文化遗产和无形（非物质）文化遗产，有形文化遗产中又包含着自然遗产。在文化遗产保护的实际过程中，人们发现它们之间的关系常常是混为一体的，因此只有对其进行全面的整体保护，才可能真正做到对其中个体进行完整的保护。

“海峡西岸文化遗产”概念的提出，事实上让“文化遗产

① 见黄建忠、卢荣忠等编著：《海峡西岸经济区概论》，厦门：厦门大学出版社2005年版，第321页。

整体保护”的涵义有了一个新的理解角度，即按照相同的文化特质形成的相对独立区域内的文化遗产，也需要实施与之相应的整体保护。从这个角度出发，“海峡西岸文化遗产”需要实行整体保护，在更大的范围内，“海峡西岸经济区域内的文化遗产”，乃至海峡东岸和西岸或者称之为“海峡经济区文化遗产”，也可以并且应当视为一个整体保护单位。在这一点上，文化完全可以先于经济引入“环海峡”区域概念并加以具体的操作和实施。

2. 海峡两岸文化遗产管理的资源互补和共同发展

海峡西岸经济区背景下的文化遗产管理，需要借鉴所有文化遗产保护先进国家和地区的成果，这是国际文化遗产保护的宝贵经验和发展趋势。很显然，由于具有“五缘”关系和同文同质的特点，其中的重点就是接入海峡东岸文化遗产管理的经验。

海峡东岸的非物质文化遗产虽然大多来源于海峡西岸，但台湾地区在对文化遗产的深入理解、文化遗产管理中学术界的作用、具体保护方法与技术手段的不断完善和提升等方面，特别是对传统文化的推广、对文化遗产在保护基础上的开发理念和运作能力方面，确有许多值得海峡西岸的文化遗产管理者学习和借鉴之处。

《国务院关于支持福建省加快建设海峡西岸经济区的若干意见》对海峡西岸经济区的战略定位中，首当其冲的是将其定位为“两岸人民交流合作先行先试区域”。《意见》就此要求“发挥海峡西岸经济区独特的对台优势和工作基础，努力构筑两岸交流合作的前沿平台，实施先行先试政策，加强海峡西岸经济区与台湾地区经济的全面对接，推动两岸交流合作向更广范围、更大规模、更高层次迈进”。

具体到文化遗产管理，海峡西岸有着丰厚的急需保护和开发的文化资源，海峡东岸有着相对先进的管理理念、管理经验、管理能力、管理技术和管理人力资源，完全有条件形成海峡两岸文化遗产管理的资源互补。

另一方面，在文化遗产管理实践中，两岸也存在要共同面对和解决的问题。据中国新闻网 2008 年 6 月 7 日报道，福建与台湾共有 39 项民间艺术、55 位民间艺人列入国家非物质文化遗产名录，但由于福建、台湾的不少传承人生活生存状态欠佳，许多非物质文化遗产正处于濒危状态。[①] 如何解决此类问题，海峡西岸和海峡东岸完全可以在"整体保护"的框架下进行沟通和协作，发挥各自的优势，形成合力，共同探讨出最佳的方法和途径。

事实上，此前的 2007 年 5 月，福州就举办了由台盟中央与福建省人民政府、国家文物局联合主办的"海峡西岸文化遗产保护论坛"。闽台两岸专家学者汇聚一堂，就两岸在文化遗产保护方面的交流、合作进行过深入研讨。在此次论坛上，国家文物局局长单霁翔表示，已与福建省达成保护海西文化遗产的共识。根据相关规划，福建省列入文物保护单位的涉台文物将得到全面维修，尚未公布为保护单位的也保证不塌不漏，同时重点保护一批祖籍在福建的台湾民众的祖祠、祖居和传统环境保护较完好的涉台村落。[②] 2008 年，国家文物局结合第三次全国文物普查工作，开展了涉台文物的专项调查，初步统计大陆现有涉台文物 1354 处，主要分布在东南地区的福建、广东、浙江、江苏等省，其中全国重点文物保护

---

① 《福建、台湾非物质文化遗产濒危 专家呼吁加强保护》，见中国新闻网 2008 年 6 月 7 日报道，记者张彩林。

② 《海峡西岸文化遗产保护论坛在榕召开》，见台盟网 2007 年 5 月 4 日报道，记者王若鲲。

单位54处。在此基础上，国务院台湾事务办公室、国家文物局、福建省人民政府启动“涉台文物保护工程”，标志着“涉台文物保护”的建制化。

2009年7月11日、12日，第五届“两岸经贸文化论坛”在湖南长沙举行。此次论坛最为人关注的是首次以“推进和深化两岸文化教育交流合作”为主题展开相关研讨。持续强化两岸文化与民族认同，将成为今后两岸交流合作的重心所在。在这样的发展态势下，海峡西岸和东岸的文化遗产管理合作，将有更为坚实的基础和更为广阔的未来。

如果落实到具体的文化产业中，海峡东、西两岸已经有了良好的合作范例并有着美好的发展前景。以文化旅游业为例，早在2005年5月，世界文化与自然双遗产地武夷山和台湾阿里山就签订了旅游对接协议，两地旅游部门商定共同打造“武夷山—阿里山”联合旅游品牌。《国务院关于支持福建省加快建设海峡西岸经济区的若干意见》中提出的要求“建立海峡两岸旅游合作机制，共推双向旅游线路，培育‘海峡旅游’品牌”，正是海峡西岸经济区背景下海峡东、西两岸文化遗产管理合作的一个方向。

3. 对海峡西岸经济区文化遗产管理中若干具体问题的思考

(1) 文化遗产管理先进国家和地区的经验表明，拥有完善的法律法规，是做好文化遗产管理的前提条件。海峡两岸的相关法规中，台湾地区有《文化资产保存法》等法规，在大陆地区文化遗产保护立法起步较早的福建省，至今也已有《福建省文物保护管理条例》、《福建省民族民间文化保护条例》等4部相关性地方法规。在海峡西岸经济区建设发展的大背景下，有关方面要紧跟形势，加强政策法规建设，以规范和保障海峡西岸经济区的文化遗产保护工作，使相关文化遗产的保护、开发和利用等管理工作有章可循、有法可依。

（2）在海峡西岸经济区文化遗产整体管理实践中，海峡东、西两岸的文化遗产管理合作，必须坚持“以我为主、真诚沟通、全面合作、谋求双赢”的原则，把握文化遗产管理的主动权。在具体的某些相关文化产业中，譬如动漫产业，应该在充分吸取文化遗产的前提下，努力开发和拥有自己的原创版权和品牌，而避免在不同经济体的合作与竞争中再度成为被动的加工者，在文化产业里面从事着最低端的体力劳动，像中国的大熊猫成了好莱坞的摇钱树一样，白白浪费了宝贵的文化遗产资源。

（3）海峡西岸经济区文化遗产管理的具体项目，应该各有侧重，有的坚决加以保护，有的则可大力开发，以保证文化遗产的最大价值得到保护和提升。要遵循保护先于开发、重于开发，开发是为了更好地保护的原则，对具体项目进行认真、实事求是的分析，这才是真正科学、合理的态度和方法。建立于 1979 年的我国第一个国家级重点自然保护区“武夷山自然保护区”，因游客增多给区内的生态环境保护带来的压力，从 2009 年 6 月 1 日起停止开展大众旅游活动，此后进入保护区进行科学考察须提前办理审批手续，为文化遗产的管理提供了一个范例。但是，盲目开发的现象依然普遍，只求尽快套现其经济价值，不惜扭曲其历史价值、艺术价值、科研价值和社会价值，这种状况必须在严格的文化遗产管理中得到控制和纠正。除了盲目，还有急躁的问题存在，比如朱子文化多年来被相关文化产业强行对接，效果不但不理想，反而对这个宝贵的文化品牌有所损害。到底如何保护，是否适合开发，就值得静心加以思考和研究。

（4）文化遗产管理归根到底是要由具体细节来落实的，由此，海峡西岸经济区文化遗产管理不但要着眼于产业规划等大事，更要注重每一个具体项目的每一个环节。当然，这靠传统的文化遗产管理队伍和结构是不可能完成的，需要在相关文化产业工作岗位上的人员来实现。所以，在长期不断地耐心做好文化遗产推广工作的同时，必须尽快建立高效的文化遗产管理教育体系，强化文化遗产管理意识、普及文化遗产管理知识，以适应海峡西岸经济区背景下文化管理发展的迫切要求。

参 考 文 献

一、专著类

1. 陈定家主编：《全球化与身份危机》，开封：河南大学出版社 2003 年版。

2. 梁展编：《全球化话语》，上海：上海三联书店 2002 年版。

3. 孙萍主编：《文化管理学》，北京：中国人民大学出版社 2006 年版。

4. 陈鸣：《西方文化管理概论》，太原：书海出版社 2006 年版。

5. 福建社会科学院编著：《福建文化发展蓝皮书（2007～2008)》，福州：海潮摄影艺术出版社 2008 年版。

6. 罗钢主编：《文化研究读本》，北京：中国社会科学出版社 2000 年版。

7. ［美］曼纽尔・卡斯特：《网络社会的崛起》，夏铸九等译，北京：社会科学文献出版社 2003 年版。

8. ［美］约书亚・梅罗维茨：《消失的地域：电子媒介对社会行为的影响》，肖志军译，北京：清华大学出版社 2002 年版。

9. 夏学理、凌公山、陈媛编著：《文化行政》，台北：五南图书公司 2002 年版。

10. 张玉国：《文化多样性与人类全面发展》，广州：广东人民出版社 2006 年版。

11. ［美］欧文・拉兹洛编：《多种文化的星球——联合

国教科文组织国际专家小组的报告》，文昭、黄丽华译，北京：社会科学文献出版社 2001 年版。

12. ［澳］约翰·哈特利：《文化研究简史》，季广茂译，北京：金城出版社 2008 年版。

13. ［美］西蒙：《行政行为——行政组织决策过程的研究》，北京：北京经济学院出版社 1991 年版。

14. 颜佳华等：《公共决策研究——文化视野中的阐释》，长沙：湖南人民出版社 2005 年版。

15. ［加］马修·弗雷泽：《软实力：美国电影、流行乐、快餐的全球统治》，刘满贵等译，北京：新华出版社 2006 年版。

16. 李景源、陈威主编：《中国公共文化服务发展报告》，北京：社会科学文献出版社 2007 年版。

17. 孟晓驷：《文化经济学思维》，北京：人民文学出版社 2005 年版。

18. 邓小平：《邓小平文选》（第 3 卷），北京：人民出版社 1993 年版。

19. 林国良、周克平：《当代文化行政学》，上海：上海大学出版社 2002 年版。

20. 徐浩然、雷琛烨：《文化产业管理》，北京：社会科学文献出版社 2006 年版。

21. 李向民、王晨、成乔明：《文化产业管理概论》，太原：书海出版社、山西人民出版社 2006 年版。

22. 胡长书、张侃主编：《中国世界遗产》，广州：华南理工大学出版社 2004 年版。

23. 顾军、苑丽：《文化遗产报告——世界文化遗产保护运动的理论与实践》，北京：社会科学文献出版社 2005 年版。

24. 《世界文化与自然遗产》编委会编：《世界文化与自

然遗产》，北京：蓝天出版社 2007 年版。

25. 广东地图出版社编制：《世界文化与自然地图册》，广州：广东地图出版社 2005 年版。

26. 彭顺生：《世界遗产旅游概论》，北京：中国旅游出版社 2008 年版。

27. 蔡红：《中国高端旅游市场：定位与开发》，北京：中国经济出版社 2009 年版。

28. 张晓主编：《加强规制：中国自然文化遗产资源保护管理和利用》，北京：社会科学文献出版社 2006 年版。

29. ［加］克切尔（Mckercher，B.）、［澳］克罗斯（Cros，H.）：《文化旅游与文化遗产管理》，朱路平译，天津：南开大学出版社 2006 年版。

30. 郑玉歆、郑易生主编：《自然文化遗产管理——中外理论与实践》，北京：社会科学文献出版社 2003 年版。

31. 单霁翔：《从“文物保护”走向“文化遗产保护”》，天津：天津大学出版社 2008 年版。

32. 徐嵩龄、张晓明、章建刚编：《文化遗产的保护与经营——中国实践与理论进展》，北京：社会科学文献出版社 2003 年版。

33. 黄建忠、卢荣忠等编著：《海峡西岸经济区概论》，厦门：厦门大学出版社 2005 年版。

34. 张志南、李闽榕主编：《海峡西岸蓝皮书：海峡西岸经济区发展报告（2009 版）》，北京：社会科学文献出版社 2009 年版。

35. 郑玉歆、郑易生主编：《自然文化遗产管理——中外理论与实践》，北京：社会科学文献出版社 2003 年版。

36. Toby Miller、George Yudice：《文化政策》，蒋淑贞、冯建三译，台北：巨流出版公司 2006 年版。

37. Chris Barker：《文化研究：理论与实践》，罗世宏等译，台北：台湾五南图书出版公司 2004 年版。

二、论文类

1. 杨金海：《全球化研究的历史、现状和热点问题》，《哲学研究》1999 年第 11 期。

2. 杨雪冬：《西方全球化理论：概念、热点和使命》，《国外社会科学》1999 年第 3 期。

3. 王四达：《全球化：一个逻辑与历史的进程》，《中山大学学报》2000 年第 3 期。

4. 刘玉安、杨丽华：《全球化、区域化与国家主义》，《文史哲》2002 年第 1 期。

5. 薛誉华：《区域化：全球化的阻力》，《世界经济》2003 年第 2 期。

6. 何伟：《网络环境下的文化管理》，《西南交通大学学报（社会科学版）》2003 年第 4 期。

7. 李康化、王缨：《政府文化管理创新体系的重构》，《东南学术》2006 年第 4 期。

8. 章明会：《文化政策与城市风格的重构：以高雄市为例》，南华大学 2006 年硕士论文。

9. 王俐容：《文化政策中的经济论述：从精英文化到大众经济?》，文化研究学会 2003 年年会论文。

10. 毕天云：《社会政策研究中文化视角兴起的知识社会学分析》，《云南师范大学学报》2007 年第 1 期。

11. 凌金铸：《论文化行政转型》，《安徽大学学报》2007 年第 4 期。

12. 石中英：《论国家文化安全》，《北京师范大学学报》2004 年第 3 期。

13. 韩震：《民族传统与文化创新之我见》，《江海学刊》1999年第2期。

14. 崔末顺：《产业化与商品化：全球化下韩国的文化策略》，《台湾社会研究（季刊）》第73期。

15. 陈清龙：《台中县大甲妈祖国际观光文化节政策执行之研究》，台湾静宜大学2008年硕士论文。

16. 周路明：《政策执行研究中的新型模式探讨》，《市场论坛》2006年第2期。

17. 林诗庭：《法国公共广播电视体系与媒体产业分析》，台湾淡江大学欧洲研究所硕士班2007年硕士论文。

18. 张敏：《法国当代文化政策的特色及其发展》，《国外理论动态》2007年第3期。

19. 单万里：《法国"文化例外"主张的衰亡》，《读书》2004年第7期。

20. 王晓德：《全球自由贸易框架下的"文化例外"》，《世界经济与政治》2007年第12期。

21. 李河、张晓明：《当代中国文化政策十年的主题》，《科学新闻》2008年第17期。

22. 李康化、许中平：《论公益性文化事业的发展战略》，《思想战线》2008年第1期。

23. 闰平：《文化产品和服务的公共性与公益性文化事业建设》，《山东社会科学》2008年第12期。

三、网络类

1. 联合国教科文组织遗产委员会网站 http://whc.unesco.org

2. 世界文化遗产网 http://www.wchol.com/index.html

3. 中国中央政府门户网站 www.gov.cn

4. 中国新闻网 http://www.chinanews.com.cn/
5. 台盟网 http://www.taimeng.org.cn/
6. 中国国家旅游局官方网站 http://www.cnta.gov.cn
7. 东方网 http://news.online.sh.cn
8. 新华网 http://www.xinhuanet.com/
9. 党建网 http://www.dangjiancn.com/
10. 中国机构网 http://www.chinaorg.cn/

图书在版编目（CIP）数据

文化管理引论/方彦富著．—福州：福建教育出版社，2010.11
ISBN 978-7-5334-5468-5

Ⅰ.①文…　Ⅱ.①方…　Ⅲ.①文化事业—管理—研究—中国　Ⅳ.①G12

中国版本图书馆CIP数据核字（2010）第205989号

文化管理引论

方彦富　著

出版发行　海峡出版发行集团
福建教育出版社
（福州梦山路27号　邮编：350001　电话：0591-83733693　83706771
传真：83726980　网址：www.fep.com.cn）
出 版 人　黄　旭
发行热线　0591-83752790
印　　刷　闽侯青圃印刷厂
（闽侯青口镇　邮编：350119）
开　　本　890毫米×1240毫米　1/32
印　　张　9.875
字　　数　239千
插　　页　2
版　　次　2010年12月第1版　2010年12月第1次印刷
书　　号　ISBN 978-7-5334-5468-5
定　　价　29.00元